北京市哲学社会科学"十一五"规划重点项目

北京市社会科学院重大课题

北 京 专 史 集 成

主 编 王 岗

北京交通史

孙冬虎 许辉 著

人 民 出 版 社

《北京专史集成》课题组成员

总顾问：刘牧雨

总策划：戚本超

主　编：王　岗

特聘学术顾问（以姓氏笔划为序）：王钟翰、陈高华、林甘泉、赵其昌、徐苹芳、曹子西、龚书铎、蔡美彪、戴　逸

名誉顾问：陈之昌

执行策划：王　岗、李宝臣、刘仲华、章永俊

编委会主任：李宝臣

编　委：王　玲、尹钧科、阎崇年、王灿炽、吴建雍、于德源、李宝臣、孙冬虎、袁　熹、王　岗、吴文涛、郑永华

分卷主编：（见各卷）

课题组成员：王　岗、尹钧科、吴建雍、于德源、李宝臣、袁　熹、邓亦兵、孙冬虎、吴文涛、何　力、郑永华、刘仲华、张雅晶、赵雅丽、章永俊、何岩巍、许　辉、张艳丽、董　焱、王建伟

课题组特邀成员：张　泉、齐大芝、赵志强、徐丹俍、李建平、韩　朴、谭烈飞、马建农、姚　安、邓瑞全、郗志群、宋卫忠等

本书作者：孙冬虎 许 辉

序

　　北京的历史文化，源远流长，博大精深，是中华民族优秀传统
文化的结晶。北京市社会科学院历史研究所自成立以来，就一直从
事北京历史文化的研究工作，30 年来，在全所科研人员的共同努
力之下，取得了一些北京历史文化研究成果，其中，又以曹子西先
生主编的《北京通史》为代表，在学术界和社会上都产生了较好的
影响。而《北京通史》的问世，又为进一步深入研究北京历史文化
奠定了一个较为坚实的基础。

　　2006 年，北京市社会科学院的领导对北京历史文化的研究工作
加大扶持力度，提出把《北京专史集成》列入院科研重大课题，使
得我院的北京历史文化研究从整体上进入了一个新的阶段。在此之
前，历史研究所的科研人员已经开始对北京专史进行研究，如王玲
女士撰写有《北京与周围城市关系史》，尹钧科先生撰写有《北京
郊区村落发展史》，于德源先生撰写有《北京农业经济史》，吴建
雍等人合写有《北京城市生活史》、《北京城市发展史》，等等，这
些专史的问世把北京历史文化的研究逐步引向深入。但是，要想形
成一套体系完备的专史研究系列，显然仅仅依靠个人的研究力量是
不够的，必须组成一支力量相对强大的科研队伍，才能够完成系列
专史研究的繁重工作。

　　正是在这种情况下，北京市社会科学院领导组织历史研究所的
全体科研人员对《北京专史集成》课题进行了认真的论证。特别是
课题总顾问刘牧雨院长和课题总策划戚本超副院长对课题中研究项
目的编写原则和立项次序都给予了精心指导。经过论证，初步确定
了《北京专史集成》课题的第一批研究项目，即：

1. 北京政治史；　　　　　2. 北京经济史；

3. 北京农业史；　　　　　4. 北京手工业史；

5. 北京商业史；　　　　　6. 北京军事史；

7. 北京文化史；　　　　　8. 北京文学史；

9. 北京美术史；　　　　　10. 北京学术史；

11. 北京著述史；　　　　　12. 北京戏剧史；

13. 北京风俗史；　　　　　14. 北京考古史；

15. 北京民族史；　　　　　16. 北京宗教史；

17. 北京佛教史；　　　　　18. 北京道教史；

19. 北京伊斯兰教史；　　　20. 北京基督教史；

21. 北京教育史；　　　　　22. 北京城市发展史；

23. 北京建筑史　　　　　　24. 北京园林史；

25. 北京陵寝史；　　　　　26. 北京地理学史；

27. 北京交通史；　　　　　28. 北京城市生活史；

29. 北京建置沿革史；　　　30. 北京对外交流史：

31. 北京水利史；　　　　　32. 北京饮食史；

33. 北京服饰史；　　　　　34. 北京环境变迁史；

35. 北京音乐史；　　　　　36. 北京名胜史。

这些研究项目，只是北京专史庞大体系中的一小部分，今后随着科研工作的不断深入，专史的项目也会不断增加。《北京专史集成》经过历史研究所论证之后，院领导又组织全院的专家学者对这个重大课题进一步加以论证，并且提出了很好的意见，对专史的撰写工作有很大帮助。

《北京专史集成》中的每部专史的容量，视其内容的多少，大致在30万字左右，有些内容较多的，字数可以多一些，反之，则会少一些。各部专史的时间跨度，一般始于远古，迄于新中国建立。有些部专史在撰写过程中，时间会有所下延。如《北京建置沿革史》，必须延续到新中国建立之后，才能够对今天北京政区的沿革状况有全面的叙述。各部专史的地域范围，也不是严格局限在今天的北京政区，而是根据不同朝代政区划分的变化而随之变化，如汉唐时期的幽州，辽代的南京析津府，金代的中都大兴府，元代的大都路，明清时期的北京顺天府，等等。政区范围的大小虽然会不断变化，但是其核心地区仍然是今天的北京。

《北京专史集成》的撰写，有很多难以处理的地方。例如，"专"和"史"的关系。"专"是指专门、专业，如在《北京宗教史》中，"专"是指宗教或是宗教学，而"史"则是指在北京历史上曾经发生或是出现过的、与宗教有关系的事件或人物，当然也包括相关的典制。如在《北京宗教史》中，我们所研究的佛教史，主要的着眼点不仅仅是在北京地区的禅宗、律宗、净土宗等佛教流派的发展、变化，更重要的，是着眼于这些佛教流派所产生的社会影响、其代表人物的社会活动、历代统治者和社会各界对这些宗教派别的态度，以及由此而产生的重要宗教事件，等等。我们认为，要想处理好"专"与"史"的关系，一方面，要掌握相关专业的基础知识；另一方面，又要对当时的历史状况有准确的认识，掌握宗教之外的政治、经济、文化等各方面的历史资料。只有这样，我们才能够正确认识不同历史时期宗教产生、发展和兴衰的变化历程。其他专史的撰写工作也是如此。

再如，"全国"和"地方"的关系，换言之，即"全局"和"区域"的关系。在北京成为全国的政治和文化中心之前，所有的北京史都是"地方史"，其所产生的历史影响也有着明显的"区域"性质。但是，当北京成为全国首都之后，在北京发生的许多史事除了具有"地方"和"区域"的性质之外，又具有了"全国"或是"全局"影响的特质。如"戊戌变法"、"五四运动"等，其影响范围之广，影响力之持久，显然不是局限在北京地区的。此外，由于北京的统治中心地位，有些发生在其他区域（甚至国外）的重大历史事件，也会对北京产生巨大的影响。如近代史上的"鸦片战争"、"太平天国运动"、"辛亥革命"，这些重大事件的始发地虽都不在北京，但其对北京的巨大影响甚至超过了在北京地区发生的一些事件。因此，如何处理好"全局"与"局部"的关系，在北京历史文化研究中确实是一个难度很大的问题。

《北京专史集成》课题立项后，得到了学术界和相关领导的大力支持。首先，是有一批德高望重的著名史学前辈在年事很高、工作繁忙的情况下，热情支持本课题的研究工作，慨然担任特聘学术顾问，并且对北京专史的撰写工作提出了珍贵的指导意见；有些史学前辈还在百忙之中审阅了部分书稿的内容。其次，是北京市哲学社会科学规划办公室的陈之昌主任和李建平副主任对本课题的重视，使《北京专史集成》得以被列为市社科规划重点课题。再次，本课题的出版工作得到了人民出版社领导的大力支持，在出版经费较少的情况下，得以立项出版。特别是资深历史学编审张秀平女士和诸多编辑人员，认真审阅全部书稿，并且提出了许多宝贵的修改意见，为各部专史的出版付出了辛勤的劳动。

北京市社会科学院历史研究所的一批批老专家学者们为北京历史文化的研究奠定了较好的基础，他们的退休对北京文史研究带来了一些影响。但是，许多已经退休的老专家仍然坚持工作在科研第一线，笔耕不辍。《北京专史集成》中的一些项目就是以他们作为骨干带领年轻同志完成的。一批批青年学子陆续来到所里，他们在科研能力上尚需锻炼，在学术见识上亟待积累，但是，他们有朝气，有吃苦耐劳的干劲，有新的更加开阔的视野，假以时日，他们在《北京专史集成》研究中的成果将会越来越多。我相信，在院领导的大力支持下，在社会各界的热心帮助下，在历史研究所全体新、老科研人员的共同努力下，持之以恒，《北京专史集成》将会为北京历史文化研究不断增添新的科研成果，为首都的社会发展和文化建设不断做出新贡献。

值此北京市社会科学院建院 30 周年、《北京专史集成》开始出版之际，是为之序。

王岗

2008 年 10 月

前　言

　　交通是人类在文明发展进程中活动能力的表现，一个人能走多远，最初是由自然环境提供的条件所决定的。没有桥梁的时代，人们遇到大江、大河就很难渡过；没有舟船的时代，人们遇到大海、大湖也很难跨越。随着人类文明的发展，人们逐渐克服了自然环境的限制，活动范围越来越大，用于交通的工具也越来越发达，从木舟、木桥到远洋巨轮和跨海地下大隧道，以及飞机、火车，仍至宇宙飞船的进化过程，充分证明了人类文明的不断进化促进了交通事业的发展，而交通事业的发展又进一步促进了人类文明的发展。

　　城市的出现，是人类文明发展到一定阶段的产物。而在这个时候，交通的发展已经形成以城市为中心的体系。随着城市间交通联系的加强，在不同的自然环境区域中的交通体系的规模就变得越来越庞大，很快覆盖了整个区域。随着国家的产生和规模的不断扩大，人为促进了更加庞大的交通体系的出现和不断完善。秦朝统一六国，大修驰道、"车同轨"等措施，就是完善全国交通体系的重要手段。当然，出于政治或是军事方面的原因，有时也会出现各个国家人为阻断交通的事情，如在战国时期各诸侯国在与相邻各国的边界地带修筑长城，"以邻为壑"，以及秦朝统一全国后修筑的万里长城，以阻断农耕地区与游牧地区的交往，就都是阻断交通的实例。

　　在中国古代，各个城市所处的地理位置是不同的，他们在整个国家中的政治、经济地位是不同的，因此，各个城市的交通发展状况也是不同的。大致而言，作为全国都城的城市，交通状况应该是最为发达的。而作为不同区域中心的城市，交通状况相对于周边城市而言也较为发达。同样，作为普通城市的交通状况也要比周边的乡镇发达一些。北京城市的发展也是如此，在作为燕国都城的时候，是华北平原交通状况最为发达的城市之一，但是与周朝的都城镐京（今陕西西安）和洛邑（今河南洛阳）相比，是有一定差距的。北京在元代成为全国政治中心之后，这里随即也就变成了全国的交通中心，成为当时世界上交通状况最为发达的城市之一。

不仅社会的发展（即人类文明的发展）对交通的发展变化产生着巨大的影响，而且交通在社会发展进程中同样发挥着重要的作用。在中国古代，都城与全国各地的政令往来，必须以交通顺畅为前提，这是保证国家行使统治权力的基础。一个国家统治的地域越宽广，政令往来的线路就会越长，整个国家的交通网络就会越庞大。交通枢纽又往往是军事要塞，成为兵家的必争之地。如在辽宋金时期，政治上的分裂带来军事冲突的增多，当时的北京（即燕京）因为优越的交通环境而成为各个割据政权争夺的焦点。后晋石敬瑭把幽州（今北京）、云州（今山西大同）等交通枢纽城市割让给了契丹政权，使得此后在辽、宋之间的军事对抗中，辽朝占据了极大的主动权。对幽州城的争夺成为辽宋之间胜负结局的转折点。

交通的发展又往往会对城市的发展产生举足轻重的影响，北京之所以能够成为全国的政治和文化中心，交通的发展至关重要。在隋朝统一全国之前，这里一直是北方军事重镇。隋朝统一之后，把这里作为安定东北政局的军事大本营，需要调动大批军队、运送大量物资，因此把大运河的北端开凿到这里，以进一步加强与中央王朝的联系。隋唐时期幽州交通状况的发展是显而易见的，但是由此而带来的政治、军事和经济影响，则是当时人们所无法预料的。

首先是在经济方面，大运河的开凿给幽州城带来了巨大的经济发展潜力和广阔的发展空间。其次是在军事方面，在此之前作为华北平原上的军事重镇，依靠周边地区的农牧业生产是大致可以维持驻军的日常供应的，但是，如果作为控制整个东北地区的军事重镇，驻扎大量军队，周边地区的正常生产就会供不应求，而必须从中原各地向这里运送军用物资，而大运河的开凿确实提升了幽州在军事上的战略地位。再次是在政治方面，幽州城的地位，在辽代之前只是军事重镇，而辽代成为陪都、金代成为首都，政治地位不断上升，到元代的大都成为全国的政治和文化中心，政治地位也上升到顶点。

交通的发展，又为文化的传播和交流提供了便利条件。在北京成为全国政治中心之前，这里的交通网络主要联系的是华北平原与中原地区和大草原、以及东北地区，因此，这里的文化发展及交往带有较为明显的北方文化特点。而在成为全国政治中心之后，交通网络体系已经遍及全国各地，与之交往的各个区域的文化也遍及大江南北，因此，这里也随之成为全国的文化中心。在中国古代，南方各地的区域文化与北方各地的区域文化有着较大的差异，在北京，各种文化经过相互撞击与融合，遂进一步形成了京师文化，这种京师文化已经包容了全国各地区域文化的精华。此外，元代中国与世界各国之间交通线路的畅通达到空前的程度，也就使得中华文化与域外文化有了更加广泛的交流，伊斯兰文化与基督宗教文化传入中国后，影响不断扩大，就是很好的证明。

在中国古代，政治地位的提高，必然带来城市规模的不断扩大和城市经济的日益繁荣。到了元代，大都作为全国政治中心地位的确立，很重要的一个方面就是有了漕运与海运两大交通体系的支撑。换言之，如果没有这两大交通体系的支撑，北京在元代是不可能成为全国政治中心的，城市规模的宏大，以及城市经济的繁荣也不可能达到空前的程度。同样受益的还有上海与天津。为了保证都城（即今北京）的经济供应，元朝政府在提高京杭大运河的交通运输能力的同时，又开通了海运，遂在上海设置县级政府机构，打造海船，把江南的丰富物资运往都城，因此使得城市有了较快发展。而天津当时只是一个镇级行政单位，因为接收江南海运的丰富物资，再转运到都城，在转运物资的过程中也不断得到发展。北京作为都城促进了海上交通运输业的发展，而海运的发展又使得上海与天津的城市经济有了进一步发展和繁荣。

在中国古代，政府为了维持一个庞大的交通系统正常周转运行，需要投入大量的人力和物力资源，这种投入的数量之巨大，往往被人们所忽略。例如元代的大都城（今北京）在成为全国的交通中心之后，设置有驿站，主要负责政府的交通运输工作。据《永乐大典·站赤》中的一条文献记载，大都路共有陆站 13 处、水站 2 处。陆站备有马 2035 匹、驴 2888 头、车 347 辆；水站备有船 110 只、驴 78 头，为了对牲畜和车辆、船只进行保养，必须投入大量的人力。另一条文献记载，仅大都陆运提举司所管辖的车辆即有 780 辆，每辆车由 13 户民众（当时称为"站户"）负责运输工作，仅这些车辆的正常运输每年就要使用民众一万多户。而这一万多户民众在为驿站提供服务的同时，每户应该免向政府交纳四项（四百亩）的租税，总计多达四百多万亩的租税。也就是说，政府每年投入四百多万亩的租税，仅仅是为了保证一处交通衙署的一部分交通工具的正常使用。

不同区域自然环境的差异也会促进区域间的交往，带来交通的发展。在中国北方，大致以长城为界限，形成了两大不同自然环境区域，在长城以南为适合农耕的自然区域，在长城以北为适合游牧的自然区域，从而形成了两种不同的生活方式，即以定居的农业生产为主的农民生活方式和以流动的游牧生产为主的牧民生活方式。这两种生活方式有着较大的互补关系，即农耕地区的农民需要一些牛羊、马匹等牲畜及相关产品，而游牧地区的牧民则需要盐、茶及各种手工业制品。这种生活需求促进了双方的经济交往，也就加强了交通方式的发展。北京正是位于农耕区域与游牧区域的交界处，从而也就使得这里产生了交通和交往枢纽的重要作用。例如，在辽、宋对峙时期，燕京成为以游牧经济为主的辽朝与以农耕经济为主的宋朝之间进行贸易往来的主要场所，设置有榷场（又称互市）。这种农耕产品与游牧产品贸易往来的情况在中国古代是长期存在的。

综上所述，交通在北京历史发展进程中发挥着极为重要的作用，不论在政治、经济、军事、文化等各方面皆是如此，这是从交通的广义范围进行探讨的。而这部《北京交通史》，不可能在各个方面都涉及到，只能从狭义的交通内容方面（如交通线路、交通工具，以及交通管理体系等）进行研究。此外，这部《北京交通史》与其他各部专史的不同之处，是它的时间跨度更长，一直延伸到当代。众所周知，研究历史者应该尽量避免涉及当代，因为有许多事情是很难下定论的。但是，这部专史的作者认为当代北京的交通发展状况是很重要的，是北京交通史的一个不可分割的组成部分。因此，把这一部分也纳入研究范围。至于研究的结论如何，只好留给后人评价了。

王岗

2012 年 11 月

目　录

概　述

　　"交通"的本义是互相通达，《管子·度地》所谓"山川涸落，天气下，地气上，万物交通"，陶渊明《桃花源记》描绘的"阡陌交通，鸡犬相闻"就是如此，后来引申出人和物的运输以及信息的沟通等意义。交通条件是人类活动的必备要素之一，举凡政治影响的扩展、经济开发的推进、军事征伐的实施、思想文化的传播等等，都需要以具备一定的交通条件为前提。当代社会一般把信息的沟通与传播划归"通讯"或"通信"的范畴，"交通"往往限定在人和物的运输方面。古代的驿站、急递铺等虽然也有传递信息的功能，却需要借助于使者亲自送达，在这个意义上可以视为人的运输，与今天的"通讯"或"通信"差别很大。有鉴于此，《北京交通史》讨论的重点，集中在历代交通发展的自然地理环境与社会人文背景、水陆交通线的开辟与兴衰过程、交通工具的发展与交通设施的建设、交通事业的管理机构与职能、有关交通问题的重大历史事件等方面。清末以来航空事业的出现，为北京交通史增添了新的内容。现当代交通在路线、设施、工具、管理等方面的发展及其对社会进步的巨大作用，远非传统社会可比，从纷纭繁复的数据资料中理清其主要脉络与时代特征，是总结历史经验、预测未来前景的必要步骤。

　　在古代社会，"舟车所至"是以人、畜为动力的阶段所能到达的大致距离，陆上的车辆与水上的船只就是最主要的交通工具。北京虽然并不濒海，但经过天津等地中转的海运漕粮，也曾是与大运河并重的城市经济命脉，在元明时期尤其是这样。近现代火车与航空运输出现之后，北京进一步成为全国的交通中心。这一切都是围

1

绕着历史上的北京从区域性的封国都城、北方军事重镇直至国家首都的渐进过程，依据城市及其周边的地理环境而形成和发展。当北京成为首都后，政治地位与交通状况互为支撑，决定了整个交通史的总体趋向。

城市是交通路线最重要的起讫点与目的地，因此，《北京交通史》所涉地域以古今北京城区为中心，以今北京市辖境为基本范围，清代之前的部分兼及以北京为治所的州府一类政区的属地。作为城市的"北京"再加上城市周边的这个广阔区域，就是本书所谓"北京地区"。在无须特别强调的情况下，从行文简洁考虑，后者也往往省称"北京"。以北京为中心的陆上交通干线，往往通达很远的地方，如西北、东北、华北平原等地。为了显示北京与外围地区乃至某些距离遥远的省区之间的联系，阐明北京在整个交通体系中的地位，在叙述古代交通线的延伸方向、考证其途经地点时，无疑要超越上述"北京地区"的范围，但其主旨仍然在于反映北京的交通状况。我们力求展示北京地区从先秦到当代的交通发展过程，相关内容的年代下限为 2010 年。

本书的基本结构与主要内容如下：

1、说明北京交通发展的自然地理背景与历史人文环境：评价海陆形势、地理位置、地形、河流等因素对北京交通发展进程的积极影响与客观制约，比较北京地区的山川形胜在充当交通史舞台时的优劣所在。历史人文因素对交通发展的影响集中体现在两个方面：北京自辽代以来作为陪都与国家首都的特殊政治地位，依赖于交通条件的支撑；城市的交通条件又因为得天独厚的首都地位而得到逐渐强化。

2、简要叙述先秦时期蓟城一带交通道路的开辟：参考考古学的相关成果，从历史文献记载的政治、经济、军事行动中，钩稽古人开辟交通路线、设置管理机构、制造交通工具的线索，展现先秦蓟城与我国北方乃至全国的交通关联。

3、追溯秦汉至隋唐五代幽州的交通状况：在北京历史上漫长的幽州时期，城市的基本性质是北方的军事重镇，许多涉及交通问题的重要事件与军事有关。秦始皇在全国修建的驰道有一部分经行幽州地区，构成先秦时期陆上交通骨架的干道由此得到进一步巩固。在这个军事重镇周围凝聚的战争风云，折射出交通道路的新拓展。从东汉末年曹操为统一北方开凿运河，直至隋炀帝时代南北大运河的贯通以及唐代的继续发展，幽州地区的水上交通获得了决定性的改观。交通工具的改进与管理机构的完善，也是不可忽视的一个方面。

4、探讨辽南京、金中都作为北方交通枢纽的重要地位：军事重镇幽州到辽代升为陪都南京，金代营建中都后它又成为北半个中国的首都，城市的交通地位自然伴随着政治地位而上升。关于城市街区以及周边交通道路的记载有所增加；北宋与契丹之间使者的往还，印证了从北宋首都开封到辽南京、中京大定府、上京临潢府直至契丹发祥地木叶山的经行路线；从南宋临安到金中都乃至金国境内其他地方的使者，同样记录了他们经行地区的交通状况。金代卢沟桥的修建是北京交通史上的重大事件，在我国桥梁建筑史上写下了辉煌的篇章，为后人留下了一件巧夺天工的旷世杰作。金代为征伐南宋，在河流整治与海上运输方面做过若干准备，由此可以显示金代中都地区直接或间接的水运线索。

5、分析元大都作为全国交通中心的形成过程：元代交通管理机构的设置比较完善，建立了连通全国的邮传驿路，大都就是全国驿站的中心。水陆交通都在前代基础上继续拓展，交通工具有所改进。城市之内的交通状况逐渐清晰起来，大都与上都之间的交通与许多重要事件密切关联。颇为发达的内河运输与空前繁盛的海上运输，是支撑大都城市物资供应的生命线。郭守敬等人在开辟运河水源方面，具有杰出的创造。

6、揭示明代北京地区交通系统的基本特征：北京城内的交通状况比以往更加清晰，从北京城到十三陵以及外围长城沿线重要关口之间的联系更加紧密。邮传驿路的完善、桥梁建设的进步、交通工具的发展，是明代构建北京地区交通系统的重要组成部分。北京城市生活对漕运的严重依赖，刺激了海上与京杭大运河运输的发展。当海运停止后，大运河就成为北京近乎惟一的经济命脉，疏通运河与保证水量的种种努力因此具有决定性的意义。

7、反映清代交通运输的继承与变革：清代北京城乡及其周边地区的水陆交通，在很大程度上延续着明代的做法。对朝阳门外至通州运粮道路、广宁门至卢沟桥的出京道路做了精心的整修。晚清时期铁路、公路的兴修与大运河的航运衰微直至废弃，民用航空的初步形成，城市交通如有轨电车的出现等，都体现了交通运输事业的重大变革，是城市及其周边区域近代化发展的象征。

8、透视民国时期北京（北平）交通的变化：在民国时期的北京与国都南迁后的北平，交通道路的整治与交通工具的改善是城市近代化改造的组成部分。铁路、公路、航空设施建设，城市交通线的密集与运营手段的改进，与前代相比出现了一些新特点。交通在城市规划中的地位日益凸显，对八年沦陷期间的交通状况也将做出客观的评说。

9、清理最近六十多年来北京交通现代化建设的发展脉络：自1949 年到 2010 年，包括交通环境在内的北京城市面貌发生了巨大变化，道路布局、交通工具、管理机构、交通设施等所有方面皆非从前可比。在适应社会发展需求的同时，也产生了当代条件下的种种矛盾，使交通成为影响城市与区域发展的重要因素之一。清理其间的主要进展和变化过程，可望获得对城市以及区域的可持续发展具有借鉴意义的经验教训。

10、阐述交通环境与古今北京城市发展的有机关联：作为本书的结论，借助于上述各部分的研究，归纳交通因素在北京发展过程中的重大作用；参考相关文献和交通规划，指出当前在交通设施建设、规划布局、交通与环保观念等方面面临的问题，讨论其解决途径与未来前景。

在业已面世的中国交通史或其它类型的文献中，包含着涉及北京交通问题的部分内容。除此之外，以北京交通史或历史交通地理为主题的著作，有北京市公路交通史编委会编《北京交通史》（北京出版社，1989）、尹钧科《北京古代交通》（北京出版社，2000）、颜吾佴等《北京交通史》（清华大学出版社、北京交通大学出版社，2008）、刘牧《当代北京公共交通史话》（当代中国出版社，2008）等。于德源《北京史通论》（学苑出版社，2008）有《北京古代交通》一章。此外，还有不少论著在史料搜集、研究思路、数据统计等方面为本书提供了参考或线索。

第一章　自然环境与人文背景

　　交通路线的开辟与交通工具的改进，既是社会发展的重要内容也是社会发展的必要条件。自然地理环境提供的可能性与社会人文背景促成的必要性，决定着交通发展的历史过程与未来趋向。北京地区的交通发展，同样取决于这两种因素的共同作用。

第一节　优劣并存的自然环境

　　背靠群山、面向平原，是北京市辖境地理形势的基本特征。这里处于华北平原与太行山、燕山山地交接地带，西、北、东北三面是太行山和燕山山地，群峰连绵，重峦叠嶂；西部山峰海拔多在 1000 米—1500 米，东灵山海拔 2303 米，是华北地区最高峰。北部山峰海拔多在800 米—1000 米，最高峰凤驼梁为 1530 米。此外还有大面积的低山丘陵与河谷、盆地。山区面积约占北京市辖境总面积的 62%。整个区域跨越了我国地势的第二级与第三级阶梯，地势西北高、东南低。永定河、潮白河、北运河、大清河、蓟运河五大水系自西北而东南流注，由此冲积成的"北京小平原"与华北平原相接，海拔大都在 50 米以下，平原区约占北京市辖境总面积的 38%。这五大水系，特别是永定河与潮白河及其支流，历史时期的变迁十分频繁，留下了错综复杂的河流故道。今通州区南部、顺义区东北部、昌平区西部、海淀区中南部和北部、朝阳区中部和北部、大兴区北部等地，曾在不同时期分布着大小不一的天然湖泊，其中最重要的是古蓟城西郊的大湖（莲花池的前身）、金中都东北郊的白莲潭（后称积水潭、三海）、辽金元时期通州区南部方圆数百里的延芳淀、海淀之西的瓮山泊（西湖）和南北

1

海淀、朝阳区中部的郊亭淀和东北部的金盏儿淀，以及南苑的诸海子等。山岭既是北京的军事屏障也是阻碍交通的天然险阻，狭窄的山间通道由此成为沟通燕山南北、太行东西的要冲，进而形成许多扼守这些要冲的关隘。河流在提供舟楫灌溉之利的同时，也会在一定条件下变为交通的障碍，桥梁就成了连接两岸往来的重要途径。湖泊一般有调节河流水量以保障航运通畅的功能，沿岸也往往形成运输码头，成为水路交通与陆路交通的转换点。

围绕着历史上的北京作为诸侯国都、军事重镇尤其是国家首都的地理形势，除了堪舆家从风水角度做出的评述之外，古人也屡次从自然地理着眼指出了北京周边山川形胜的优势条件，而交通、经济、军事等因素的作用与此不可分割。战国时期的策士苏秦说："燕东有朝鲜、辽东，北有林胡、楼烦，西有云中、九原，南有呼沱、易水。……南有碣石、雁门之饶，北有枣栗之利。"[1]西汉司马迁写道："燕亦渤、碣之间一都会也，南通齐赵，东北边胡。上谷至辽东，地踔远，人民希，……有鱼盐枣栗之饶。北邻乌桓、夫馀，东绾秽貉、朝鲜、真番之利。"[2]渤，是渤海；碣，指碣石，其地即今河北昌黎县西北的仙台山。先秦时期的燕都蓟城，已经是一个沟通中原农耕文化与北方游牧文化的重要都市。当元大都与明清北京成为统一国家的首都之后，这类论述变得更加系统。元末明初的陶宗仪说：大都"右拥太行，左注沧海，抚中原，正南面，枕居庸，奠朔方。峙万岁山，浚太液池，派玉泉，通金水，紫畿带甸，负山引河。壮哉帝居，择此天府"[3]。意思是说，大都城西有太行山拱卫，东边是众水归注的渤海，在此建都可以控御中原、确立对国家的统治地位，背靠着险要的居庸关，有利于稳定黄河以北地区。在大都城内外，修缮了万岁山，疏浚了太液池，整治了玉泉与金水河。大都背靠山岭，河流贯通城内外以及四围州县。把都城建在这里，具有天然优势。稍后的明代《博物策会》表述得更为简洁：幽州"左环沧海，右拥太行，北枕居庸，南襟河济，形胜甲于天下，诚天府之国也"[4]。此后的不少著作都沿用或化用了上述说法，所谓"南襟河济"指北京的南面连带着黄河与济水。

明代的北京面临着来自北方的军事威胁，沟通太行山东西、燕山南北的山间通道两端或其他险要之处，往往成为军队戍守的关口，长城沿线尤其如此。明末清初的孙承泽在《春明梦余录》中，指出了北京周围的军事地理形势：

真定以北，至于永平，关口不下百十，而居庸、紫荆、山海、喜峰、古北、黄花镇险阨尤著。会通漕运便利，天津又通海运，诚万世帝王之都。……京东至山海关，西至黄花镇，为关寨者二百一十二，为营堡者四十四，为卫二十二，为守御所三。设分守参将五于燕河营、太平寨、马兰峪、密云县、黄花镇以管摄营堡，谓之关。设守备都指挥五于山海、永平、遵化、蓟州、三河以管摄卫所，谓之营。设总兵官一员于三屯营，以总镇焉。关设于外，所以防守；营立于内，所以应援。其制可谓密矣。此所以控御其形势者也[5]。

明代为保卫北京所作的军事布置反映了各地的险要所在，自然环境决定的交通形势随之部分地体现在军事方面。

清康熙《大兴县志》对北京山川形势的解说，突出显示了地理位置、地形、交通、军事等因素的作用：

东枕辽海，沃野数千里。关山以外，直抵盛京。气势庞厚，文武之丰镐不是过也。天津襟带河海，运道咽喉，转东南之粟以实天庾。通州屹为畿辅要地。北则居庸耸峙，为天下九塞之一。悬崖峭壁，保障都城，雄关叠嶂，直接宣府，尤重镇也。西山秀色甲天下，寺则香山、碧云，水则玉泉、海淀。而卢沟桥关门巍立，即古之桑乾河，京邑之瀍涧也。畿南皆平野沃壤，桑麻榆柳，百昌繁殖。渐远则瀛海，为古河济交汇处，水聚溪回。若夫万里河山而都城位北，南向以收其朝拱之势，梯航车马，络绎奔赴，皆自南而北以奉神京，岂非古今第一形胜哉![6]

它的大意是，北京东边倚靠着辽东与大海，从山海关直至东北的盛京即今辽宁沈阳，是沃野千里的东北平原，增添了北京庞大厚重的京城气势，即使是周文王、周武王在关中建都时的丰镐也有所不及；北京外围的天津，连接着海河与渤海，是东南漕粮转运到北京仓库的咽喉要道；通州一向是京畿重地。北面的居庸关地势险要，是天下最著名的九个关塞之一，与京城西北的宣化府毗连，是对保障国都安全具有特殊作用的军事重镇。西山的优美景色天下少有，香山寺、碧云寺以及玉泉、海淀，是著名的寺庙与水景园林区，从西山峡谷中冲出来的卢沟水即永定河，就像瀍水、涧水流贯洛阳城一样，与北京的发展密切相关。京城南面的华北平原沃野千里，是适宜种植多种农作物与经济林木的地区，再远些则是古代黄河与济水交相汇入的大海。北京位于中国万里河山的北部,具有面南背北接受万方朝拜拱卫的形势,络绎不绝的车马航船都从南到北供奉着京师,这里岂不是古今第一形胜吗?康熙《大兴县志》的这段文字,可以视为古人对北京地理优势的全面总结了。

但是,我们必须看到,上述关于北京地理形势的评说,除了司马迁的客观叙述之外,苏秦所言是对身在蓟城的燕王的游说之词,元明清时期的描写则是在元大都与明清北京城业已成为全国首都之后的揄扬,几乎等同于为三代帝王之所以选择在此建都所做的合理性、必然性论证,因而基本不会或不敢提到北京地理环境的劣势。从整个中国的海陆形势来看,北京作为首都的地理位置明显偏东、偏北。远离国土的地理中心,就容易受到陆上来自东北、海上来自东南的攻击。戍守关塞、拱卫首都的军队在苦寒之地劳师远征,国家徒增重大负担而实际效果有限。远离物产富庶的南方经济重心,则必须依赖运河或海上的漕运满足首都的粮食及其他物资供应。在占据半壁江山、城市人口还较少的金中都,这个问题尚未凸显出来。到了城市人口迅速增多、消费需求大大膨胀的元大都与明清北京城,保障漕运一直是朝廷的重大要务,一旦运河淤塞或海路不畅致使漕粮不能按时到达,城市的经济生活就难以正常运转。在海运衰落之后,京杭大运河更是成为北京唯一的经济命脉。明末清初的历史地理学家顾祖禹感叹道:

> 呜呼!以燕都僻处一隅,关塞之防,日不暇给;辛旅奔命,挽输悬远。脱外滋肩背之忧,内启门庭之寇,左支右吾,仓皇四顾。下尺一之符征兵于四方,恐救未至而国先亡也;撤关门之戍以为内援之师,又恐军未离而险先失也。甚且借虎以驱狼,不知虎之且纵其搏噬;以鸟喙攻毒,而不知鸟喙之即足以杀身也,不亦悲哉![7]

从单纯的自然地理环境看,北京确实存在着这些不足,但它在辽代以后由陪都到全国首都的演变证明,包括政治军事形势、社会心理作用、交通条件等在内的人文因素,在一定的历史机遇下能够有效克服自然环境的不足,改变城市及其周边地区发展的轨迹。作为区域历史进程不可分割的组成部分,北京的交通发展恰恰获得了可遇而不可求的历史机遇。

第二节　得天独厚的人文背景

谈到中国版图上偏居一隅的北京在历史上长期成为首都的条件时，人们通常会提及三个方面：京杭大运河与海上的漕运，化解了周边物产难以支撑城市需求的困境；以北京为中心的陆路交通，增强了首都与全国各地的联系，保障了中央对地方的控御；平时被视为交通阻隔的太行山、燕山山脉，战时则是便于防守的天然屏障，崇山峻岭之上的长城使拱卫京师的军事力量获得了可靠的依托。总起来看，它们大体都属于交通的范畴或与交通密切关联。从这个意义上说，交通条件弥补了作为首都的北京在地理位置与经济环境方面的弱点。但是，我们却不能由此得出"交通条件是北京成为首都的先决条件"这样的结论。一定时期的政治军事形势与执政者希望实现的战略意图，才是历史上定都北京时首先要考虑的决定性因素。自然条件的相对优越与社会心理的大致认同，是必不可少的基础条件。时间的积累，又使北京作为都城的传统日益牢固。都城所处的地理环境与经济环境的不足越突出，就越需要依靠交通条件的改善加以扭转，这也是辽代以后北京地区交通发展的直接动力。北京的国都地位对交通环境提出了更高的要求，交通事业也在适应这种地位的过程中得到发展。当国都成为全国的交通中心以后，交通条件反过来又变为强化国都地位的因素。由于形格势禁、机缘巧合，北京获得了历史的垂青，长期成为国家的都城。在这个最为显著的政治因素影响下，北京地区的交通发展赢得了得天独厚的人文环境与历史机遇。换言之，北京的国都地位决定了近千年来北京地区的交通发展状况。

对崛起于东北平原或西北高原的少数民族政权而言，海陆位置在全国范围内偏北尤其偏东的北京，恰好充当了它们从更北的发祥地南下经略中原的转折点。穿过燕山、太行山的孔道进入北京后，居高临下面对的是我国地形三大阶梯中最为低平的华北平原。一马平川的平原无险可守，便于骑射娴熟的民族长驱直入，北京因而成了他们既能进取中原又能兼顾北方根据地的最佳选择。当唐朝灭亡、长安失去首都地位之后，五代与北宋的政治中心转移到了河南的东都（后称东京）开封，在幽州即后来的北京一线与它们对峙的辽国或称契丹，前期的政治中心上京临潢府位于今内蒙古巴林左旗东南波罗城，后期的政治中心中京大定府在今内蒙古宁城县西南大明城。契丹取得幽州后升其为南京，拉开了历史上的北京城由军事重镇向陪

都直至全国首都转变的序幕。继辽而起的由女真族建立的金朝，改
辽南京为金中都，由北方政权的桥头堡变为北半个中国的首都。金代
早期的都城上京会宁府在今黑龙江阿城市南白城子，对于占领了淮河
以北的金朝来说，中都的地理位置与自然条件比上京更适合建都。崛
起于漠北的蒙古族建立了幅员空前广阔的元朝，元大都成为统一国家
的首都，而另一政治中心元上都在今内蒙古正蓝旗敦达浩特镇东北，
位置也在大都之北。来自塞北的契丹、女真、蒙古族先后建立了辽、
金、元三朝，当他们从长城以北到达北京地区之后，这里的自然环境
无疑要比他们早期生活的地方优越。关于其间的政治军事意图，顾祖
禹指出：

> 辽起于临潢，南有燕云，常虑中原之复取之也，故举国以争
> 之，置南京于燕、西京于大同，以为久假不归之计。女真自会宁
> 而西，擅有中原，仍辽之旧，建为都邑，内顾根本，外临河济，
> 亦其所也。蒙古自和林而南，混一区宇，其创起之地，僻在西北，
> 而仍都燕京者，盖以开平近在漠南，而幽燕与开平形援相属，居
> 表里之间，为维系之势，由西北而临东南，燕京其都会矣。[8]

这就是说，辽南京是契丹担心被中原政权再次收复而设，金中都
是女真出于既顾及北方根本、又面向中原地区的战略而立，元大都则
是蒙古从西北到东南控制全国的政治枢纽。自然条件的优劣原本就是
相对而言，人文因素特别是国家行为对自然条件的补救作用无疑具有
决定性意义。当元朝选择大都作为全国政治中心之后，国家行为对首
都缺陷的弥补作用突出显现在两方面：从海上通道和京杭大运河把南
方的粮食及其他物资运到大都城，以保障城市生活必不可少的日常供
应；加强道路和驿站的建设，以建立大都与全国各地的迅速联络。这
样，稍欠发达的地方经济与偏处东部的地理位置，已不再构成城市发
展与政令通达的限制因素，漕运与交通的发达反而成了增强区域联系
以及文化认同的纽带，漕运作为北京经济命脉一直延续到清末近代铁
路取代了水路运输的主导地位以后。

前朝累积起来的传统，势必影响后来者的思维。朱元璋虽在南京
建都，却也曾就建都北平以控制胡虏的问题征询过朝臣的看法。在他
故去不久，镇守北平的燕王朱棣成为永乐皇帝，迁都北京延续了此地
作为国都的历史。顾祖禹指出：

太宗初就封于燕，当是时，蒙古之余裔犹炽，习见燕都之宫阙朝市，不无窥伺之情。太宗靖难之勋既集，切切焉为北顾之虑，建行都于燕，因而整戈秣马，四征弗庭，亦势所不得已也。銮舆巡幸，劳费实繁，易世而后，不复南幸，此建都所以在燕也。[9]

换言之，朱棣被封为燕王镇守北平时，来自北方的蒙古各部族仍然威胁着明朝的稳定。发动靖难之役在南京夺取皇位以后，他非常担心北方的安危，于是在北平建立行都，以此为支撑点整顿军马四处征讨，这也是形势所迫而不得不如此。鉴于从南京到北京之间的沿途辛劳与财力耗费过大，永乐之后的皇帝不再回到南京，北京因此再度奠定了首都地位。来自东北的满洲（辛亥革命后统称"满族"）入关之后，东北平原与华北平原之间的北京，是疆域辽阔的大清国最理想的建都之地；辽、金、元、明四朝在北京建都的传统，无疑也强化了清朝定都北京的思维惯性。辽、金、元、清都是来自北方的非汉族统治者建立的朝代，北京这座原本有险可守的城市此时自然不再有来自北方的军事威胁；夹在元、清之间的明朝都城本在南京，但立国三十多年后夺得皇位的永乐皇帝，恰巧是此前镇守北平的燕王，他将国都迁到自己的"龙潜之地"，国家的政治中心由此回归北京，保持了近千年来北京建都史的基本连续。中华民国在南京成立不久，国都即移到北京，1928 年回归南京。过了 20 年以后，当已经占领北方的共产党酝酿建立新中国时，东北是最主要的工业基地并且接近后来"一边倒"的苏联，刚刚和平解放的北平有着悠久的建都史，人民解放军占领南京则是 1949 年 4 月的事情，北京再次获得了成为首都的天时与历史的垂青，古今时势的极度巧合实在令人惊讶。最近一千年来的陪都与首都地位，造就了"条条大路通北京"的交通格局，交通条件的强化又转而成为巩固北京首都地位、推进社会发展的重要保障。

注释：

（1）《战国策》卷二十九《燕一》"苏秦将为従北说燕文侯"。

（2）《史记》卷一百二十九《货殖列传》。

（3）陶宗仪：《南村辍耕录》卷二十一"宫阙制度"条。

（4）于敏中等：《日下旧闻考》卷五《形胜》引明代《博物策会》。

（5）孙承泽：《春明梦余录》卷二《形胜》。

（6）张茂节：《大兴县志》卷一《形胜考》。清刻本及抄本多模糊处，此据

《日下旧闻考》卷五订补。

    （7）顾祖禹：《读史方舆纪要》"直隶方舆纪要序"。

    （8）顾祖禹：《读史方舆纪要》"直隶方舆纪要序"。

    （9）顾祖禹：《读史方舆纪要》"直隶方舆纪要序"。

第二章 先秦时期交通道路的开辟

先秦时期是北京地区交通道路与水陆交通系统的探索和初创阶段。借助于考古学的发现以及各类典籍的记载，我们能够看到古代交通随着人类社会发展逐渐进步的基本轮廓，认识这个时期在许多方面所具有的探索和奠基作用。

第一节 远古时期交通路线的探索

北京的地形是三面环山，一面连接华北平原。西面是太行山，北面是军都山，东北面是燕山山脉，南面和东南面是与华北平原相连接的开阔平坦之地。在平原上又有永定河（古称灅水）自西北流向东南，平原东部有潮白河（古称鲍丘水和沽水）贯通南北，平原中部有温榆河（古称温余水）由西北流向东南。这种地形直接影响了北京的交通发展，早期的交通路线沿着山间河谷或者河流两岸被开辟出来。古人类遗址的发掘和发现，为北京早期交通路线的研究提供了一些佐证。古人类的足迹几乎遍及北京地区，他们在天然的河谷、山谷和平原坦途间活动，大大小小的道路因此被开辟出来。在生产生活经验积累愈加丰富的情况下，他们对已经走过的道路形成了深刻的印象，这些道路成为社会群体赖以生存的条件之一。随着各地越来越多的尝试和探求，直至形成了基本的交通道路格局。

迄今为止，北京各区县尤其是远郊区县都发现了古人类活动的痕迹。旧石器时代的人类主要依靠采集、狩猎和捕鱼等方式维持生活，他们如此依赖大自然，为了寻找果实、追猎动物和寻找捕鱼场所，不得不经常过着流动的生活。由于一块地方所能提供的食物有限，他们只好分成小群行动。这些人群为了维持生存而分散开来寻找食物，由于技术水平有限，所利用的路径主要是天然的山间小路、河谷以及平原坦途。在北京生活的古人类开辟出的路径，既有通往北京地区之外的，也包括本地区之内交错互通的道路。因此，他们可以迁徙到北京之外的地区，也能够实现区域之内的流动。

北京最早的古人类遗址周口店北京人遗址，在北京市房山区境内周口店镇以西的龙骨山上，处于山区和平原接壤部位，发现埋藏有不同时期的各类化石和文化遗物地点 27 处。远古时期此处生活着 50 至 24 万年前的"北京人"，10 万年前的"新洞人"，1.8 万年前的"山顶洞人"。"北京人"所居住的洞穴原是一个天然的石灰岩溶洞，在大约 24 万年前，洞穴失去了可以居住的条件，北京猿人离开这里，迁居到其他地方。他们迁移的去向现在没有考古资料可以显示，但是足以证明在"北京人"时代，生活在北京房山周围的古人类就已经探寻出了一些路径。这些路径可能通往北京之外的地区，也可能连接着周口店之外的北京其他区县。

在北京西北的永定河中上游流域、山西省阳高县与河北省阳原县交界处，考古工作者 1974 年发现的许家窑文化遗址，是距今约 10 万年的古人类生活的遗址。考古发现证实，许家窑人是北京猿人的后裔，他们是从周口店迁移到了山西境内。在当时的条件下，他们的迁移无疑要沿着天然的山谷和河谷小道行进。依照地形大致推断，他们从周口店出发，行进到永定河流域，逆河道而行至官厅山峡，走出西山进入到河北境内，继续沿着永定河上游河道桑乾河上行，最终抵达山间盆地许家窑。这条通达山西的道路是一条天然的交通走廊，在远古时期就留下了古人类迁移往来的多种遗迹。后世更多、更便利的道路，仍然是在利用这条天然的交通走廊开辟和延伸。

继北京猿人之后，"新洞人"出现在周口店，他们的居住地"新洞"离北京人生活的"猿人洞"仅 70 米。"新洞人"的来源与去向至今尚未搞清，但考古发现显示，"新洞人"比北京猿人进步，活动区域较北京猿人广泛。所以，他们也必定会依靠自然环境所提供的交通条件，足迹远至周口店之外的其他地区。

"新洞人"之后的"山顶洞人"，也在周口店龙骨山生活了约 1 万年之久。山顶洞人的文化遗迹和遗物相当丰富，他们通过从事采集、狩猎、捕鱼而维持生活。从出土的 3 个穿了孔的海蚶壳以及用于墓葬的赤铁矿粉和矿石可知，其活动范围扩大到北至宣化、南达海边[1]。

在北京地区的其他区县，都有旧石器以及新石器时代的人类遗址被发现。大约距今 40 万年以前，即旧石器时代早期，密云县北部地区就已有人类活动。距今约 6000 年左右，人类活动范围已广布于密云县北部的车道峪、董各庄，西部的石城、王庄子，西南部的燕落寨，东部的转山会、陡岭子、上峪村，东南部的东邵渠村等地。门头沟区也是古人类活动遗迹发现较多的区域，尤其是永定河流域的山间盆地和河道旁的坡地，是考古发现较多的地带。门头沟区清水河流域的斋堂盆地，自旧石器时代起就是人类活动的区域。大约十万年前，在平谷小盆地的东南边缘，已有不少原始人类在此生息繁衍。在罗汉石、海子、洙水、马屯、豹峪、甘营等地，也有同类的旧石器发现。在怀柔区宝山寺乡转年村发现了一处新石器早期遗址，该地曾出土石器近千件，有石核、叶片、石叶等打制石器，并发现灰坑和少量陶片、人体骨骼碎片，初步鉴定为距今约万年的旧、新石器时期人类聚居地。

北京的旧石器时代人类依靠狩猎、采集和渔猎维持生活，主要活动在山麓的缓坡、山间盆地和河谷之间，对大自然的依赖性极强。他们是成群地结合在一起的自治团体，把一个地方的食物采集完之后，就会迁移到其他区域。这种流动性的生活模式要求他们不断寻找新的生活区域，道路的探寻和开辟对生活也就具有至关重要的意义。不过，旧石器时代的人类生产工具较为简陋粗糙，对道路的开辟主要依据天然的条件，或者说主要是发现一些较为便于行走的路径以直接利用。进入距今一万年前开始的新石器时代之后，这种状况逐渐发生了变化。

新石器时代是人类从采集渔猎方式转向农业定居生活的开端，尽管这一转变经历的过程极其漫长，从距今 10000 年到 4000 年左右基本完成。人类进步速度的显著加快，可以归因于农业的开始。农业促使可利用或可供栽培的植物种类变得丰富起来，其中以谷类作物最多。栽培谷类作物所得的收获，使人类共同体的规模有可能比以往任何时候都大，于是在人类历史上第一次出现了可以叫做"村落"或者甚至是"村镇"的定居地。随着人口的增长和社会生产的需要，更为复杂的社会组织也发展起来。公元前 8000 年之后，雨量分布状态的改变以及海洋和湖泊水位的变化，迫使人类更多地去利用那些遍布山麓丘陵的禾本科植物。人们无意识地选择了某些能够生长在低地的植物，这些植物后来显示了变成谷物的可能性[2]。新石器时代的人类生活较旧石器时代有了很大改观，在生产工具和生产方式上，产生了进一步精细加工的工具和人工培养动植物的方法，对自然的改造能力突飞猛进。新石器时代的人类因此更多趋向定居的农业生活，他们的生活地点也就由丛林走向平原地带。为养活日益增多的人口，荒地的开辟成为必然的结果，并促使人们不断寻找新的土地。随着生活领地的开辟和延展，交通路线的拓展也与之相应而行。

在我国北方的新石器时代文化遗存中，仰韶文化、红山文化、龙山文化最具代表性和标志性。仰韶文化是黄河中游地区重要的新石器时代文化，于 1921 年在河南省渑池县仰韶村发现。仰韶文化的持续时间大约在公元前 5000 年至 3000 年，其分布范围以华山为中心，东起豫东，西至甘肃、青海，北到河套内蒙古长城一线，南抵江汉，中心地区在陕西关中、陕北一带。分布省份有陕西、甘肃、河南、山西、河北、内蒙古、湖北、青海、宁夏 9 个省区。红山文化是我国东北地区的新石器时代文化，距今约 5000 年前。其分布范围包括大兴安岭南缘和燕山北麓地带的西辽河流域。这里是衔接东北平原和蒙古高原的三角地带，也是中原农耕文化与北方草原文化的交汇区域。龙山文化泛指中国黄河中、下游地区约当新石器时代晚期的一类文化遗存，是铜石并用时代的文化。因首次发现于山东历城龙山镇（今属章丘）而得名，距今约 4350 年—3950 年。大部分龙山文化遗址分布在山东半岛，陕西、山西、河南、河北、辽东半岛、江苏、湖北等地区也有类似遗址发现。

北京地区的新石器时代文化，可以与上述文化类型相对照。北京现已发掘的新石器时代文化遗址，比较重要的有门头沟区"东胡林人"文化遗址、平谷上宅文化遗址、昌平雪山村文化遗址和张营文化遗址。"东胡林人"遗址因发现于门头沟区斋堂镇东胡林村清水河西岸的黄土台地上而得名，是距今约一万年的新石器时代早期古人类墓葬遗址。在遗址中发现了人骨多具、保存完好的墓葬一座、几处用火遗迹以及房屋遗址，还有大批石器、陶器、骨器、蚌器等遗物，引起了考古界的轰动。东胡林人遗址是继房山周口店"北京人"、"山顶洞人"之后的又一重大考古发现，填补了山顶洞人以来北京地区人类发展史的一段空白，将旧石器晚期到新石器早期的人类链条连接了起来。"上宅文化"遗址包括上宅遗址和北埝头遗址，是北京地区迄今发现最早的原始农业萌芽状态的新石器时代文化。上宅遗址位于平谷区韩庄乡上宅村北山坡台地上，北埝头遗址位于大兴庄镇北埝头村洳河南岸的台地上。上宅遗址的地层堆积分为八层，第二层为唐辽砖瓦、陶瓷碎片，此层下是夏家店下层文化墓葬。从第三到第八层是距今 7500 年至 6000 年的新石器时代文化层。发掘出土了 3000 余件陶器、石器以及鸟头形镂空器、陶猪头、陶羊头、石羊头、石龟等雕塑艺术品。在北埝头遗址发现了属于上宅文化的陶器、石器等器皿数百件，还有半地穴式的房屋基址。北捻头文化遗址的地层堆积分为六层，第三、第四层分别是汉代和战国文化层，五六层为新石器时代文化层[3]。此外，平谷还有多处与上宅文化同时或稍晚些的新石器时代文化遗址。"雪山文化"遗址位于昌平区南口镇雪山村东南的台地上，共有四期文化堆积层：一期文化遗存为新石器时代文化遗存，与中原仰韶文化、东北的红山文化有相似之处，陶器以红陶为主，距今约6000年。二期文化遗存为新石器时代文化遗存，属龙山文化时期，已在原始社会末期，距今5000—5500年。三期文化遗存为夏家店下层文化遗存。四期文化遗存为西周晚期至战国时期的文化遗存。昌平区张营文化遗址位于昌平区南邵镇张营村东台地，地层堆积分六层，第二层为唐、辽时期文化层。第三层至六层为夏商时期文化层，第六层发现几件敞口鼓腹陶器与昌平雪山文化二期出土的器物基本相同。张营遗址的第三层至第五层的时代大致相当于商代早期至中期阶段，第六层最早可追溯至夏代。

上述文化遗址的发掘，清晰地显示了北京新石器时代人类开辟交通道路的线索。东胡林人遗址呈现了新石器时代开始后清水河流域人类聚居生活的情形。清水河是永定河的支流，为古人类在北京西部山间河谷聚居生活提供了良好的场所。依据考古发掘可以了解到，东胡林人不同于居住在山洞的旧石器时代人类，他们开始定居在山前坡地、河流台地上，显然是从其他地域迁移到清水河旁的高地之上。他们的迁移说明，新石器时代早期人类已经扩大了生活的范围，农业生产、人口发展都促使他们不断寻求新的领地以养活更多的人口，这就使他们必须走过更多的道路，寻找合适定居的地点。

平谷上宅文化遗址的发掘显示，新石器时代在北京地区的人类，开始了定居的农业生活。他们在不断开辟新的生活领地，彼此之间至少在从北捻头到上宅这样不算遥远的距离内有互相往来的交通道路。同样，雪山村遗址与张营文化遗址有着同样的文化类型，两地的人们也必然有相互联系、相互往来的交通道路。以此推测，新石器时代北京地区的人类交通，几乎开始遍布广大的整个区域。

不仅如此，新石器时代北京对外交通也是存在的，并有不断扩充的趋势。根据上宅文化遗址、昌平区雪山文化遗址和张营文化遗址的考古发现，可以推测当时的大致情况。上宅文化有夏家店下层文化的类型，雪山文化与仰韶文化、红山文化有着相似性，二期与三期文化层分别属于龙山文化时期和夏家店下层文化。这就有力地说明，这里的人们与北京之外的地域有着不可分割的关系。上宅文化第二期之下与雪山文化第三期，属于夏家店下层文化。夏家店下层文化的时代，约为公元前 2000 年至公元前 1500 年。它分布的范围很广，北部越过西拉木伦河，南面越过河北省拒马河，西到张家口、宣化一带，东到辽河以西，包括京津地区在内的燕山南北，都分布着这种文化遗址、墓葬和遗物。上宅文化遗址和昌平发现的两个文化遗址证明，这一时期北京地区的古人类与外界有着广泛的联系，北方蒙古高原，东北辽河流域，西北黄河流域，南部中原之地，通达这些区域的道路已经被发现并成为人们来往的必由之路。

除了考古发现，《史记》记载的黄帝时代，也为我们提供了一些交通发展信息。一般推测，黄帝生活在 4000 年前的新石器时代晚期，是原始部落的领袖。其时部落联盟间战争不断，原因无疑是因为发生了领地的冲突。当时的人们已经涉足很广，在人口不断繁衍、部落不断壮大的情况下，四处寻求新的资源和领地成为必然，自然易于引发部落间的矛盾。发源于黄河流域的黄帝部落与江淮的九黎部落、东部的炎帝部落之间的战争，即与此有关。三大部落原本在不同地区栖息，相隔甚为悬远，后来却互相攻占，说明古人类已经摸索出了很多路径通达各地。

战争的结果是黄帝和炎帝部落结成联盟，在涿鹿打败了九黎部落，其酋长蚩尤被杀。而后，炎帝部落也不服从黄帝的领导，侵凌其他部落，引发了炎、黄部落的大战。司马迁《史记》记载，炎帝与黄帝"战于阪泉之野"，黄帝与蚩尤"战于涿鹿之野"，最终都是黄帝部落取得了胜利。依据北魏郦道元《水经注》征引的汉、晋典籍以及唐代《括地志》等文献的记载，历史地理学的研究早已证明，"涿鹿之野"与"阪泉之野"是桑干河流域"怀来盆地"中的同一片比较平旷的土地，其地在"涿鹿县故城"亦即今河北涿鹿县东南约 25 公里的矾山镇"古城村"之南；"阪泉"则在古城以东一里[4]。由于北京延庆县处在怀来盆地的东北边缘，今延庆西亦有阪山、阪泉村。后出的明清文献将炎黄之战附会在这里，实际上经不起历史地理的仔细推敲。尽管如此，部落之间的战争毫无疑问地开拓了人们的地理视野，其中也包括对于交通条件的认识。黄帝在涿鹿之战后巡视各地，东至于海，西至空桐，南至于江，而后"合符釜山，而邑于涿鹿之阿"。[5] 据此而言，北京地区与中原、江淮、黄河流域都可以相互往来。作为中华民族的人文始祖，黄帝的传说遍及今山东、山西、河北、陕西、北京以及南方许多省区。北京地区的平谷县就有黄帝陵，唐代诗人陈子昂诗云"北登蓟丘望，求古轩辕台"，李白也吟咏"燕山雪花大如席，片片飞落轩辕台"，足见其历史影响的久远。

远古时期对北京地区陆路交通的初步探索，是人类适应自然地理环境的结果。北京地区的古人类遗址多分布在河畔山麓缓坡或河边台地，根据年代不同，还有自山区向山前地带及平陆发展的特点，这也就意味着人类在不断探寻并开辟出新的交通路线。进入新石器时代以后，随着农业生产技术的提高以及定居生活和人口发展，出现了更为复杂的社会形态，不同区域之间的接触与交往大大增加。如此一来，交通道路的发展从旧石器时代依靠人类单纯的狩猎活动为动力的偶然开辟，转变为多种因素推动下更加自觉的行动，人类涉足的地域得到拓展，探寻出的道路也就延伸得更远，形式也更加多样。平原上广泛分布的河流、湖泊、沼泽，不便于交通往来。所以，平原西缘的山麓台地、北边以及东北边的山间孔道，成为最早的重要交通线。西缘的太行山东麓台地为人们提供了南北往来的通道，当时是北京通往中原大地的唯一大道。平原北端的军都山和燕山山脉中的峡谷山口，为人们提供了通向北部高原的孔道，其中最主要的居庸关和古北口，是山前山后人们必经的道路。沿着燕山山脉东行，通过山海关经辽西走廊，可以到达松辽平原[6]。北京西部山区永定河冲刷的山谷，提供了通向河北坝上、蒙古高原以及山西的道路。在北京西部的门头沟和房山等山区，有天然的河谷山间小路供古人类远行至北京之外的地区。他们经过永定河流域的山谷，穿过今官厅山峡，到达河北，随之就可以溯桑干河谷地而上前往山西了。沿着这些天然的走廊和通道，北京的古人类或者走出去寻求新的栖息地，或者从周边来到北京地区，已经探索出了最主要的几条天然通道。

第二节　夏商周至春秋战国时期的交通

夏商时代的社会制度在原始部落联盟基础上发展为国家，是深刻影响中国历史进程的重大转折。各地与国都的联系前所未有地加强，对王命传达与国家礼仪的高度尊崇，直接提升了开拓交通路线、制造交通工具、加强交通管理的重要作用。含有后人设想成分的周代交通管理，已经成为一套体系完整、组织严密的制度。在交通工具的发明与道路系统的形成方面，这个时期也具有奠基意义。

新石器时代晚期是国家形成的萌芽阶段，北京地区的古人类也不例外地在生产和生活方式上有了很大进步，发展出了复杂的社会组织。在传说中的黄帝时代，交通和社会制度初具规模，部落联盟或者各个方国之间发生了较多的联络往来，水陆交通似乎已通达四方。后人追述说："昔在黄帝，作舟车以济不通，旁行天下，方制万里，画野分州，得百里之国万区。是故《易》称'先王建万国，亲诸侯'，《书》云'协和万国'，此之谓也。"[7]鉴于古代文献罕有夏商时期关于今北京地区的记载，我们只能依靠考古发现寻找当时交通发展的线索。在北京西北部的山地和东部的平原，分别分布着类似夏家店下层文化的遗存，相当于中原的夏商时期。夏家店下层文化覆盖的区域相当广泛，燕山南北、辽河以西及内蒙古地区都有发现。从昌平区雪山村文化遗址的发掘可以推测，以二里头文化为代表的夏文化已影响到北京地区，雪山二期文化中的三足盘可以为证。这种文化上的影响，表明了北京地区在夏代与其他地域互通往来，到达中原的道路也比较通畅。

夏商时期北京及其周边已经有不同的民族居住，《左传》记载，昭公九年，周王遣詹桓伯致告晋侯时称："及武王克商……肃慎、燕、亳，吾北土也。"[8]这些民族或方国之间有着广泛的联系。当时的燕地在周人看来还属于蛮荒之地，詹桓伯以"燕亳（貊）"称之，原因就在于燕地与周边地带在文化上互相交流、互相影响，而燕国以北的地域属于戎狄的范畴。

随着周武王封召公奭于燕，北京与其他地域的联系得到空前发展。西周后期，强盛的燕国吞并了蓟国。《史记正义》载："蓟微燕盛，乃并蓟居之，蓟名遂绝焉。"[9]"乃并蓟居之"，就是燕国将都城迁徙到了蓟。同时，燕国向冀北、辽西扩张，北京及周边的方国部族如孤竹、令支、无终，或臣服于燕，或为燕所灭，相继纳入燕国的封域。北京昌平白浮村西周墓、延庆西拨子村考古遗存中，出土了大量青铜礼器、兵器、车马器、陶器、玉器、象牙器及有字卜甲等，显示出北方草原文化的影响。作为周王朝在北方的重要封国，燕国的不断开拓增强了自身的影响力，与周边的联系和往来愈加频繁，与王朝中心之地的联系也不可缺少。燕侯定期前往国都镐京（今陕西西安市西）朝觐纳贡，周王则遣使往来燕地，蓟城通往镐京的道路应当颇为通畅。房山区琉璃河镇董家林村一带的西周燕都遗址发掘出了驷马马车，亦可说明当时的道路已比较宽阔。

春秋战国之际，社会经济和技术水平的提高带动了城市的迅速发展。周王的封国已纷纷强大起来，各国的活动对交通产生了极大的促进作用。他们或彼此进攻或相互结盟，无视周王作为宗主的事实，封国之间的政治、经济、军事联系达到了空前密切的程度，周王对此也无可奈何。各国招贤纳士，游士侠客往来其间。君侯交聘会盟，使者络绎于途。毋庸置疑，春秋战国时代的交通道路已经是四通八达，任由车马纵横驰骋了。

偏居北方的燕国，内外交通道路在旧有基础上进一步开拓。春秋时期的燕国势力并不强大，又地居北边，毗邻山戎等少数民族，与中原的大诸侯国保持盟好关系，南北交通道路因此被更频繁地使用。春秋时期山戎对燕国影响很大，史籍载有很多关于燕国被山戎侵犯的实例。山戎不止对燕国进行侵扰，燕的邻国齐国甚至周王之都洛邑也难免于难。史载犬（山）戎与申侯攻杀周幽王于骊山下：

> 是后六十有五年，而山戎越燕而伐齐，齐釐公与战于齐郊。其后四十四年，而山戎伐燕。燕告急于齐，齐桓公北伐山戎，山戎走。其后二十有余年，而戎狄至洛邑，伐周襄王，襄王奔于郑之氾邑。[10]

山戎的活动几乎纵横于整个北方，他们入侵的路线从燕至齐，还攻到了洛阳，由此大体可知春秋时期燕国与外界的交通状况。

燕国与北方的交通路线即是山戎频繁攻入的通道。西周初年，周武王"放逐戎夷泾、洛之北"[11]，那里处于西周的荒服之地。随着周政的衰落，山戎的势力开始扩展到泾河渭水流域，并不断分散到内蒙古高原。春秋战国时，山戎已经频繁侵扰燕国了。山戎为游牧民族，"儿能骑羊，引弓射鸟鼠；少长则射狐兔，用为食。士力能毌弓，尽为甲骑。其俗，宽则随畜，因射猎禽兽为生业，急则人习战攻以侵伐，其天性也。"[12]他们的居处并不固定，适宜狩猎的区域即是他们的乐园。狩猎之余，兼以掠夺维持生活。北京地处华北平原农耕地区与北方游牧地区的交接带，对山戎来说是最适合不过的生活区域。现在北京以北的军都山南麓、延庆北部，发现了春秋战国之际的山戎文化遗存十多处，出土了大量的陶器、石器、骨器、玉器、青铜器以及金器。山戎侵犯燕齐，无疑要越过军都山，因此从军都山的山谷进入北京平原就是他们常走的路径。而山戎从原居地泾渭流域、内蒙古高原迁移的路径，很可能是从恒山、太行山山间河谷向东北行进，最后来到军都山北麓。

春秋时代的燕国势力较为弱小，未曾跻身强国之列。在遭受山戎侵犯的情况下，不得不仰仗强邻齐国之助。燕庄公二十七年（前664年），燕国因山戎入侵告急于齐，已成为诸侯霸主的齐桓公于是担起解救的重任，并为阻止山戎进一步入侵而北伐山戎。

> 齐桓公救燕,遂伐山戎,至于孤竹而还。燕庄公遂送桓公入
> 齐境。桓公曰:"非天子,诸侯相送不出境,吾不可以无礼于燕。"
> 于是分沟割燕君所至与燕,命燕君复修召公之政,纳贡于周,如
> 成康之时。诸侯闻之,皆从齐。[13]

齐桓公伐山戎直到居庸关外,河北省怀来县旧城东南原有桓公泉,传说是因桓公伐山戎经过此处而得名。桓公又追击山戎东至孤竹,孤竹在今河北省卢龙县南。

燕国得齐之助,齐国又多次成为春秋霸主,燕国与齐的往来无疑是十分频繁的。燕齐之间的道路,应沿渤海西岸延伸。桓公回师后割齐地与燕国,割让的地方根据唐代《括地志》所称:"燕留故城在沧州长芦县东北十七里,即齐桓公分沟割燕君所至地与燕,因筑此城,故名燕留。"[14]燕留城在河北省沧州东北,那么,燕齐的通道显然是沿着渤海西岸的华北平原东部开辟的。

燕、齐方士的活动也可说明,当时渤海西岸已经成了两国之间的交通要道。战国初期,燕、齐的方士十分活跃,而且得到国君的青睐。这些方士动辄入海求仙和不死之药,对国君产生了巨大的诱惑力。这样的风气影响深远,以致后来一统天下的秦始皇也心向往之。

> 自威、宣、燕昭使人入海求蓬莱、方丈、瀛洲。此三神山者,
> 其傅在勃海中,去人不远。患且至,则船风引而去。盖尝有至者,
> 诸仙人及不死之药皆在焉。其物禽兽尽白,而黄金银为宫阙。未
> 至,望之如云;及到,三神山反居水下。临之,风辄引去,终莫
> 能至云。世主莫不甘心焉。及至秦始皇并天下,至海上,则方士
> 言之不可胜数。始皇自以为至海上而恐不及矣,使人乃赍童男女
> 入海求之。船交海中,皆以风为解,曰未能至,望见之焉。其明
> 年,始皇复游海上,至琅邪,过恒山,从上党归。后三年,游碣
> 石,考入海方士,从上郡归。后五年,始皇南至湘山,遂登会稽,
> 并海上,冀遇海中三神山之奇药。[15]

齐国东境即为渤海湾,燕国去海也十分近便。方士们大肆宣扬海上的仙人仙药,自然与这样的地理环境有关系。渤海西岸的道路因为燕齐一带的人们在海上的活动被探寻出来,在春秋战国时期为燕齐的往来提供了方便。

战国时期燕国的对外交往和开拓有了显著发展,尤其在燕昭王即

位后励精图治，燕国势力达到全盛，甚至跻身七雄之列。战国初期，燕国还未卷入中原的争雄战争。然而，燕国所处的位置对争雄的诸侯国很有帮助，在苏秦游说燕文侯时就剖析得十分明了，亦可以探寻出当时燕国与他国的道路交通状况。

　　苏秦将为从，北说燕文侯曰："燕东有朝鲜、辽东，北有林胡、楼烦，西有云中、九原，南有呼沱、易水。地方二千余里，带甲数十万，车七百乘，骑六千匹，粟支十年。南有碣石、雁门之饶，北有枣栗之利，民虽不由田作，枣栗之实足食与民矣。此所谓天府也。夫安乐无事，不见覆军杀将之忧，无过燕矣。大王知其所以然乎？夫燕之所以不犯寇被兵者，以赵之为蔽于南也。秦、赵五战，秦再胜而赵三胜。秦、赵相弊，而王以全燕制其后，此燕之所以不犯难也。且夫秦之攻燕也，逾云中、九原，过代、上谷，弥地踵道数千里，虽得燕城，秦计固不能守也。秦之不能害燕亦明矣。今赵之攻燕也，发兴号令，不至十日，而数十万之众，军于东垣矣。度呼沱，涉易水，不至四五日距国都矣。故曰：秦之攻燕也，战于千里之外；赵之攻燕也，战于百里之内。夫不忧百里之患而重千里之外，计无过于此者。是故愿大王与赵从亲，天下为一，则国必无患矣。"[16]

　　当时燕国的势力包括今北京、河北北部、山西东部以及辽西，与齐、赵毗邻。燕国北通秦晋，南近赵，东通齐鲁等国，在兼并战争中便于向南北用兵，对有意争雄的诸侯国来说，可谓"有所附而无不重"[17]。

　　燕国强盛时的势力向东北已经达到了朝鲜，"朝鲜王满者，故燕人也。自始全燕时尝略属真番、朝鲜，为置吏，筑鄣塞"[18]从燕通往东北的道路，史籍中没有详细记载，但尚有线索可寻。从云中经九原、代郡，就到了燕国的上谷郡。不止于此，还有其他道路可通往燕国。燕昭王时，"燕有贤将秦开，为质于胡，胡甚信之。归而袭破走东胡，东胡却千余里。……燕亦筑长城，自造阳至襄平。置上谷、渔阳、右北平、辽西、辽东郡以拒胡"[19]燕国的长城从造阳至襄平。造阳，据《史记集解》引韦昭曰："在上谷"。汉代上谷郡治所在今河北省怀来，襄平在今辽宁省辽阳。渔阳郡、右北平、辽西郡、辽东郡的治所，分别在今北京怀柔、天津蓟县、辽宁义县、辽宁辽阳。燕国为防止东胡的入侵，显然有通往五郡的道路。燕国与赵国则仅隔易水，交通十分便利。

春秋战国时期北京地区之内的交通道路，发展得也更为密集。这一时期城市的发展和经济交流，为改善交通提供了基本的动力。当时各国的大城市一片繁荣，汉人桓宽记载："燕之涿、蓟，赵之邯郸，魏之温、轵，韩之荥阳，齐之临淄，楚之宛、陈，郑之阳翟，三川之二周，富冠海内，皆为天下名都，……居五诸之冲，跨街衢之路也。"[20]这些都城如此兴旺，无非是因为居于枢纽之地，修建了宽阔的街道。北京各区县发掘出了春秋战国时期的许多古城遗址，表明那时的城镇数量已经很多。公元前316年，燕王哙禅让君位与相国子之，结果引发燕国内乱，给临近的齐国、中山国提供了可乘之机。中山国在燕"奋桴振铎，辟启封疆，方数百里，列城数十，克敌大邦"。[21]城镇之间的相互往来，构建了当时北京地区的主要交通体系。春秋战国时期，燕国的都城已经从房山区琉璃河董家林迁移到了蓟城，即北京老城区西南的广安门外。战国时期，燕国还在今河北省易县营建了下都，还有见于《太平寰宇记》所载的中都，其地在今北京房山区[22]。1959年在房山区窦店镇西窦店村与芦村相交处，发现了一座土城遗址。根据地理位置判断，有学者认为这就是燕中都[23]。作为燕国的都城，三都之间的联系应该相当密切，因此也就形成了连结它们的重要交通路线。在北京的不少区县，都有春秋战国至秦汉的古城遗址。它们或者作为军事要地而修建，或者由于行政原因而设置，还有一些因为经济发展而形成的城镇。政治、军事或者经济的需要，使这些城镇必须处在重要的交通线上，这样才便于人们往来其间。所以，春秋战国时期燕国林立的城镇，为我们呈现了当时日渐发达的交通状况。

经过先秦时期的初创与奠基，北京地区交通道路的基本格局已经显示出了大致轮廓。后世在此基础上不断丰富和发展，改进了道路的通行状况和交通工具。但是，交通路线所在的地理位置，却在自然环境和人文背景制约下呈现出显著的历史继承性，一旦开辟出来就很难从根本上被改变。当代北京地区通往区域之外的主要干道，就其历史渊源而言，都可以追溯到先秦时期。在这之后的北京交通史，也主要围绕着这些道路的兴衰来展开。其中包括：

1. 北京通往东北地区的道路

榆塞孔道，位于燕山山麓东端与渤海之间。从北京通州向东，沿燕山山脉南麓，经河北省三河、天津市蓟县、河北省玉田、唐山市北、卢龙，过秦皇岛北面，再东北行10公里到达今山海关（古渝关）。卢龙塞孔道，位于燕山山脉东段，河北遵化东北、唐山与承德交界处，是滦河（古濡水）劈山而成的沟通南北的天然谷道。汉设亭关，唐称卢龙塞，宋辽复称松亭关，明称喜峰口关。卢龙塞是北京通往东北平原和蒙古高原的要道，往东可达大凌河流域（位于辽宁西部，流经朝阳、凌海），北上可通西辽河上游及蒙古高原东部。从北京到卢龙塞孔道，大致从通州往东，经河北省三河、天津蓟县再转向东北，过河北遵化前行60公里左右。古北口孔道，位于密云西北燕山山脉中段的蟠龙山与卧虎山之间。古北口在唐代称为北口，五代时叫做古北口，金称铁门关，是北京经承德通往蒙古高原东部和东北平原的重要隘口。潮河发源于蒙古高原。从密云县城进入山区，沿着潮河河谷前行几十公里可达古北口。再穿过丘陵地带，可到达承德。军都陉孔道，位于昌平区西北的军都山。南端今称南口，北口即为八达岭岭口。全长20公里，居庸关就建造在沟中最狭窄处，是北京的西北门户。从军都关经延庆，可达河北省张家口。从张家口往西南可达山西大同，往北可通往蒙古高原。

2. 北京往西的交通孔道

由石景山区进入西山的官厅山峡，出官厅山峡向北偏西达河北怀来，也可到张家口。北京通往太行山以西地区的通道还有两条，一条是经过飞狐陉，一条是井陉。飞狐陉位于河北涞源以北和蔚县之南，全长70余公里，在两县境内均为35公里。最宽处有七八十米，最窄处仅一米左右。这里是太行山的东北端与燕山山脉的交会处，是北京通往山西高原与蒙古高原的又一重要通道。井陉位于河北省井陉县西的井陉山上，是滹沱河支流洧河（桃河）横穿太行山断裂谷而成的一条隘道。从河北省正定往西即可达井陉，穿过这条隘道，可到达山西太原，再向西南可到西安、咸阳。

3. 北京往南通往华北平原的道路

早期华北平原上河流湖泊甚多，阻碍了北京往南的交通。太行山东麓的山前阶地为南北交通提供了条件，它们是由永定河、海河、滹沱河、漳河、黄河等河流冲积扇组成的狭长地带，地势较高且相对平坦，因而交通条件优越，在这里兴起了一连串的城市。沿着太行山东麓高地南下的道路，大致经今北京房山，过河北涿州、保定、石家庄、邢台、邯郸，进入河南省。再经安阳、鹤壁、新乡，过黄河抵达郑州，这是很长时间内北京通往中原的唯一道路。从郑州往西，或从郑州以北向西，经洛阳入潼关，可达西安。在河北省东部，稍晚出现了第二条南下中原的道路，即从北京到河南开封。从北京先到河北涿州，再转向东南，经河北固安、霸州、任丘、衡水、冀州、南宫、大名，然后经河南濮阳，最后到达开封。沿着这条道路，还有到山东的支线，即经山东德州东通济南、淄博等地。

4. 水上交通状况

北京地区有众多的河流，大都东流注入大海。河道水浅以致时常淤塞，不利航行。主要的河流有永定河、潮白河、拒马河、泃河。永定河是北京地区最大的河流，从门头沟三家店进入平原后流向东南，跨过丰台，流经房山与大兴区的交界线，在大兴南部与河北省交界处转向东流，注入渤海。永定河最重要的渡口位于卢沟桥一带，是沟通东西交通的枢纽。潮白河发源于蒙古高原，上游分潮河和白河，两河从北面进入北京地区后在密云县北汇成一支，然后流经通州向东南入海。潮白河在通州东的白庙渡口，是通往东北道路的重要渡口，也是通往中原与通向东北道路的重要连接点。

第三节　交通工具与交通管理机构

先秦时期产生的交通工具与交通管理机构及其相应的制度，都在中国具有普遍意义而并不局限于或针对北京地区。后代文献对于远古的追溯，通常把某些发明归结于圣贤的创造，这也是历史上司空见惯的做法。

一、交通工具的发展

旧石器时代的生产工具还十分简陋，新石器时代则有了很大改观。在与生活息息相关的交通工具的制造使用方面，人们也有所创新和发明。根据世界范围内的考古发现，轮子是新石器时代晚期的重大发明之一，为制造车辆提供了基础。中国历史上把它归于圣人的功绩：

> 上古圣人，见转蓬始知为轮。轮行可载，因物知生，复为之舆。舆轮相乘，流运周极，任重致远，天下获其利。后世圣人观于天，视斗周旋，魁方枓曲，以携龙、角为帝车，于是乃曲其辀，乘牛驾马，登险赴难，周览八极。故《易》震乘乾，谓之大壮，言器莫能有上之者也。[24]

创造发明车辆的圣人，不知生于何时何代。然而，中国有圣人之誉的莫过于三皇五帝。尤其是黄帝，对于他的功劳历史上追述颇多，在交通史上的贡献亦不绝于史书。《史记》载"披山通道，未尝宁居"。[25]《汉书》言"昔在黄帝，作舟车以通不济，旁行天下"。[26]似乎中国舟车的发明都与黄帝有关，我们也别无旁证以证其非。黄帝发明了车，后世又使用畜力驾车，使交通工具有了飞跃发展。"黄帝作车，至少昊始驾牛，及陶唐氏制彤车，乘白马，则马驾之初也。"虽然当时车马可以运用于交通，但是否普及世人却未可知。尧作为部落首领，可以"彤车乘白马"[27]，舜修明制度，"车服以庸"。按《史记正义》引孔安国云："功成则锡车服，以表显其能用也。"[28]以此而言，车舆是关系身份等级的特征之一，有功劳的人可以乘车，应该并没有广泛普及。禹的时代，"禹埋洪水十三年，过家不入门。陆行载车，水行乘舟，泥行乘毳，山行则桐，以别九州；随山浚川，任土作贡；通九道，陂九泽，度九山"[29]。交通工具不仅限于舟车，还有在沼泽和山地可以使用的特制交通工具。

夏代的交通工具仅见诸文献记载，商时期的情况就有实物可供考察了。河南安阳殷墟出土了商代的车舆，而现今发现北京地区最早使用的车马实物，是在琉璃河西周燕都遗址发掘出来的。古代文献也有关于西周车舆形制的记载：

> 周室大备，官有六职，百工与居一焉。一器而群工致巧者，车最多，是故具物以时，六材皆良。舆方法地，盖圆象天；三十辐以象日月；盖弓二十八以象列星；龙旗九斿，七仞齐轸，以象大火；鸟旟七斿，五仞齐较，以象鹑火；熊旗六斿，五仞齐肩，以象参、伐；龟旐四斿，四仞齐首，以象营室；弧旌枉矢，以象弧也：此诸侯以下之所建者也。[30]

周代的车较之夏商更为复杂华丽多样，这不仅有技术进步的缘故，更有礼制的因素使然。春秋战国时期，车舆的使用十分广泛，当时的车辆已经大量制造并使用于战争。《天工开物》载："凡车利行平地，古者秦、晋、燕、齐之交，列国战争必用车，故千乘、万乘之号起自战国。"[31]燕国有着便于推广车辆使用的地理环境，马车已经成为便捷交通工具的首选。

先秦时期北京地区河流密布，不便于陆上通行。但是，在舟船被人们运用后，情况就有了很大转变。虽然未见任何先秦时期北京地区所用水上通行工具的实物，但是远古的人们已经凭借简陋的独木舟浮江泛海，探险于未知之地。春秋战国时期方士出海求仙人仙药，自然是有了可供海上航行的工具。据此可以推测，当时的水上交通工具制造运用技术已经比较成熟并且得到大规模使用。春秋战国时期燕赵以易水相隔，两国交战都不免要渡河，这显然是有了可供渡河的交通工具才得以实现。

二、交通管理机构的出现

先秦时期专门负责交通管理的机构并不见诸文献，但负责修造、管理车舆等交通工具的职位已经确立。后人追述，上古尧、舜时期，已经设立官职分掌各类有关民生的事务。"虞舜有天下，以伯禹作司空，使宅百揆。弃作后稷，播百谷。契作司徒，敷五教。皋繇作士，正五刑。垂作共工，利器用。垂，臣名。共谓供其百工职事"。[32]垂的职务是管理百工，即各种器具制造，当然包括车辆等交通工具在内。到了禹统治时期，车舆的管理已经有了严格的制度。自黄帝以来，车辆的使用逐渐成为有身份者的专用器物，制造得更为精美复杂，所谓"自是以来，世加其饰。至奚仲为夏车正，建其斿旐，尊卑上下，各有等级"[33]。至于西周，礼制更加完备，关于车舆使用的规格愈加复杂。天子与诸侯和卿大夫之间的车辆使用，有着严格和详明的等级区分。

交通道路的修建和维护，很大程度上是为了保障王命传达和政务顺畅，此外还有经济交流的需要，客观上促进了交通状况的改善。根据《周礼》的记载，西周时期已经形成了一套颇为严密的管理制度，每个部门、不同地方，都有相应的机构和人员各负其责。地官司徒总管交通道路：

> 遗人，掌邦之委积，以待施惠。乡里之委积，以恤民之艰阨。门关之委积，以养老孤。郊里之委积，以待宾客。野鄙之委积，以待羁旅。县都之委积，以待凶荒。凡宾客会同师役，掌其道路之委积。凡国野之道，十里有庐，庐有饮食。三十里有宿，宿有路室，路室有委。五十里有市，市有候馆，候馆有积。凡委积之事，巡而比之，以时颁之[34]。

> 司险，掌九州之图，以周知其山林川泽之阻，而达其道路。设国之五沟五涂，而树之林，以为阻固。皆有守禁，而达其道路。国有故，则藩塞阻路，而止行者，以其属守之，唯有节者达之[35]。

> 野庐氏，掌达国道路至于四畿。比国郊及野之道路、宿息、井、树。若有宾客，则令守涂地之人聚柝之，有相翔者诛之。凡道路之舟车击互者，叙而行之。凡有节者及有爵者至，则为之辟，禁野之横行径踰者。凡国之大事，比修除道路者，掌凡道禁。邦

之大师，则令塌道路，且以几禁行作不时者、不物者。[36]

这个理想化的模式，综合考虑了维护道路畅通、保障沿途休憩、排解交通矛盾等职责，还包括对于违反禁令者的惩罚措施，这是令后世许多人向往的周代制度的组成部分。另据《孟子·公孙丑上》："孔子曰：德之流行，速于置邮而传命。"据此而论，春秋时期已经设置了官方的传命机构，战国时期则有了比较齐备的邮驿系统。

注释：

（1）《北京文物百科全书》编委会：《北京文物百科全书》，京华出版社，2007年版，第603页。

（2）《泰晤士世界历史地图集》，三联书店，1985年版。

（3）《北京文物百科全书》，上宅文化遗址条，第363—365页。

（4）王北辰：《黄帝史迹涿鹿、阪泉、釜山考》，《北京大学学报》（哲学社会科学版）1994年1期。

（5）《史记》卷一《五帝本纪》。

（6）尹钧科：《北京古代交通》，北京出版社，2000年版，第5页。

（7）《汉书》卷二十八上《地理志第八上》。

（8）《左传》昭公九年。

（9）《史记》卷四《周本纪》张守节正义。

（10）《史记》卷一百一十《匈奴列传》。

（11）《史记》卷一百一十《匈奴列传》。

（12）《史记》卷一百一十《匈奴列传》。

（13）《史记》卷三十二《齐太公世家》。

（14）《史记》卷三十四《燕召公世家》。

（15）《史记》卷二十八《封禅书》。

（16）《战国策》卷二十九《燕一》。

（17）《战国策》卷二十九《燕一》。

（18）《史记》卷一百一十五《朝鲜列传》。

（19）《史记》卷一百一十《匈奴列传》。

（20）桓宽：《盐铁论》卷一《通有论》。

（21）中山王错鼎铭文。1974年河北平山县中山王墓出土。

（22）乐史：《太平寰宇记》卷六十九。幽州良乡县，"在燕为中都，汉为良乡县，属涿郡"。

（23）刘之光、周桓：《北京市周口店窦店土城调查》，《文物》1959年第9期。

（24）《后汉书》志第二十九《舆服上》。

（25）《史记》卷一《五帝本纪》。

（26）《汉书》卷二十八上《地理志第八上》。

（27）《史记》卷一《五帝本纪》。

（28）《史记》卷一《五帝本纪》。

（29）《汉书》卷二十九《沟洫志》。

（30）《后汉书》志第二十九《舆服上》。

（31）宋应星：《天工开物·舟车第九》。

（32）杜佑：《通典》卷十九《职官一》。

（33）《后汉书》志第二十九《舆服上》。

（34）《周礼·地官司徒》。

（35）《周礼·夏官司马》。

（36）《周礼·秋官司寇》。

第三章　秦汉魏晋北朝交通的进步

秦汉魏晋北朝时期，是北京历史上的"幽州时代"的前半段。先秦时期的燕都蓟城，此时成了北方军事重镇幽州的治所。军事上的重要地位，人口的繁衍，经济的发展，生产技术的进步，都促使幽州地区的水陆交通路线明显扩充。依照河流山川形势和季节条件开发道路，是远古时期探索交通路线的重要特征，而这一时期人为的因素发挥了更为重要的作用。尤其突出的是，秦汉统一国家政权建立后，交通道路以国家的大都会为中心向全国辐射，各区域之间的道路也更加畅通无阻。无论是陆路交通的修造还是水路交通的开凿，都有显著成就。由于国家制度的发展，对交通道路进行管理的机构和律令更为完备，在道路上设置的馆驿更加制度化和系统化，交通工具也随着社会经济的发展有所更新。相较之下，分裂战乱的汉末和北朝时期，因为政权的频繁更替，地域之间的交往受到很大阻碍和限制，交通网络的规模较之统一时期大为逊色，道路的开拓和改进也相对衰弱。

第一节　陆上交通的继续开辟和完善

一、秦代驰道对幽州道路的改进

秦始皇统一中国后，为巩固统治大刀阔斧地改革与推行新政。他对自己兼并得来的强大帝国的治理兢兢业业，期望将国家朝夕控于其手。除了政令的迅速传达，各地消息的积极回馈，征伐大军的顺利派遣，他还要不时巡行各地，以赫赫威风压制六国遗民的复国之心。这一切都必须以道路通畅、车马便捷为基础，这是精明的始皇帝始料所及的。昔日六国互相攻杀防备，筑城池掘壕沟，设关卡自守，对秦帝国的统治多有不便。因此，在秦始皇的一系列新政中，交通建设成为重点之一。在统一六国的战争中，秦已经初步疏通了全国的交通道路。全国统一后，秦始皇又诏令车辆规格统一，所行道路也须宽阔整齐。秦灭六国之后的第二年（前220），便以都城咸阳为中心，"为驰道于天下，东穷燕齐，南极吴楚。江湖之上，濒海之观毕至。道广五十步，三丈而树，厚筑其外，隐以金椎，树以青松"[1]。秦二世继位后也大修道路，"治直［道］、驰道"[2]。驰道是专供皇帝使用的大路，奉皇帝诏令的专使也可以走驰道。其他人等除非皇帝格外开恩特许，在驰道上奔走就是冒犯君威、僭越犯上的罪过，轻则没收车马，重则受到刑罚。秦的驰道四通八达，将三十六郡连接起来，形成遍布全国的交通网络，很多路段是在原有道路的基础上改筑或整治而成。

驰道为秦始皇巡行提供了很大方便，尤其能如他所愿进行封禅和求仙活动。受燕齐之地的方士蛊惑，秦始皇对长生不老之说和神仙之术极其向往，于是多次东巡到碣石等沿海地带。秦始皇三十二年（前215）"游碣石，考入海方士，从上郡归"[3]。其子秦二世即位后就仿效其父，"东巡碣石，并海。南历泰山，至会稽，皆礼祠之，而刻勒始皇所立石书旁，以彰始皇之功德"[4]。碣石为山名，在辽西郡（今河北省昌黎县北），距渤海约20公里。秦始皇及二世东巡碣石都要经过修到燕地的驰道，《史记》描述了当时燕地的交通和社会状况。"夫燕亦勃（渤海）、碣之间一都会也。南通齐、赵，东北边胡。上谷至辽东，地踔远，人民希，数被寇，大与赵、代俗相类，而民雕捍少虑，有鱼盐枣栗之饶。北邻乌桓、夫馀，东绾秽貉、朝鲜、真番之利。"[5]燕地东通碣石、渤海以及辽东和齐地，北边紧邻匈奴等少数民族，正是秦始皇至海求仙北巡的必由之路，二世也要从燕地向东南走驰道前往泰山和会稽。

由咸阳向东通往燕地的驰道大致沿太行山东麓修筑，这条驰道可从《史记》的记载中得到印证："然邯郸亦漳、河之间一都会也，北通燕、涿，南有郑、卫。"[6]邯郸为太行山东麓大道的重要站点之一，而燕地的蓟城则是大道东北之末端，南端为郑、卫的郑州、洛阳。大致路线是由咸阳向东出函谷关（今河南灵宝北），经三川郡（今洛阳），再转向东北经邯郸郡邺县（今河北临漳西南）、邯郸县（今邯郸）、恒山郡（今正定县南），然后东北至广阳郡蓟城（今北京）[7]。从咸阳向东北方向，从蒲坂出发，沿着汾水上溯太原，穿太行山井陉道，延伸到恒山郡，就连接到了东北通燕地的驰道。另外，从太原郡通代郡

（今河北蔚县西南），再至上谷郡、渔阳郡，就抵达了燕地。从代郡到燕地、再至右北平直至碣石的这段道路，是秦塞上道路的东段，从代郡往西经云中、九原，是其西段。这条塞上大道沿着长城铺设，从咸阳向北经上郡（治今陕西榆林东南）的直道与其连接。

秦始皇东巡碣石时，首先从咸阳走驰道到蓟城，再由蓟城沿燕山南麓的道路前往碣石，即从蓟城向东，经右北平郡无终（今天津蓟县）、令支（今河北迁安西）到达碣石。秦始皇在碣石完成求仙活动，然后北巡，从右北平折返燕地，经渔阳、上谷、代、雁门、云中、九原等北边诸郡，最后从上郡返回咸阳。概而言之，当时从燕地通往咸阳的主要干道有两条，一是沿着太行山东麓的驰道入函谷关到咸阳，一是根据塞上大道从上谷向西，过雁门或者云中，从上郡抵达咸阳。秦代在幽州所修的驰道，在西汉时期同样是交通要道。汉高祖五年（前202）七月，刘邦平定燕王臧荼的叛乱。《史记·周勃列传》载："以将军从高帝击反者燕王臧荼，破之易下。所将卒当驰道为多。"[8]进兵过程利用了燕地的驰道。

从燕地到齐地的道路也很便捷，始皇与二世父子多次前往泰山封禅，并由齐地转往东南一带。

二、汉晋幽州至西北、东北道路的开辟

秦修筑驰道主要用于政治与军事，汉代幽州的交通道路也在向更多方向拓展，远至与国际交通线相连接。由幽州通西北及塞外的道路，因为边防的需要而被开发；另一交通线路延伸的方向则在东北，由幽州通辽东、辽西乃至朝鲜半岛的国际交通线，在两汉魏晋时期已经开通并广泛使用。

从幽州通西北的道路，秦代已经形成规模。由于匈奴兴盛，秦王朝营建了关中到西北边塞的直道以及塞上大道与长城，以抵御匈奴的进犯。西汉时期匈奴更盛，长城之外尽是其势力范围，"诸左王将居东方，直上谷以东，接秽貉、朝鲜；右王将居西方，直上郡以西，接氐、羌；而单于庭直代、云中。各有分地，逐水草移徙"[9]。强盛的匈奴乘秦末战乱、西汉初期贫乏的时机，对汉朝北边侵扰不断。汉代云中、雁门、代郡、上谷、渔阳、右北平、辽西等北边诸郡无不被害，西汉也从诸郡出兵反击。匈奴纵横驰骋于汉朝北部边境，乃至深入长城之内所造成的困扰，令汉武帝坚定了反攻的决心。这里略举匈奴侵入汉时幽州地区渔阳、上谷诸郡的情况：

后燕王卢绾复反，率其党且万人降匈奴，往来苦上谷以东，终高祖世。[10]

（元光六年）匈奴入上谷，杀略吏民。遣车骑将军卫青出上谷，骑将军公孙敖出代，轻车将军公孙贺出云中，骁骑将军李广出雁门。青至龙城，获首虏七百级。[11]

（元光六年）其冬，匈奴数千人盗边，渔阳尤甚。汉使将军韩安国屯渔阳备胡。其明年秋，匈奴二万骑入汉，杀辽西太守，略二千余人。又败渔阳太守军千余人，围将军安国。安国时千余骑亦且尽，会燕救之，至，匈奴乃去，又入雁门杀略千余人。[12]

（元光七年）安国为材官将军，屯渔阳，捕生口虏，言匈奴远去。即上言方佃作时，请且罢屯。罢屯月余，匈奴大入上谷、渔阳。安国壁乃有七百余人，出与战，安国伤，入壁。匈奴虏略千余人及畜产去。[13]

（元朔元年秋），匈奴入辽西，杀太守；入渔阳、雁门，败都尉，杀略三千余人。遣将军卫青出雁门，将军李息出代，获首虏数千级。[14]

（元朔二年春）匈奴入上谷、渔阳，杀略吏民千余人。遣将军卫青、李息出云中，至高阙，遂西至符离，获首虏数千级。收河南地，置朔方、五原郡。[15]

（元狩元年五月）匈奴入上谷，杀数百人。[16]

与匈奴的战争，对汉代幽州与塞外及西北的交通影响显著。匈奴为了入侵汉的边郡，对边境路况有一番探寻和发现，而汉朝为了反击匈奴，也着力北边诸郡互通声气、倚为援助。后来，汉武帝为夹击匈奴，特意差遣张骞等通西域，这是汉代开辟塞外交通的壮举。随着版图扩大，在西北开辟道路、设置机构，正式打通了与塞外的交通，进而为幽州与塞外的交通提供了条件。

北京通往塞外的路线在汉代没有详细记载，但汉武帝时卫青率军从上谷出击匈奴，最后抵达龙城。龙城为匈奴单于召集部落祭天的所在，即单于庭，大致在今蒙古的乌兰巴托。这条道路从上谷郡通到单于庭，要横绝大漠。汉武帝时诸将出征匈奴，能够直捣其巢穴而成功者寥寥，名将李广就因迷失于途而未能建功立业。可见当时通塞外的路途十分艰辛难寻，若非军事需要并找到识途的向导引路，很难到达目的地，普通人平常更不会通行于此道。所以，汉代幽州地区虽有通塞外的道路但未形成规模，只是在军事因素的推动下，通西北与塞外的道路愈来愈明确可行。

汉代幽州通往西北的孔道，集中在上谷与渔阳二郡。上谷郡居庸县有居庸关，是北京通西北的重要陉道。由上谷、渔阳通西北的道路可大致分为两线：一为幽州通雁门、代郡之路，并由此远及云中、九原等西北塞上诸郡，这是在秦塞北大道基础上形成的通道。另一为通往匈奴腹地，这是从幽州到达塞外的通道。

通西北边塞诸郡的道路，即从渔阳、上谷郡到雁门郡、代郡，或者从雁门、代郡入上谷、渔阳。这条道路常用于军事作战，汉代的战事最早是汉初燕王臧荼的叛乱。《汉书·郦商传》记载：

> 汉王即帝位，燕王臧荼反。商以将军从击荼，战龙脱，先登陷阵。破荼军易下，却敌。迁为右丞相，赐爵列侯，与剖符，世世勿绝，食邑涿郡五千户。别定上谷，因攻代，受赵相国印。与绛侯等定代郡、雁门，得代丞相程纵、守相郭同、将军以下至六百石十九人。[17]

这条道路也是匈奴入侵与汉军出击匈奴时经常行走的路线。"本始中，（赵充国）为蒲类将军征匈奴，斩虏数百级，还为后将军、少府。匈奴大发十余万骑，南旁塞，至符奚庐山，欲入为寇。亡者题除渠堂降汉言之，遣充国将四万骑屯缘边九郡。单于闻之，引去。"[18] 所谓沿边九郡，颜师古注："九郡者，五原、朔方、云中、代郡、雁门、定襄、北平、上谷、渔阳也。四万骑分屯之，而充国总统领之。"自渔阳、上谷郡东接右北平，西至五原边塞屯军，都统于赵充国，以便于防御匈奴，足见当时这条塞上防御线已经形成。这条通过北京地区的塞上交通线因军事需要得到保持，沿途都有汉朝设置的军事机构。在汉元帝之时，这条塞上交通线险遭废置。

> 竟宁元年，单于复入朝，礼赐如初，加衣服锦帛絮，皆倍于黄龙时。单于自言愿婿汉氏以自亲。元帝以后宫良家子王墙字昭君赐单于。单于欢喜，上书愿保塞上谷以西至敦煌，传之无穷，请罢边备塞吏卒，以休天子人民。天子令下有司议，议者皆以为便。郎中侯应习边事，以为不可许。上问状，应曰："周秦以来，匈奴暴桀，寇侵边境。汉兴，尤被其害。臣闻北边塞至辽东，外有阴山，东西千余里，草木茂盛，多禽兽，本冒顿单于依阻其中，治作弓矢，来出为寇，是其苑囿也。至孝武世，出师征伐，斥夺

此地，攘之于幕北。建塞徼，起亭隧，筑外城，设屯戍以守之，然后边境得用少安。幕北地平，少草木，多大沙，匈奴来寇，少所蔽隐，从塞以南，径深山谷，往来差难。边长老言匈奴失阴山之后，过之未尝不哭也。"……对奏，天子有诏：勿议罢边塞事。[19]

在西汉幽州通西北边塞诸郡的道路上，上谷郡的居庸关日渐成为关键通道，东汉之后尤其如此。建武十五年，吴汉"复率扬武将军马成、捕虏将军马武北击匈奴，徙雁门、代郡、上谷吏人六万余口，置居庸、常［山］关以东"[20]。建武二十二年，"匈奴薁鞬日逐王比遣使诣渔阳请和亲，使中郎将李茂报命"[21]。东汉时期匈奴虽然衰微，但新兴的乌桓与鲜卑又成了东汉王朝的边患，居庸关通道变为乌桓与鲜卑进出幽州地区的重要道路。

> 乌桓者，本东胡也。汉初，匈奴冒顿灭其国，余类保乌桓山，因以为号焉。……及武帝遣骠骑将军霍去病击破匈奴左地，因徙乌桓于上谷、渔阳、右北平、辽西、辽东五郡塞外，为汉侦察匈奴动静。其大人岁一朝见，于是始置护乌桓校尉，秩二千石，拥节监领之，使不得与匈奴交通。……光武初，乌桓与匈奴连兵为寇，代郡以东尤被其害。居止近塞，朝发穹庐，暮至城郭，五郡民庶，家受其辜，至于郡县损坏，百姓流亡。其在上谷塞外白山者，最为强富。[22]
>
> 鲜卑者，亦东胡之支也，别依鲜卑山，故因号焉。其言语习俗与乌桓同。……汉初，亦为冒顿所破，远窜辽东塞外，与乌桓相接，未常通中国焉。光武初，匈奴强盛，率鲜卑与乌桓寇抄北边，杀略吏人，无有宁岁。……及南单于附汉，北虏孤弱，（建武）二十五年，鲜卑始通驿使。……和帝永元中，大将军窦宪遣右校尉耿夔击破匈奴，北单于逃走，鲜卑因此转徙据其地。匈奴余种留者尚有十余万落，皆自号鲜卑，鲜卑由此渐盛。[23]

乌桓、鲜卑占据了匈奴旧地，遍布于汉王朝代郡往东直至辽东边塞。为了招抚乌桓与鲜卑以对抗南匈奴，东汉王朝将其势力引入代郡以东沿边诸郡。上谷郡居庸关，是乌桓与鲜卑熟知和常用的入侵孔道。

> （元初）五年秋，代郡鲜卑万余骑遂穿塞入寇，分攻城邑，烧

官寺，杀长吏而去。乃发缘边甲卒、黎阳营兵，屯上谷以备之。冬，鲜卑入上谷，攻居庸关，复发缘边诸郡、黎阳营兵、积射士步骑二万人，屯列冲要。[24]

东汉建光元年，鲜卑入上谷，然后从马城塞入代郡，进寇居庸关。

建光元年秋，其至鞬复畔，寇居庸。云中太守成严击之，兵败。功曹杨穆以身捍严，与俱战殁。鲜卑于是围乌桓校尉徐常于马城。度辽将军耿夔与幽州刺史庞参，发广阳、渔阳、涿郡甲卒，分为两道救之。常夜得潜出，与夔等并力并进，攻贼围，解之[25]。

东汉末年群雄割据，幽州与长安的联系就依靠居庸关至西北的通道。

初平元年，义兵起，董卓迁帝于长安。幽州牧刘虞叹曰："贼臣作乱，朝廷播荡，四海俄然，莫有固志。身备宗室遗老，不得自同于众。今欲奉使展效臣节，安得不辱命之士乎？"众议咸曰："田畴虽年少，多称其奇。"畴时年二十二矣。虞乃备礼请与相见，大悦之，遂署为从事，具其车骑。将行，畴曰："今道路阻绝，寇虏纵横，称官奉使，为众所指名。愿以私行，期于得达而已。"虞从之。畴乃归，自选其家客与年少之勇壮慕从者二十骑俱往。虞自出祖而遣之。既取道，畴乃更上西关，出塞，傍北方，直趣朔方，循间径去，遂至长安致命。[26]

田畴就是从居庸关出塞，沿着长城沿线的塞上大道，直奔朔方，然后转向都城长安。

由居庸关出入，向西通往雁门郡，取飞狐口（今河北涞源县北）入雁门，这是由幽州地区通西北的另一重要道路。东汉初，王霸在上谷，为防御匈奴与乌桓，修建了雁门平城到代郡的飞狐道。建武十三年：

卢芳与匈奴、乌桓连兵，寇盗尤数，缘边愁苦。诏霸将弛刑徒六千余人，与杜茂治飞狐道，堆石布土，筑起亭障，自代至平城三百余里。凡与匈奴、乌桓大小数十百战，颇识边事。数上书言宜与匈奴结和亲，又陈委输可从温水漕，以省陆转输之劳，事皆施行。后南单于、乌桓降服，北边无事。霸在上谷二十余岁。[27]

西晋末年，并州刺史刘琨在晋阳（今太原西南）为刘粲、石勒所败，建兴四年（316）十二月率余部自飞狐口进入幽州，与驻蓟城的辽西鲜卑联合。[28]

三、幽州通往东北的道路

秦汉魏晋北朝时期幽州通往东北的道路，经过右北平、辽西、辽东，向北至肃慎等地（今黑龙江中下游地区），向南到朝鲜半岛，与辰韩、马韩、弁韩相通，而且与日本隔海相望。从蓟城到右北平，可以横绝大漠，通外蒙古与西伯利亚。从代郡、云中、五原，也可到达这些地区。

秦末，燕国的卫满就在朝鲜故地开疆拓土，自立为王。汉初势力向朝鲜半岛扩张，建立了东北诸族与汉王朝的往来。

> 会孝惠、高后时天下初定，辽东太守即约满为外臣，保塞外蛮夷，无使盗边；诸蛮夷君长欲入见天子，勿得禁止。以闻，上许之，以故满得兵威财物，侵降其旁小邑，真番、临屯皆来服属，方数千里。[29]

汉武帝时期征伐朝鲜，元封三年夏，"朝鲜斩其王右渠降，以其地为乐浪、临屯、玄菟、真番郡"。[30]汉王朝对东北的经营进一步加强，"彭吴穿秽貊、朝鲜，置沧海郡，则燕齐之间靡然发动"。[31]连续的用兵引起了幽州乃至渤海一带的社会骚动。西汉向东北开疆拓土，经过幽州通往东北的道路日益重要，东北各民族通过右北平、渔阳、上谷、太原等郡，与汉朝频繁通使和贸易往来。从西汉末年开始，东北民族的势力通过幽州至东北的交通线，内侵到边郡地区。东汉"建武二十五春正月，辽东徼外貊人寇右北平、渔阳、上谷、太原，辽东太守祭肜招降之"。[32]从此以后，幽州地区前往东北的道路一直维持畅通。

幽州通东北的另一条道路是沿渤海而行，称为傍海道。这条道路由于受雨季影响，在东汉末已经不是很常用了。建安十二年，曹操为扫平袁绍的残余势力、奠定稳固的北方出征乌桓。"夏五月，至无终。秋七月，大水，傍海道不通，田畴请为乡导，公从之。引军出卢龙塞，塞外道绝不通，乃堑山堙谷五百余里，经白檀，历平冈，涉鲜卑庭，东指柳城"。[33]曹操由幽州蓟城出兵至无终（今天津蓟县），向东北出卢龙塞（今河北卢龙），沿渤海旁道路经白檀（今河北滦平北）向北至平冈（今内蒙古宁城西南），大败鲜卑于白狼堆（今辽宁建昌西北），最后向东北直捣柳城（今辽宁朝阳）。这条由北京经过卢龙塞通往东北的道路，以后成为军事家经常的选择。东晋永和六年（350），前燕慕容儁出师讨伐占据幽州的后赵，自龙城（今辽宁朝阳）趋卢龙塞，驻军无终，然后攻陷蓟城。从东北到幽州的道路，还可以由龙城经大漠，沿燕山北麓向西，从居庸关进入幽州地区。

经居庸关和卢龙塞所在的道路，日渐发展为幽州通往西北以及东北的重要途径，历史上的大量战争与这两个关塞相联系。北魏时期，六镇镇兵起义：

> 杜洛周反于燕州，仍以（常）景兼尚书为行台，与幽州都督、平北将军元谭以御之。景表求勒幽州诸县悉入古城，山路有通贼之处，权发兵夫，随宜置戍，以为防遏。别敕谭西至军都关、北从卢龙塞，据此二险，以杜贼出入之路。又诏景，山中险路之处，悉令捍塞。景遣府录事参军裴智成，发范阳三长之兵以守白崄，都督元谭据居庸下口。俄而安州石离、冗城、斛盐三戍兵反，结洛周，有众二万余落，自松岍赴贼。谭勒别将崔仲哲等截军都关以待之。仲哲战没，洛周又自外应之，腹背受敌，谭遂大败。贼既南出，钞略蓟城。景命统军梁仲礼率兵士邀击，破之，获贼将御夷镇军主孙念恒。都督李琚为贼所攻蓟城之北，军败而死。景率属城人御之，贼不敢逼。洛周还据上谷。授景平北将军、光禄大夫，行台如故。洛周遣其都督王曹纥真、马叱斤等率众蓟南，以掠人谷。乃遇连雨，贼众疲劳。景与都督于荣、刺史王延年置兵粟园，邀其走路，大败之，斩曹纥真。洛周率众南趋范阳，景与延年及荣破之，又遣别将军重破之于州西彪眼泉，禽斩之及溺死者甚众。[34]

杜洛周在燕州发动起义，北魏幽州行台常景与幽州都督控制了军都关（居庸关）和卢龙塞，以防止起义军攻入蓟城或流动作战，击败了困守幽州地区的杜洛周，这也说明了居庸关与卢龙塞通道对幽州地区在交通和军事上的重要意义。

四、幽州通往华北平原的道路

秦汉之际，幽州地区与华北平原的交通已比较便捷。沿太行山东麓修筑的驰道，为幽州通往中原提供了基础。这里居于华北平原北端，地接边塞，是多民族融合汇聚之处。西通关中，东接辽东，无论是进兵关中与西北大漠、东进蒙古高原和东北平原，还是控扼华北平原，兼并齐鲁，幽州地区都处在极其理想的战略位置。自秦汉以来，作为防御匈奴、鲜卑、乌桓的要塞，幽州逐渐发展成为军事重镇，具有不容忽视的地位。因此，幽州成为各种政治势力争夺中原的前哨阵地，由此进兵华北平原，是一条重要的交通路线。

西汉末年，刘秀凭借华北地区的有利条件赢得了天下。《后汉书·邓训传》注引《汉官仪》："中兴以幽、冀、并州兵克定天下，故于黎阳立营，以谒者监之。"[35]在反对王莽政权的起义中，刘秀受更始帝之命招抚河北。更始二年，邯郸王朗称帝，刘秀为避其锋芒，转奔幽蓟，后南下反击王朗。刘秀从蓟城向西南奔至涿郡饶阳，在定州深泽县东南渡过呼沱河，进入信都郡，聚集了自己的势力。北击中山（今河北定州），然后攻下真定（今河北正定），随即南下攻占钜鹿，由此奠定了攻下冀州的基础。《后汉书·耿弇传》载：

> 会王郎诈称成帝子子舆，起兵邯郸。弇从吏孙仓、卫包，于道共谋曰："刘子舆成帝正统，舍此不归，远行安之？"弇按剑曰："子舆弊贼，卒为降虏耳。我至长安，与国家陈渔阳、上谷兵马之用，还出太原、代郡，反覆数十日，归发突骑以辚乌合之众，如摧枯折腐耳。"弇道闻光武在卢奴，乃驰北上谒，光武留署门下吏。弇因说护军朱祐，求归发兵，以定邯郸。光武笑曰："小儿曹乃有大意哉！"因数召见加恩慰。弇因从光武北至蓟。……会蓟中乱，光武遂南驰，官属各分散。弇走昌平就况（按：耿弇之父耿况），因说况使寇恂东约彭宠，各发突骑二千匹，步兵千人。弇与景丹、寇恂及渔阳兵合军而南，所过击斩王郎大将、九卿、校尉以下四百余级，得印绶百二十五，节二，斩首三万级，定涿郡、中山、钜鹿、清河、河间凡二十二县，遂及光武于广阿。是时光武方攻王郎，传言二郡兵为邯郸来，众皆恐。既而悉诣营上谒。光武见弇等，说，曰："当与渔阳、上谷士大夫共此大功。"乃皆以为偏将军，使还领其兵。加况大将军、兴义侯，得自置偏裨。弇等遂从拔邯郸。[36]

在北朝时期，由辽东发迹的鲜卑更是依赖幽州这一战略位置，以其为据点南进中原。由幽州通往华北平原的大道因其政治、军事作用而愈发重要。建兴二年（314），后赵石勒定都襄国（今河北邢台），从襄国出兵袭击西晋幽州牧王浚。他亲帅大军从襄国出发，在柏人（今河北内丘）渡易水，过范阳（今河北涿州），清晨抵达蓟城城下，以致王浚措手不及，兵败被擒。

第二节　水上运输系统的构建

秦与西汉时期在水利建设上有不少建树，西北的关中、东南的江淮、西南蛮夷之地都兴修水利，以便于水运。"自是（夏禹）之后，荥阳下引河东南为鸿沟，以通宋、郑、陈、蔡、曹、卫，与济、汝、淮、泗会。于楚，西方则通渠汉川、云梦之际，东方则通沟江、淮之间。于吴，则通渠三江、五湖。于齐，则通淄、济之间。于蜀，则蜀守李冰凿离堆，避沫水之害，穿二江成都中。此渠皆可行舟，有余则用溉，百姓飨其利。至于它，往往引其水，用溉田，沟渠甚多，然莫足数也。"[37] 但是，幽州地区的水利建设却乏善可陈。东汉时期，为便于运输抵御匈奴的军粮等需求，开了幽州地区水路交通建设的先河。汉末曹操为征伐乌桓，进一步开拓了幽州地区的水运系统。北朝时期的政权分裂，导致幽州地区的对外交通衰微，但统治者对本区域内的水利开发更加重视。

东汉初，幽州地区最值得一提的水路开发，是王霸利用温水通漕运。建武十三年，王霸"又陈委输可从温水漕，以省陆转输之劳，事皆施行"[38]。《后汉书》注引《水经注》云："温余水出上谷居庸关东，又东过军都县南，又东过蓟县北。益通以运漕也"。王霸利用了幽州地区的天然河道开发漕运功能，这是见于史籍最早的幽州地区开辟水运的先例。

曹魏时期的平虏渠、泉州渠和辽西新河的开发，是幽州地区水利运输史上的重大事件。东汉末，曹操为征伐乌桓，开凿了平虏渠和泉州渠。当时，占据辽东地区的乌桓在大单于蹋顿的统帅下日益强大，并为袁绍所用。袁绍被曹操所败后，其子袁尚逃奔乌桓，对曹操平定北方造成极大威胁。乌桓频繁侵入幽、并之地，使得准备平定江南的曹操很难有一个稳定的后方，因此他决计倾力征讨乌桓。为保障粮草供应，曹操特命修凿运河。建安十一年（206），"凿渠自呼沱入泒水，名平虏渠；又从沟河口凿入潞河，名泉州渠，以通海"[39]。所谓呼沱，即现在的滹沱河，原为黄河支流，汉代黄河南移之后自成水系，沿黄河旧道至今青县马厂减河一线入海。泒水，清代以来的考证，大都认为就是现代河北的大沙河。当时的泒水自今河北阜平东流，过今定州南、安平县北，复北折过高阳县东，东北进入今天津武清区境内入潞水（今潮白河下游之北运河，古称笥沟）。根据《太平寰宇记》记载："废乾符县（在今河北沧州东北）在州北一百里……平虏渠在县南二百步。魏建安中于此穿平虏渠以通军漕，北伐匈奴，又筑城在渠之左。"[40]曹操修平虏渠应是在今河北沧州东北向北开凿，引滹沱河水入泒水，从而和潞河的下游即笥沟（今北运河）相通。泉州的治所在今天津武清区西南，泉州渠因在其界内而得名。《水经·鲍丘水注》记载："沟水又南入鲍丘水。鲍丘水又东合泉州渠口（即渠之北口），故渎上承滹沱水于泉州县，故以泉州为名。北迳泉州县东，又北迳雍奴县东，西去雍奴故城百二十里，自滹沱北入，其下历水泽百八十里入鲍丘河，谓之泉州口。陈寿《魏志》曰：魏太祖以蹋顿扰边，将征之，从沟口凿渠，迳雍奴、泉州以通河海者也。今无水。"根据这一记载可分析得到：曹操开凿的平虏渠和泉州渠，利用了当时已有的天然河道，顺其走势，在两河之间开凿部分短程渠道加以沟通，从而形成可以长距离运输的运河。具体说来，就是把东西方向和西北、东南方向的滹沱河、泒水、潞河下游（笥沟）、鲍丘水（今潮河）连接起来，使军粮可以从南向北用船运送。

《三国志·魏书》中的《武帝纪》和《董昭传》，都说开凿平虏渠、泉州渠"入海通运"、"以通海"。曹操开凿运河的最初想法是，漕船进入鲍丘水（今潮河）后，又沿今平谷区鲍丘水故道，向东南经今宝坻县，向南循今蓟运河水道入海。再沿海岸东北行驶，至今河北乐亭县（古称乐安）滦河口（古称濡水）后北入今滦河，循滦河北至古卢龙塞（今河北迁安西北）。曹军在这里得到军饷补给后，向北出击乌丸蹋顿盘踞的柳城（今辽宁省朝阳）就不远了。不过，曹操在凿通平虏渠、泉州渠之后，并没有实行最初的"入海通运"策略，而是自鲍丘水东岸开凿一个渠口，引水东流，形成一条自西向东，横绝南北方向入海的各条河流的人工运河，叫"新河"。因为它位于辽河以西，所以又叫"辽西新河"。该河虽然在郦道元注《水经》时已经不通（故其称之为"新河故渎"），但仍在《水经注》中作了详细的追述，让我们知道辽西新河是一条西接泉州渠、鲍丘水，然后径直向东，横穿过今陡河、沙河、溯河，于海阳县南东入滦河的东西方向的运河。从滦河向北可以抵达卢龙塞，向南可以出海。有了这条新河以后，曹军的运粮船不必从西边的鲍丘河口（今蓟运河口）浮海至东边的滦河海口入滦河，而是自泉州渠入鲍丘水，然后自鲍丘水东岸的盐关口东入新河，一直向东，经海阳县南东入滦河，从而规避了海运的风险。

早在向东北开拓之前，曹操就已经成功开凿了今河北南部及今河南黄河以北的运河。他相继沟通了淇水（流经今河南北部林州、鹤壁、淇县、卫辉一带，自西北向东南注入黄河）、白沟（清河的下游即今卫河）、漳水、滹沱河，为开凿平虏渠、泉州渠奠定了基础。因此，当平虏、泉州二渠和辽西新河开凿成功以后，曹军的运粮船可以自黄河北岸循漳河或白沟、清河（主要是循清河），进入滹沱河，然后再通过潞河、鲍丘水进抵幽州；也可向东北循辽西新河直抵滦河（古濡水）流域。而且，曹操所开凿的运河中有些河段，还成为后来的隋唐大运河的基础。如果把大运河的发端定在曹魏时期，也是言之成理的。

十六国和北朝时期的幽州地区虽然先后为不同民族的政权所占据，与南北方的水陆交通也时常被阻隔，但仍有与疏通运河及漕运有关的记载。北齐河清三年（564）斛律羡任幽州刺史时，引高梁水北合易荆水（今温榆河），东汇入潞水（今潮白河），"因以灌田，边储岁积，转漕用省，公私获利焉"[41]。这里的"转漕用省"一语，说明北齐政府向今北京地区运送粮饷已由"转输"改为"转漕"，即由陆运改为水运。所谓"公私获利焉"，是指官方因为水运可以节省运输费用而减轻财政负担；今北京地区的农民则因高梁河水程延长、灌溉面积扩大而得到好处。北齐的都城在邺城（今河北临漳县境内），可利用的漕渠仍应是东汉三国时期的漳河、滹沱河、平虏渠和潞河、今温榆河以及古高梁河。

第三节　交通设施与交通管理

一、交通设施的进步

秦汉因为国家统一的实现，交通路线的开辟有了空前的发展，相应的交通设施也更为完备。魏晋北朝时期的政治动荡与政权割据，使全国的交通及设施不免萎缩和残缺，但在局部区域内也有维护较好的情况。这些辅助设施主要是国家设置的用于传递信息和便于公务人员旅途食宿的驿站和馆舍，也有越来越多的私人旅店为行人提供方便。

秦汉馆驿制度相类，名称有亭、馆、驿、邮、传、乘等，其功能大致相似，也有些用途上的区别。魏晋北朝沿用设置这些馆驿，名称稍有变化，在设施与制度上也有所变更。它们的用途不外乎政事传达和军命传递，官员往来停留住宿甚至平民百姓的歇息停留等方面。

秦汉的亭是供行人留宿休息之地，《汉书·高祖纪》颜师古注曰："秦法十里一亭。亭长者，主亭之吏也。亭谓停留行旅宿食之馆。"[42]汉代也依秦制，"大率十里一亭，亭有长。十亭一乡，乡有三老、有秩、啬夫、游徼。县大率方百里，其民稠则减，稀则旷，乡、亭亦如之，皆秦制也"。汉代共有"亭二万九千六百三十五"[43]。秦汉的亭设置如此普遍，为通行提供了极大的方便。秦代只用于官方事务，汉代就可以官民共用了。《汉书·召信臣传》载："（召）信臣为人勤力有方略，好为民兴利，务在富之。躬劝耕农，出入阡陌，止舍离乡亭，稀有安居时。"[44]

汉代在道路上还设有传送文书的邮，亦称邮亭。邮亭还有提供行人住宿的功能，主要用于公务。《汉书·平帝纪》载："二千石选有德义者以为宗师。考察不从教令、有冤失职者，宗师得因邮亭书言宗伯，请以闻。"颜师古注曰："邮，行书舍也。言为书以付邮亭，令送至宗伯也。"[45]《汉书·黄霸传》载："尝欲有所司察，择长年廉吏遣行，属令周密。吏出，不敢舍邮亭，食于道旁，乌攫其肉。"[46]这样看来，邮亭就有供住宿的功能了。《汉书·薛宣传》亦称："宣子惠亦至二千石。始惠为彭城令，宣从临淮迁至陈留，过其县，桥梁邮亭不修。"颜师古注："邮，行书之舍，亦如今之驿及行道馆舍也。"[47]

秦汉还设有传，也称乘传、置传。传用车马。

> 初，田横归彭越。项羽已灭，横惧诛，与宾客亡入海。上恐其久为乱，遣使者赦横，曰："横来，大者王，小者侯；不来，且发兵加诛。"横惧，乘传诣雒阳，未至三十里，自杀。[48]

田横所使用的交通设施谓之"传"，按颜师古注："传者，若今之驿。古者以车，谓之传车。其后又单置马，谓之驿骑"。又按如淳注："律，四马高足为置传，四马中足为驰传，四马下足为乘传，一马二马为轺传。急者乘一乘传。"[49]传是使用车、马的驿站，根据用车马的多寡，有不同的名称。置传见于《汉书·文帝纪》："太仆见马遗财足，余皆以给传置。"颜师古注曰："置者，置传驿之所，因名置也。他皆类此。"[50]传所用的马匹由太仆供应，既然使用车马，传就是一种传递较为迅速的驿站，多用于紧急的事务。如汉文帝在封地受诏继位，其属臣为文帝先行打听虚实，"张武等六人乘六乘传诣长安"[51]。

秦汉之后的北朝到隋唐五代时期，国家在交通干道上沿用秦汉的馆驿制度，设置驿站用于军情传递、官员以及平民出行住宿。

二、交通工具的改进

秦汉魏晋北朝时期包括幽州在内的交通工具，仍然大多使用舟、车，车或以牛马为动力。

船只建造的飞跃，表现在汉武帝时期已经开始建造高达十丈的楼船。但是，楼船多用于跨江越海的战争而不是普通意义上的水路交通。汉末魏晋时期，幽州开凿了水渠通漕运后，大型船只的使用就较为重要了。曹魏时期船的载重量，据《魏书·食货志》载："造船一艘，计举七百石"。普通百姓使用的渡河运物船只，自然远不及此。

秦汉魏晋时期车的类型已经很多，尤其是帝王所用的车舆别有规格。历代帝王仿殷周制度，制天子车辂，大致有五辂、副车、戎车、猎车、指南车、记里鼓车、白鹭车、鸾旗车、辟恶车、皮轩车、耕根车、安车、四望车、游车、羊车、画轮车、鼓吹车、象车、黄钺车、豹尾车、建华车。这些车舆多用于典礼仪式。帝王巡游途经幽州地区或有典礼活动，才用到其中一二。常用的有辒辌车，是一种可供卧息的长途旅行车辆。《史记》称，秦始皇崩于巡游途中，丞相李斯等"置始皇居辒辌车中，百官奏事上食如故，宦者辄从辒辌车中可诸奏事"[52]。《史记集解》孟康注："如衣车，有窗牖，闭之则温，开之则凉，故名之'辒辌车'也。"如淳注："辒辌车，其形广大，有羽饰也。"辒辌车宽大舒适，一般为贵族所用。但是，后来辒辌车演变为丧车。东汉霍光死后，"载光尸柩以辒辌车"送至茂陵而葬。颜师古注曰："辒辌本安车也，可以卧息。后因载丧，饰以柳翣，故遂为丧车耳。辒者密闭，辌者旁开窗牖，各别一乘，随事为名。后人既专以载丧，又去其一，总为藩饰，而合二名呼之耳。"[53]另有一种辎车，带有帷幔，可坐卧、载重。《史记·留侯世家》："上虽病，强载辎车，卧而护之，诸将不敢不尽力。"还有类似辎车的轺车，车上也带帷幔，多供妇女乘坐。《后汉书·舆服志》载："长公主赤罽軿车。大贵人、贵人、公主、王妃、封君油画軿车。"贵族所用的还有犊车之类，《宋书·礼志》称：

> 犊车，軿车之流也。汉诸侯贫者乃乘之，其后转见贵。孙权云"车中八牛"，即犊车也。江左御出，又载储偫之物。汉代贱轺车而贵辎軿，魏、晋贱辎軿而贵轺车。又有追锋车，去小平盖，加通幔，如轺车而驾马。又以云母饰犊车，谓之云母车。臣下不得乘，时以赐王公。晋氏又有四望车，今制亦存。又汉制，唯贾

人不得乘马车，其余皆乘之矣。除吏赤盖杠，余则青盖杠云。[54]

普通大众所用的车辆有轺车、广柳车等。轺车较之辎车、辒车更为轻便，是用一匹马所驾的车，又称轻车。广柳车，是牛拉载重大车。《史记》卷一百《季布传》："迺髡钳季布，衣褐衣，置广柳车中，并与其家僮数十人，之鲁朱家所卖之。……朱家迺乘轺车之洛阳，见汝阴侯滕公。"《史记集解》服虔注："东郡谓广辙车为'柳'。"李奇注："大牛车也。车上覆为柳。"臣瓒注："茂陵书中有广柳车，每县数百乘，是今运转大车是也。"牛马驾车是普通的交通工具，在秦汉至魏晋北朝广泛使用。《魏书·赵修传》载："修之葬父也……于京师为制碑铭，石兽、石柱皆发民车牛，传致本县。财用之费，悉自公家。凶吉车乘将百两，道路供给，亦皆出官。"[55]

秦汉魏晋北朝时期的幽州地近边塞，在与塞外少数民族贸易中，马匹占有重要地位。"吴汉字子颜，南阳宛人也。家贫，给事县为亭长。王莽末，以宾客犯法，乃亡命至渔阳。资用乏，以贩马自业，往来燕、蓟间，所至皆交结豪杰。"[56]因此，马也是这一时期幽州较为常用的交通工具和动力来源。

三、交通管理机构的设置

秦代在制度上具有空前的鼎革和创建，设置了专门的官职进行交通道路的管理。汉代大多袭用秦制，在交通道路管理机构方面也很相似。

秦汉规定司空负责交通道路的管理。《后汉书·百官志》载司空一职，本注曰："掌水土事。凡营城起邑、浚沟洫、修坟防之事，则议其利、建其功。"[57]司空为三公之一，源于周官之设置，总领全国有关土地农事等。在地方行政系统中，州郡刺史负责道路沟渠的修治，西汉永元十年三月壬戌诏曰："堤防沟渠，所以顺助地理，通利壅塞。今废慢懈弛，不以为负。刺史、二千石其随宜疏导，勿因缘妄发，以为烦扰，将显行其罚。"又引《礼记·月令》："季春之月，修利堤防，导达沟渎，开通道路，无有障塞。"[58]在春季之末，地方官员就得修整辖区内的堤坝、沟渠、道路，这些事情关乎民生经济，刺史管理地方所有事务，交通道路也在其内。汉武帝"既得宝鼎，立后土、太一祠，公卿议封禅事。而天下郡国皆豫治道桥，缮故宫。及当驰道县，县治官储设供具，而望以待幸。"[59]皇帝出巡的过程，也是沿途州县修治其经行道路的过程。

在秦汉至隋唐五代时期，负责交通干道之上各处馆驿的职官是驾部郎中，大多数情况下隶属于尚书省。隋唐之前的情形，据《文献通考》载："驾部郎中一人。魏晋尚书有驾部郎。宋时驾部属左民尚书。齐亦有之。后魏与北齐并曰驾部郎中。后周有驾部中大夫，属夏官。"[60] 秦汉魏晋北朝时期，在水路开凿、水利兴修方面也设置了专门的管理机构和官员。这些机构与官职的名称历代稍有变更，《文献通考》载其大略曰：

> 初，秦、汉又有都水长丞，主陂池灌溉，保守河渠，自太常、少府及三辅等皆有其官。汉武帝以都水官多，乃置左、右使者以领之。至汉哀帝，省使者官。至东京，凡都水皆罢之，并置河堤谒者。汉之水衡都尉本主上林苑，魏世主天下水军舟船、器械。晋武帝省水衡，置都水台，有使者一人，掌舟航及运部，而河堤为都水官属。元康中，复有水衡都尉。宋都水使者铜印墨绶，进贤两梁冠，与御史中丞同。孝武帝初，省都水台，罢都水使者，置水衡令，孝建元年复置。齐有都水台使者一人。梁初与齐同；天监七年，改都水使者为大舟卿，位视中书郎，列卿之最末者，主舟航河堤。陈因之。后魏初，皆有水衡都尉及河堤谒者、都水使者官；至永平二年，都水台依旧置二使者。北齐亦置二使者。[61]

管理水路交通的职官有丞、主簿、参军、令等职，置员不定。

> 汉有水衡丞五人，亦有都水丞。后汉、晋初都水使者有参军二人，盖亦丞之职任。宋因之。梁大舟卿有丞，陈因之。后魏、北齐又曰参军。隋曰都水丞。唐二人。主簿，晋水衡都尉有之，为左、右、前、后、中五水衡令悉皆有之。梁大舟卿亦有之。舟楫署令，汉主爵中尉属官有都船令、丞，水衡都尉有楫棹令、丞。晋曰船曹吏。齐曰官船典军。后周曰舟中士。[62]

四、交通管理律令的制定

秦代以法律严格著称，1975 年 12 月在湖北云梦县睡虎地十一号墓出土的秦代竹简（通称"睡虎地秦简"或"云梦秦简"），使我们知道了《秦律》的部分内容。《秦律》中涉及交通法规的内容很多，《司空律》和《徭律》就是为保证工程按时间和质量完成而制定的。国家有权征用民伕完成工程浩大的交通工程，修筑驰道就调发了二十万民伕。《秦律》还有大量维持交通秩序的法律条文，《游士律》、《戍律》、《捕盗律》、《关市律》、《行书律》及《传食律》等都有对当时合法通行的规定[63]。这些律令中要求，不同身份的人员出行都须持有合法的证明。公务人员因公出行，要持有能证明身份与任务的符节。普通百姓出行，要持有证明旅行合法的符传。关卡城门负责查验行人的符节和符传，不得渎职；旅店也要检查旅客符传的真伪才能准许住宿，否则就要受到相应处罚。对于国家的邮驿传舍设施的配备、管理、维护和使用，《传食律》有明确的要求。公文传递则在《行书律》中作了详细的规定，以此保证政令迅速准确地传达到各地。秦律中的交通管理法规，有很多在后世变成了习惯法规并得到进一步发展。这些律令对国家交通道路的管理和维护，发挥了显著的积极作用。

注释：

（1）《汉书》卷五十一《贾山传》。

（2）《史记》卷八十七《李斯列传》。

（3）《史记》卷二十八《封禅书》。

（4）《史记》卷二十八《封禅书》。

（5）《史记》卷一百二十九《货殖列传》。

（6）《史记》卷一百二十九《货殖列传》。

（7）史念海：《祖国锦绣河山的历史变迁》，《中国历史地理论丛》第一辑，陕西人民出版社，1981年版。

（8）《史记》卷五十七《绛侯周勃世家》。

（9）《汉书》卷九十四上《匈奴传上》。

（10）《汉书》卷九十四上《匈奴传上》。

（11）《汉书》卷六《武帝纪六》。

（12）《汉书》卷九十四上《匈奴传上》。

（13）《汉书》卷五十二《韩安国传》。

（14）《汉书》卷六《武帝纪六》。

（15）《汉书》卷六《武帝纪六》。

（16）《汉书》卷六《武帝纪六》。

（17）《汉书》卷四十一《郦商传》。

（18）《汉书》卷六十九《赵充国传》。

（19）《汉书》卷九十四下《匈奴传下》。

（20）《后汉书》卷十八《吴汉传》。

（21）《后汉书》卷一下《光武纪下》。

（22）《后汉书》卷九十《乌桓鲜卑传》。

（23）《后汉书》卷九十《乌桓鲜卑传》。

（24）《后汉书》卷九十《乌桓鲜卑传》。

（25）《后汉书》卷九十《乌桓鲜卑传》。

（26）《三国志》卷十一《魏书·田畴传》。

（27）《后汉书》卷二十《王霸传》。

（28）《晋书》卷六十二《刘琨传》。

（29）《史记》卷一百一十五《朝鲜列传》。

（30）《汉书》卷六《武帝纪》。

（31）《汉书》卷二十四下《食货志下》。

（32）《后汉书》卷一下《光武纪下》。

（33）《三国志》卷一《魏书·武帝纪》。

（34）《北史》卷四十二《常景传》。

（35）《后汉书》卷十六《邓训传》。

（36）《后汉书》卷十九《耿弇传》。

（37）《汉书》卷二十九《沟洫志》。

（38）《后汉书》卷二十《王霸传》。

（39）《三国志·魏书》卷一《武帝纪》。

（40）乐史：《太平寰宇记》卷六十五《沧州》"清池县"条。

（41）《北齐书》卷十七《斛律羡传》。

（42）《汉书》卷一《高祖纪》。

（43）《汉书》卷十九上《百官公卿表第七》。

（44）《汉书》卷八十九《循吏传》。

（45）《汉书》卷十二《平帝纪》。

（46）《汉书》卷八十九《黄霸传》。

（47）《汉书》卷八十三《薛宣传》。

（48）《汉书》卷一下《高祖纪下》。

（49）《汉书》卷一下《高祖纪下》。

（50）《汉书》卷四《文帝纪》。

（51）《汉书》卷四《文帝纪》。

（52）《史记》卷八十七《李斯列传》。

（53）《汉书》卷六十八《霍光传》。

（54）《宋书》卷十八《礼志五》。

（55）《魏书》卷九十三《赵修传》。

（56）《后汉书》卷十八《吴汉传》。

（57）《后汉书》志第二十四《百官一》。

（58）《后汉书》卷四《孝和孝殇帝纪》。

（59）《史记》卷三十《平准书》。

（60）杜佑：《通典》卷二十三《职官五》。

（61）马端临：《文献通考》卷五十七《职官考十一》。

（62）马端临：《文献通考》卷五十七《职官考十一》。

（63）睡虎地秦墓竹简整理小组编：《睡虎地秦墓竹简》。文物出版社，1990年版。

第四章　隋唐五代的幽州交通格局

隋唐时期是秦汉之后再度实现全国统一的王朝，交通道路的建设有了突破性的进展。隋炀帝在西北道路的修建以及大运河的开凿上，投入了巨大的人力与物力。尽管这些举措给他的统治带来了毁灭性的影响，但幽州地区的交通因此有了很大改观。经大运河可南通江淮，与繁荣的都城长安和大都会洛阳的联系也更为频繁。经过北朝长期的民族融合，幽州与西北和东北游牧民族的交往十分密切。隋炀帝时期积极经营西北，他所巡行的地域远达今日的青海。隋朝征讨高句丽的战争，使涿郡成为重要的军事基地，促进了涿郡通往东北道路的发展。唐朝以开放的民族和文化政策吸引了很多国际来客，稳定的政治和繁荣的经济也使得国内外的交流十分频繁，这一切都为幽州地区与外地的交通发展提供了推动力，在隋代基础上继续有所提升。唐后期的藩镇割据，使幽州的对外交通受到很多局限。无论通往中原还是西北、东北塞外的交通线，都因为政治上的分裂而被限制，无复盛唐时代四通八达的风光。不过，由于经济和政治的需要，即使必须通过重重关卡，幽州与外地的交通也未断绝。唐末五代政治军事上的分裂割据，使幽州的交通主要局限于与周边地区的交往而不能顺利通达河东、东北以及南部地区。

第一节　幽州地区的陆上交通

一、隋唐幽州通往西北的道路

1. 幽州通并州的井陉道

隋代的幽州（涿郡）与并州（太原郡），均为防御北边的军事重镇，兴盛的突厥成了隋朝的强敌。突厥在北朝之末击败柔然，取得了在西北大漠的统治地位，转而掠取中原王朝的利益。其时突厥首领沙钵略屡犯隋境：

> 沙钵略勇而得众，北夷皆归附之。及高祖受禅，待之甚薄，北夷大怨。会营州刺史高宝宁作乱，沙钵略与之合军，攻陷临渝镇。上敕缘边修保鄣、峻长城以备之，仍命重将出镇幽、并。沙钵略妻，宇文氏之女，曰千金公主，自伤宗祀绝灭，每怀复隋之志，日夜言之于沙钵略。由是悉众为寇，控弦之士四十万。上令柱国冯昱屯乙弗泊，兰州总管叱李长叉守临洮，上柱国李崇屯幽州，达奚长儒据周槃，皆为虏所败。[1]

这样严峻的形势，迫使隋朝在北部边塞屯集大军以为守备，并州与幽州则是防守的重点，两地之间交通道路的军事价值因此变得更为重要。

由幽州入并州的道路之一是井陉道。这条道路自汉代以来就常在战争中发挥作用，在隋代也是最直接的进兵要道。隋炀帝即位初，其弟汉王杨谅策划谋反，决定胜败关键的战事就发生在井陉道。杨谅于开皇十七年出为并州总管：

> 自山以东，至于沧海，南拒黄河，五十二州尽隶焉。特许以便宜，不拘律令。……谅自以所居天下精兵处，以太子谏废，居常快快，阴有异图。遂讽高祖云："突厥方强，太原即为重镇，宜修武备。"……及蜀王以罪废，谅愈不自安。会高祖崩，徵之不赴，遂发兵反。……于是遣所署大将军余公理出太谷，以趣河阳。大将军綦良出滏口，以趣黎阳。大将军刘建出井陉，以略燕、赵。柱国乔钟葵出雁门。署文安为柱国，纥单贵、王聃、大将军茹茹天保、侯莫陈惠直指京师。[2]

在杨谅的部署中，试图控制燕赵、洛阳、长安以及太原的门户雁门，从并州攻入幽州、冀州的道路就是井陉道。这条道路在隋炀帝的平乱计划中同样得到重视，《隋书·李子雄传》记载：

> 汉王谅之作乱也，炀帝将发幽州兵以讨之。时窦抗为幽州总管，帝恐其有二心，问可任者于杨素。素进子雄，授大将军，拜

廉州刺史，驰至幽州，止传舍，召募得千余人。抗恃素贵，不时相见。子雄道人谕之。后二日，抗从铁骑二千，来诣子雄所。子雄伏甲，请与相见，因擒抗。遂发幽州兵步骑三万，自井陉以讨谅。时谅遣大将军刘建略地燕、赵，正攻井陉，相遇于抱犊山下，力战，破之。[3]

正由于井陉道为通幽并的关键通道，大业三年隋炀帝北巡之时，又对这一通道进行了修筑。"（五月）戊午，发河北十余郡丁男凿太行山，达于并州，以通驰道。"[4]在唐代，太宗贞观十九年征伐辽东的大军班师，也取道易州、定州，经井陉道入并州返回长安。"十一月，辛未，车驾至幽州，庚辰，过易州境，……丙戌，车驾至定州。壬辰，车驾发定州。十二月戊申，至并州"。[5]次年"二月，乙未，上发并州。三月，己巳，车驾还京师"。[6]五代后唐庄宗天祐十年十二月击败幽州刘仁恭后，也取道此路回军。

> 己卯，帝下令班师，自云、代而旋。时镇州王镕、定州王处直遣使请帝由井陉而西，许之。庚辰，帝发幽州，掳仁恭父子以行。甲申，次定州，舍于关城。翌日，次曲阳，与王处直谒北岳祠。是日，次行唐，镇州王镕迎谒于路。……（天祐十一年正月）己亥，帝发镇州，因与王镕畋于行唐之西。壬子，至晋阳[7]。

2. 幽州经居庸关通长安道

隋唐之时幽州通往长安的道路，一路是从幽州西南取道太行山东麓，经代州去往长安。这条道路在隋唐时期最常用，也是最为便捷的通道。唐朝代州领雁门、繁畤、崞、五台四县。从幽州经代州去太原然后达长安的道路，其行程大致如下：出居庸关经妫州（今延庆），向西南行经蔚州至灵丘县，沿着滹沱河河谷下行，经过瓶形砦（今平型关）、大堡戍、繁畤县到雁门，再过崞县进入太原，最后至长安。从幽州过居庸关进入蔚州至代州道路，是一条军事与交通的主道。"幽州将刘仁恭将兵戍蔚州，过期未代，士卒思归。会李匡筹立，戍卒奉仁恭为帅，还攻幽州，至居庸关，为府兵所败。仁恭奔河东，李克用厚待之"。[8]唐武宗禁佛，五台山僧侣被遣散，因此，"五台僧多亡奔幽州。……张仲武乃封二刀付居庸关曰：'有游僧入境则斩之'"。[9]由代州入太原之道经由崞县，隋炀帝大业十一年：

八月乙丑，巡北塞。戊辰，突厥始毕可汗率骑数十万，谋袭乘舆，义成公主遣使告变。壬申，车驾驰幸雁门。癸酉，突厥围城，官军频战不利。上大惧，欲率精骑溃围而出，民部尚书樊子盖固谏乃止。齐王暕以后军保于崞县[10]。

从幽州居庸关经蔚州取道太原至长安的道路，到唐后期尤其成为常途。《资治通鉴》记载：大历九年，"朱泚入朝，至蔚州有疾"。胡三省注："此幽州西出山后，取太原路入朝。"[11]元和五年七月，幽州节度使刘济讨伐成德军节度使王承宗：

刘济之讨王承宗也，以长子绲为副大使，掌幽州留务。济军瀛州，次子总为瀛州刺史，济署行营都知兵马使，使屯饶阳。济有疾，总与判官张玘、孔目官成国宝谋，诈使人从长安来，曰："朝廷以相公逗留无功，已除副大使为节度使矣。"明日，又使人来告曰："副大使旌节已至太原。"又使人走而呼曰："旌节已过代州。"举军惊骇。[12]

隋唐时期，幽州通长安的道路，亦有出居庸关至妫州，西行经蔚州往雁门关，再达长安。其行程即从蔚州西行，沿着恒山山脉之北的桑干河谷，入朔州，过雁门关达代州，最后至长安。隋大业三年，炀帝北巡即是沿着这条道路出行。"帝过雁门，雁门太守丘和献食甚精。至马邑，马邑太守杨廓独无所献，帝不悦。……戊子，车驾顿榆林郡"。[13]这条道路也是沿隋开皇长城而行。隋开皇长城起自岚州，经过幽州。《元和郡县志》"岚州合和县"条载："隋长城起县北四十里，东经幽州，延袤千余里，开皇十六年，因古迹修筑。"[14]《隋书·卫玄传》载：隋高祖受禅未久，"拜岚州刺史。会起长城之役，诏（卫）玄监督之"。[15]在唐后期河北藩镇割据的情况下，这也是常用的道路。王建《题江台驿》云："水北金台路，年年行客稀。近闻天子使，多取雁门归。"

唐末以后，幽州藩镇与东北的契丹互有攻防，同河北诸藩镇也多处于敌对关系，因此几乎停止了与华北平原的交往。保持较多联系的是河东太原李克用，通西北一途尚且不至断绝。

3. 幽州横贯北塞的道路

隋炀帝大业三年北巡之时，还从榆林（治今内蒙古准格尔旗东北十二连城）开辟了到涿郡（幽州）的道路。六月戊子：

车驾顿榆林郡。帝欲出塞耀兵，径突厥中，指于涿郡，恐启民惊惧，先遣武卫将军长孙晟谕旨。启民奉诏，因召所部诸国奚、霫、室韦等酋长数十人咸集。……于是发榆林北境，至其牙，东达于蓟，长三千里，广百步，举国就役，开为御道[16]。

这条御道始自榆林，经过启民可汗牙帐，再通到涿郡。启民可汗的牙帐在朔州，开皇十九年十月"突厥归启民者男女万余口，上命长孙晟将五万人于朔州，筑大利城以处之"[17]。大利城在隋朔州云内县（今山西大同）东北。考察隋炀帝的行程，"大业三年四月，炀帝幸榆林，启民及义成公主来朝行宫，前后献马三千匹。……启民仍扈从入塞，至定襄，诏令归藩"[18]。"炀帝北巡，至恒安"[19]，即云内县恒安镇。因此，启民可汗为隋炀帝开辟的道路，从榆林经定襄郡（治今内蒙古和林格尔西北土城子乡）到云内，过雁门郡，通怀戎，再至涿郡。这条道路向西或向北通往突厥，是隋唐时期通往塞外的重要途径。

二、幽州地区通东北塞外的道路

隋唐时期幽州通东北诸族以及高丽的最重要道路之一，是经临渝关（后改称渝关，也作榆关，即今山海关），至营州（柳城郡），进而抵达东北诸族驻地以及辽东。隋唐时期与契丹、高丽诸族建立了外交往来，并且置营州总管府（隋）或都督府（唐）加以镇抚。此前自北朝时期就在营州设有与少数民族贸易通商的互市，隋唐时期加强对营州以及东北诸族的羁縻控制后，东北诸族频繁路经营州与幽州和中原互通有无。幽州经临渝关通营州道既是东北诸族与中原地区的政治经济交流要道，也是一条极为重要的军事通道。隋唐时期征讨突厥、契丹以及高丽诸族的战争，无不经过这一重要关口。唐末五代以后，临渝关更是成为幽州抵御契丹的最后关卡，由临渝关通往东北因此受到限制。自后晋割让幽燕之地给契丹后，临渝关道便是辽朝往来东北根据地与南京（今北京西南）的主干道，这条通道在辽宋交聘使的行程中多有提及。幽州经临渝关通往东北的这条道路，在营州分为两路。一为柳城通奚、契丹及两蕃之外诸蕃道，一为柳城向东通辽东道。

1. 幽州通柳城郡及奚、契丹辽东道

隋代营州（柳城郡）继北朝之后仍为东北诸族贸易的中心，契丹、突厥、高丽都赶赴互市贸易。隋炀帝大业元年：

会契丹入抄营州，诏（韦）云起护突厥兵往讨契丹部

落。……契丹本事突厥，情无猜忌，云起既入其界，使突厥诈云向柳城郡，欲共高丽交易，勿言营中有隋使，敢漏泄者斩之。契丹不备。……驰骑袭之，尽获其男女四万口，女子及畜产以半赐突厥，余将入朝，男子皆杀之[20]。

正由于东北诸族常在柳城互市贸易的缘故，韦云起策划以突厥与高丽贸易的名义来蒙蔽契丹的计划才得以成功。柳城郡既然为东北的重要贸易地点，毗邻的幽州亦时常参与贸易。隋初阴寿任幽州总管，"突厥尝与中国交市，有明珠一箧，价值八百万，幽州总管阴寿白（独孤）后市之"[21]。

唐代在营州与幽州安置了大量的羁縻人口，营州以及互市对唐朝有着重要意义，吸引了东北蕃族乃至西域胡商前来贸易。《旧唐书·宋庆礼传》记载：

初，营州都督府置在柳城，控带奚、契丹。则天时，都督赵文翙政理乖方，两蕃反叛，攻陷州城，其后移于幽州东二百里渔阳城安置。开元五年，奚、契丹各款塞归附，玄宗欲复营州于旧城，侍中宋璟固争以为不可，独庆礼甚陈其利。乃诏庆礼及太子詹事姜师度、左骁卫将军邵宏等充使，更于柳城筑营州城，兴役三旬而毕。俄拜庆礼御史中丞，兼检校营州都督。开屯田八十余所，追拔幽州及渔阳、淄青等户，并招辑商胡，为立店肆。数年间，营州仓廪颇实，居人渐殷。[22]

天宝末年导致唐朝从极盛走向衰落的安禄山、史思明，最初就混迹于营州互市为牙郎。

史思明，本名窣干，营州宁夷州突厥杂种胡人也。……初事特进乌知义，每令骑觇贼，必生擒以归。又解六蕃语，与禄山同为互市郎。张守珪为幽州节度，奏为折冲。[23]

安禄山，营州柳城杂种胡人也。……及长，解六蕃语，为互市牙郎。二十年，张守珪为幽州节度。禄山盗羊事觉，守珪剥坐，欲棒杀之。大呼曰："大夫不欲灭两蕃耶？何为打杀禄山！"守珪见其肥白，壮其言而释之。令与乡人史思明同捉生，行必克获，拔为偏将。[24]

隋唐以来，营州和幽州成为东北边境防御重地，设置了大量羁縻州府，军事征伐也频繁取道于此。隋初，占据营州的高宝宁与突厥合兵取临渝关道侵隋。

> 至开皇元年，摄图曰："我周家亲也，今隋公自立而不能制，复何面目见可贺敦乎？"因与高宝宁攻陷临渝镇，约诸面部落谋共南侵。高祖新立，由是大惧，修筑长城，发兵屯北境，命阴寿镇幽州，虞庆则镇并州，屯兵数万人以为之备。[25]

这条道路也是隋唐王朝远征辽东的重要交通线。隋开皇十八年，因高丽王高元入侵辽西，隋军出临渝关征讨。

> 元率靺鞨之众万余骑寇辽西，营州总管韦冲击走之。高祖闻而大怒，命汉王谅为元帅，总水陆讨之，下诏黜其爵位。时馈运不继，六军乏食，师出临渝关，复遇疾疫，王师不振。及次辽水，元亦惶惧，遣使谢罪，上表称"辽东粪土臣元"云云。上于是罢兵，待之如初，元亦岁遣朝贡。[26]

大业八年隋炀帝出征高丽，也通过这条道路，"三月壬子，行幸涿郡。癸亥，次临渝宫，亲御戎服，祃祭黄帝，斩叛军者以衅鼓"[27]。临渝关道是隋军从涿郡出兵必经之路，乘隋炀帝出征之际，杨玄感叛乱就计划利用这条通道。

> 先是玄感阴遣家僮至长安，召李密及弟玄挺赴黎阳。及举兵，密适至。玄感大喜，以为谋主。谓密曰："子常以济物为己任，今其时矣！计将安出？"密曰："天子出征，远在辽外，去幽州犹隔千里。南有巨海，北有强胡，中间一道，理极艰危。公拥兵出其不意，长驱入蓟，据临渝之险，扼其咽喉。归路既绝，高丽闻之，必蹑其后。不过旬月，资粮皆尽。其众不降则溃，可不战而擒，此上计也。"[28]

杨玄感之弟"武贲郎将玄纵、鹰扬郎将万硕并从幸辽东，玄感潜遣人召之"[29]。杨玄纵逃经临渝，即与镇守临渝典宿卫的赵元淑同谋。《隋书·赵元淑传》载：

明年，帝复征高丽，以元淑镇临渝。及玄感作乱，其弟玄纵自帝所逃归，路经临渝。元淑出其小妻魏氏见玄纵，对宴极欢，因与通谋，并授玄纵略遗。及玄感败，人有告其事者，帝以属吏。元淑言与玄感结婚，所得金宝则为财娉，实无他故。魏氏复言初不受金。帝亲临问，卒无异辞。帝大怒，谓侍臣曰："此则反状，何劳重问！"元淑及魏氏俱斩于涿郡，籍没其家。[30]

唐代与东北蕃族以及高丽的军事交锋频经此道。唐太宗与高宗曾对辽东用兵，尤其是高宗时期平定了辽东半岛，并设置安东都护府。贞观十八年"七月甲午，营州都督张俭率幽、营兵及契丹、奚以伐高丽。"[31]唐太宗从陆地和水上同时进兵：

（十一月）庚子，命太子詹事、英国公李勣为辽东道行军总管，出柳城，礼部尚书、江夏郡王道宗副之；刑部尚书、郧国公张亮为平壤道行军总管，以舟师出莱州，左领军常何、泸州都督左难当副之。发天下甲士，召募十万，并趣平壤，以伐高丽。[32]

十九年二月，帝自洛阳次定州，谓左右曰："今天下大定，唯辽东未宾。后嗣因士马盛强，谋臣导以征讨，丧乱方始，朕故自取之，不遗后世忧也。"……四月，勣济辽水，高丽皆婴城守。帝大飨士，帐幽州之南，诏长孙无忌誓师，乃引而东。[33]

唐军攻下高丽十余城，但安市久攻不下，于九月班师回朝。途径柳城，"诏集战骸葬柳城，祭以太牢。帝临哭，从臣皆流涕。帝总飞骑入临渝关，皇太子迎道左。"[34]"十一月辛未，幸幽州。癸酉，大飨，还师。"[35]随后经由并州返回长安。

唐高宗对辽东用兵取得了更大的战果，乾封元年至总章元年，终于平定高丽并在平壤设置了安东都护府。显庆五年攻破百济并置熊津等五都督府，龙朔元年以新罗为鸡林州都督府。唐朝对东北边疆的开拓达到了顶峰，幽州经临渝关通东北塞外的这条道路也得到了最大限度的开拓。其详细路线，由幽州东行六十里经潞县（今通州东）、三河县（今县东南）、蓟州治所渔阳县（今蓟县）。据《资治通鉴》载：

初，契丹既强，寇抄卢龙诸州皆遍，幽州城门之外，虏骑充斥。……幽州东十里之外，人不敢樵牧。（赵）德钧于州东五十里城潞县而戍之，近州之民始得稼穑。至是，又于州东北百余里城三河县以通蓟州运路。虏骑来争，德钧击却之。九月，庚辰朔，奏城三河毕。边人赖之。[36]

由蓟州向东南经玉田县（今县）至平州石城县（隋、唐初临渝县）、平州治所卢龙县（今县），东行过临渝关，向东北前行，沿白狼水河谷至营州治所柳城郡（今辽宁朝阳）。《新唐书》平州北平郡条其略为：

平州北平郡，初治临渝，武德元年徙治卢龙。县三。有府一，曰卢龙。有卢龙军，天宝二载置。又有柳城军，永泰元年置。有温沟、白望、西硖石、东硖石、绿畴、米砖、长杨、黄花、紫蒙、白狼、昌黎、辽西等十二戍，爱川、周夔二镇城。东北有明垤关、鹊湖城、牛毛城。卢龙，本肥如，武德二年更名。石城，本临渝，武德七年省，贞观十五年复置，万岁通天二年更名。有临渝关，一名临闾关。[37]

唐朝在临渝关之外置温沟、白望等十二戍以镇守，其中有不少镇戍接近临渝关通柳城的主干道，武后时期契丹据营州叛乱、进攻幽州，唐军出临渝关讨伐即据这条道路。

万岁通天中，万荣与其妹壻松漠都督李尽忠，俱为营州都督赵翙所侵侮，二人遂举兵杀翙，据营州作乱。尽忠即窟哥之胤，历位右武卫大将军兼松漠都督。则天怒其叛乱，下诏改万荣名为万斩，尽忠为尽灭。尽灭寻自称无上可汗，以万斩为大将，前锋略地，所向皆下，旬日兵至数万，进逼檀州。诏令右金吾大将军张玄遇、左鹰扬卫将军曹仁师、司农少卿麻仁节率兵讨之。与万斩战于西硖石谷，官军败绩，玄遇、仁节并为贼所虏。又令夏官尚书王孝杰、左羽林将军苏宏晖领兵七万以继之。与万斩战于东硖石谷，孝杰在阵陷没，宏晖弃甲而遁。万斩乘胜率其众入幽州，杀略人吏。[38]

《旧唐书·李忠臣传》："及禄山反，与其伦辈密议，杀伪节度吕知诲，立刘正臣为节度，以忠臣为兵马使。攻长杨，战独山，袭榆关、北平。"[39]

幽州经临渝关道至营州柳城郡后，可分为通东北蕃族与辽东两条主干道。隋唐东北有契丹、奚、霤、室韦、靺鞨（黑水靺鞨）、渤海靺鞨以及乌罗浑等族，辽东则有高丽、新罗、百济三国。离唐边境近者为契丹与奚，其次为室韦与霤，靺鞨与乌罗浑国则更远。据《旧唐书》载诸族与唐界限：

> 契丹，居潢水之南，黄龙之北，鲜卑之故地，在京城东北五千三百里。东与高丽邻，西与奚国接，南至营州，北至室韦。冷陉山在其国南，与奚西山相崎，地方二千里。逐猎往来，居无常处。(40)

> 奚国，盖匈奴之别种也，所居亦鲜卑故地，即东胡之界也，在京师东北四千余里。东接契丹，西至突厥，南拒白狼河，北至霤国。自营州西北饶乐水以至其国。(41)

> 霤，匈奴之别种也，居于潢水北，亦鲜卑之故地，其国在京师东北五千里。东接靺鞨，西至突厥，南至契丹，北与乌罗浑接。(42)

> 室韦者，契丹之别类也。居猞猁河北，其国在京师东北七千里。东至黑水靺鞨，西至突厥，南接契丹，北至于海。(43)

> 靺鞨，盖肃慎之地，后魏谓之勿吉，在京师东北六千余里。东至于海，西接突厥，南界高丽，北邻室韦。(44)

> 渤海靺鞨大祚荣者，本高丽别种也。高丽既灭，祚荣率家属徙居营州。万岁通天年，契丹李尽忠反叛，祚荣与靺鞨乞四比羽各领亡命东奔，保阻以自固。……属契丹及奚尽降突厥，道路阻绝，则天不能讨，祚荣遂率其众东保桂娄之故地，据东牟山，筑城以居之。……圣历中，自立为振国王，遣使通于突厥。其地在营州之东二千里，南与新罗相接。(45)

> 乌罗浑国，盖后魏之乌洛侯也，今亦谓之乌罗护，其国在京师东北六千三百里。东与靺鞨，西与突厥，南与契丹，北与乌丸接。(46)

从营州抵达东北诸族与辽东路线，唐德宗朝宰相贾耽有所记载：

> 贞元宰相贾耽考方域道里之数最详，从边州入四夷，通译于鸿胪者，莫不毕纪。其入四夷之路与关戍走集最要者七：一曰营州入安东道……营州西北百里曰松陉岭，其西奚，其东契丹。距营州北四百里至湟水。营州东百八十里至燕郡城。又经汝罗守捉，

渡辽水至安东都护府五百里。府，故汉襄平城也。东南至平壤城
八百里；西南至都里海口六百里；西至建安城三百里，故中郭县
也；南至鸭渌江北泊汋城七百里，故安平县也。自都护府东北经
古盖牟、新城，又经渤海长岭府，千五百里至渤海王城，城临忽
汗海，其西南三十里有古肃慎城，其北经德理镇，至南黑水靺鞨
千里。[(47)]

由营州通辽东道在隋唐时期具有重要的军事地位，大军主力从幽
州取此道北上。

2. 幽州古北口通奚、契丹牙帐道

除了最常用的临渝关道之外，幽州通往奚、契丹等东北诸族还有
其他道路。

其一是由幽州向北经顺州、檀州密云县、燕乐县古北口，向北行
可达奚境。《新唐书·地理志》檀州条：

> 檀州密云郡，本安乐郡，天宝元年更名。县二。有威武军，
> 万岁通天元年置，本渔阳，开元十九年更名。又有镇远军，故黑
> 城川也。有三叉城、横山城、米城。有大王、北来、保要、鹿固、
> 赤城、邀虏、石子航七镇。有临河、黄崖二戍。密云，有隗山。
> 燕乐，东北百八十五里有东军、北口二守捉。北口，长城口也。
> 又北八百里有吐护真河，奚王衙帐也。[(48)]

另一道路是由幽州经潞县、蓟州渔阳县（今蓟县）、石门峡（今遵
化县西），过松亭关，渡滦河，经古卢龙镇，沿吐护真河（又名土河，
今老哈河）到奚、契丹王帐。

> 蓟州渔阳郡，开元十八年析幽州置。县三。南二百里有静塞
> 军，本障塞军，开元十九年更名。又有雄武军，故广汉川也。东
> 北九十里有洪水守捉，又东北三十里有盐城守捉，又东北渡滦河
> 有古卢龙镇，又有斗陉镇。自古卢龙北经九荆岭、受米城、张洪
> 隘度石岭至奚王帐六百里。又东北行傍吐护真河五百里至奚、契
> 丹衙帐。又北百里至室韦帐。[(49)]

这条道路过滦河后，与檀州古北口道的路段重合，如《资治通鉴》
所载：

> 薛讷与左监门卫将军杜宾客、定州刺史崔宣道等将兵六万出
> 檀州击契丹。……行至滦水山峡中，契丹伏兵遮其前后，从山上
> 击之，唐兵大败，死者什八九。⁽⁵⁰⁾

三、幽州沿太行山东麓通华北平原道

1. 幽州通洛阳道

沿太行山东麓的南北通道，一直是幽州沟通华北平原的主干道。
隋唐时这条道路用兵非常之多，如征伐辽东，从南方尤其是洛阳运送
军需至幽州，都取此道。贞观十九年，唐太宗自洛阳出发伐辽东，就
是走太行山东麓大道赴幽州，然后出渝关至辽东。

> 十九年二月庚戌，发雒阳宫，辛亥次河阳（今河南孟县）……
> 戊午次汲县，壬戌次安阳，癸亥次于邺。三月壬申次平棘（今赵
> 县），丁丑幸定州，壬辰发定州。四月丁未发幽州。⁽⁵¹⁾

安史之乱时，叛军据此路长驱直入洛阳。其行程大致如下：从幽
州西南至易州，再至定州，西南行至恒州（镇州，今正定县）或南行
至赵州，继续南行至邢州、磁州、相州（今安阳）、卫州，再至河阳，
过黄河达东都洛阳。或在相州黎阳渡白马津关至滑州，南至汴州（大
梁），再西至郑州、洛阳。

2. 幽州通汴州及洛阳道

幽州通汴州的道路是，沿着太行山东麓南北大道至相州，在黎阳
渡过黄河，由白马津关至滑州，南至汴州（大梁）。由此可以西至郑
州，再西至洛阳。

五代时期，契丹往往沿此道路南北往来。后晋开运三年：

> 契丹主大举入寇，自易、定趣恒州。……杜（重）威等至武
> 强，闻之，将自贝、冀而南。彰德节度使张彦泽时在恒州，引兵
> 会之，言契丹可破之状；威等复趣恒州，以彦泽为前锋⁽⁵²⁾。

然而，杜重威投降契丹，"戊辰，契丹主入恒州，遣兵袭代州"：

> 引兵自邢、相而南，遣张彦泽将二千骑先取大梁，……张彦
> 泽倍道疾驱，夜渡白马津。壬申，帝始闻杜威等降；是夕，又闻

彦泽至滑州。……癸酉，未明，彦泽自封丘门斩关而入，李彦韬帅禁兵五百赴之，不能遏。彦泽顿兵明德门（按：大梁皇城南门）外，城中大扰。[53]

晋亡后，契丹押晋帝到黄龙府，仍按此道。后汉天福十二年，耶律德光也按原路返回，"壬寅，契丹主发大梁，""夕，宿赤冈，""丙午，契丹自白马渡河"[54]。

第二节 隋唐永济渠与南北大运河

一、永济渠与大运河的开凿

中国古代的水路交通在隋朝有了空前的发展，这就是隋炀帝开凿的南起余杭（今浙江杭州）、北至涿郡（今北京）的大运河。隋文帝承继北周基业之后又攻下了陈朝，完成了大江南北的统一。当年的晋王杨广即后来的隋炀帝亲率大军南下，嗣后即位不久，就着手开凿贯穿南北的大运河，客观上有助于巩固统一局面、加强南北联系。大运河的开凿，也源于经济和技术发展的推动。从南北朝时期以来，南方逐渐成为全国的经济重心。隋朝统一后，那里的财赋为关中以及整个北方提供了经济和军事的支持。隋文帝时期，关中粮食短缺，就常需仰仗从洛阳转运的漕粮供应。逢关中严重饥荒时，隋文帝甚至不得不率百官到洛阳就食，因此被讥为"逐粮天子"。隋朝以洛阳为集结点，将山东、江淮的粮食、布帛等聚集于此，以备关中不时之需。炀帝即位不久，就营建洛阳为东都，并置洛口、回洛等仓。为了便于财赋转移，隋朝非常重视水路运输线的开发。

开皇四年（584），隋文帝以京师仓廪空虚，诏令漕运关东及汾、晋之粟输京师，"命宇文恺率水工凿渠，引渭水，自大兴城东至潼关，三百余里，名曰广通渠。转运通利，关内赖之"。[55] 由此沟通了关中地区到洛阳的漕运。开皇七年（587）"四月，于扬州开山阳渎以通运"[56]。山阳渎南起江都（今江苏扬州），北至山阳（今江苏淮安），是在邗沟旧渎的基础上开凿的，沟通了江、淮水系。这样，南北方的水利都有了初步开发。隋炀帝营建东都洛阳后，开始了南达余杭、北通涿郡、西联长安、东接洛阳的大运河水利工程。

隋代大运河的开凿始于大业元年（605）三月：

辛亥，命尚书右丞皇甫议发河南、淮北诸郡民，前后百余万，开通济渠。自西苑引谷、洛水达于河，复自板渚引河，历荥泽入汴；又自大梁之东引汴水入泗，达于淮；又发淮南民十余万开邗沟，自山阳至扬子入江。渠广四十步，渠旁皆筑御道，树以柳。(57)

运河中的通济渠和山阳渎段最早开发，通济渠是西自洛阳西苑引谷、洛二水东北流，入黄河；东自板渚（今河南荥阳汜水镇东北）引黄河入汴水，至今开封附近又分汴水往东南流，至盱眙北流入淮河，沟通了黄河与淮河。山阳渎则连接了淮河与长江。

大业四年正月，"诏发河北诸郡男女百余万开永济渠，引沁水南达于河，北通涿郡。"(58)北通幽燕的永济渠是隋代大运河的最北段，推动永济渠开凿的除了经济、技术因素外，尚有政治与军事的需要。《隋书·阎毗传》：隋炀帝"将兴辽东之役，自洛口开渠，达于涿郡，以通运漕。毗督其役"。(59)因此，永济渠是联系东都洛阳与东北重镇幽州的直接渠道。隋及唐前期用兵辽东和契丹、突厥，以黎阳、洛阳为中转，利用永济渠转输军粮等至幽州。大业七年（611）隋炀帝欲征伐辽东，"二月乙亥，自江都行幸涿郡，御龙舟，渡河入永济渠"，(60)"四月庚午，车驾至涿郡之临朔宫"(61)。随后在七月"发江淮以南民夫及船运黎阳（今河南浚县西南30里）及洛口（今河南巩义市东南）诸仓米至涿郡，舳舻相次千余里"(62)。武后时为讨伐突厥、契丹，也运送江淮粮食到幽州。陈子昂《上军国机要事》称："即日江南、淮南诸州租船数千艘，已至巩、洛，计有百余万斛，所司便勒往幽州，纳充军粮。"(63)安史之乱时，清河就因堆积了大量江淮军需物资，而被称之为"北库"，清河人李萼请颜真卿凭此抵御叛军：

今清河，公之西邻。国家平日聚江、淮、河南钱帛于彼以赡北军，谓之"天下北库"。今有布三百余万匹，帛八十余万匹，钱三十余万缗，粮三十余万斛。昔讨默啜，甲兵皆贮清河库，今有五十余万事……公诚资以士卒，抚而有之，以二郡为腹心，则余郡如四支，无不随所使矣。(64)

永济渠的开凿利用了沁水、清水等多条河流，《资治通鉴》引《大业杂记》："三年六月，敕开永济渠，引汾（沁）水入河，于汾（沁）水东北开渠，合渠（清）水至于涿郡二千余里，通龙舟。"(65)汾水应为沁水，胡三省注："按永济渠即今御河，未尝通汾水，杂记误也"。渠水则是清水之误。沁水是黄河北岸的河流，在河南沁阳县东南流。开永济渠时分沁水为两支，在沁水下游洛口以东的武陟县导主流南入黄河，另在上游东岸开渠引沁水东流，先后遏清水、淇水等河北境内诸条南北向河流汇入白沟、清河（即今卫河），沿曹操时代开凿的平虏渠向东北，溯潞河下游（古笥沟，今北运河）而上，至今天津武清境内折入桑干河（今永定河），西北抵涿郡蓟城（今北京）。沁水本入黄河，但河流多沙，水流湍急，永济渠下游沁水入黄河段需要治理才能通漕运。上游新开渠道虽然利用了旧河道，但疏导起来工程浩大，以致"丁男不供，始役妇人"[66]。

运河永济渠段沟通幽州与江淮及东都洛阳，在隋唐王朝东北交通中作用显著。但在唐后期，由于河北藩镇割据，永济渠的作用较之以前黯然失色。

隋大运河最后一段为江南河，大业六年十二月，"敕穿江南河，自京口至余杭八百余里，广十余丈，使可通龙舟，并置驿宫、草顿，欲东巡会稽"。[67]江南河自京口（今江苏镇江）引长江水南入钱塘江，抵达余杭（今浙江杭州市）。至此，南北大运河全线贯通，沟通海河、黄河、淮河、长江、钱塘江五大水系，以洛阳为中心，北至蓟城（今北京），西至大兴城（今陕西西安），南至余杭（今浙江杭州）的水运畅通无阻。

二、五代时期幽州的漕运

唐末五代政权的分裂，使通往北方的河道、海路运输几乎断绝，这时期幽州的水路运输仅限于附近区域之内。

1. 赵德钧开凿"东南河"

唐末五代契丹日渐强盛，屡屡侵逼幽州。为抵御契丹，驻守幽州的节度使赵德钧苦心经营，在幽州东筑城、置县、驻兵，以保障粮草运输。《资治通鉴》记载：

> 幽州城门之外，虏骑充斥。每自涿州运粮入幽州，虏多伏兵于阎沟，掠取之。及赵德钧为节度使，城阎沟而戍之，为良乡县，粮道稍通。幽州东十里之外，人不敢樵牧；德钧于州东五十里城潞县而戍之，近州之民始得稼穑。至是，又于州东北百余里城三河县以通蓟州运路，虏骑来争，德钧击却之。九月，庚辰朔，奏城三河毕。边人赖之。[68]

另外，又积极开辟幽州粮运水道。后唐长兴三年"六月壬子朔，幽州赵德钧奏：新开东南河，自王马口至淤口，长一百六十五里，阔六十五步，深一丈二尺，以通漕运，舟胜千石，画图以献。"[69]赵德钧所开东南河，起自淤口（今河北信安），接巨马河，终于王马口（今河北廊坊西南王玛村），靠近桑干河（今永定河）在固安、永清一线的南派河道。河北南部运粮船沿原永济渠至今天津独流镇以后，西北折入巨马河，溯流西上至淤口，再循新开凿的东南河向东北行，经永清县东境至王马口入桑干河南派，西北浮航至幽州蓟城西南。这条自淤口至王马口的"东南河"，代替了旧有的永济渠北端，《太平寰宇记》等文献于是亦称之为"永济河"、"永济渠"，但显然已非隋唐的永济渠了。

2. 周世宗疏通"御河"

周世宗柴荣是一位颇有作为的君主，他志在收复幽燕之地，屡有北伐契丹之心，而隋代旧永济渠给其北伐提供了有利条件。后周都大梁（今河南开封），由此出兵攻取幽州，要依赖运河航道。《旧五代史》载："帝（周世宗）之北征也，凡供军之物，皆令自京递送行在。"唐末五代时，永济渠开掘既久，而割据藩镇急于军事所需，极少疏治的河道难免渐渐淤塞。故而，周世宗北伐之前先行疏通。显德六年二月"甲子，诏以北鄙未复，将幸沧州"，先遣水军疏治河道，"丁卯，命侍卫亲军都虞候韩通等将水陆军先发"[70]。周世宗自率大军从大梁出发，"四月庚寅，韩通奏自沧州治水道入契丹境，栅于乾宁军南，补坏防，开游口三十六，遂通瀛、莫。辛卯，上至沧州，即日帅步骑数万发沧州，直趋契丹之境。"[71]次日就占领了宁州。

> 乙未，大治水军，分命诸将水陆俱下，以韩通为陆路都部署，太祖皇帝（按：指后来的北宋太祖赵匡胤）为水路都部署。丁酉，上御龙舟沿流而北，舳舻相连数十里。己亥，至独流口，沂流而西。辛丑，至益津关，契丹守将终廷辉以城降。自是以西，水路渐隘，不能胜巨舰，乃舍之。……癸卯，太祖皇帝先至瓦桥关（今河北雄县），契丹守将姚内斌举城降……甲辰，契丹莫州刺史刘楚信举城降。五月，乙巳朔，侍卫亲军都指挥使、天平节度使李重进等始引兵继至，契丹瀛州刺史高彦晖举城降。……于是关南悉平。[72]

不过短短十二天，周世宗便收复三州三关（宁州、莫州、瀛州，淤口、益津、瓦桥）。这次军事上的大捷，赖于周世宗出兵果断神速，而隋唐运河又功莫大焉。宋人王巩《闻见近录》称："世宗开御河，本为蓟燕漕运计，御河其不可废也。"他认为御河在北宋收复北方失地战争中也会发挥重大作用，所以应加以疏浚、维护，不可任其湮废。

五代时期的幽州地区政局纷乱、战争频繁，经济发展也处于极不稳定的状态，但运河的功能依然时断时续地保持着，对运输河道的疏浚始终是历任幽州经营者最关心的政务之一。无论是对中原王朝还是对北方政权而言，幽州地区极具战略地位。从中原连通幽州地区的运河以及陆上大道，牢牢地维系着不同区域的政治、经济、文化的联系，成为历史上的北京在后来崛起为国家首都的重要影响因素之一。

第三节　交通管理机构与律令

一、交通管理机构的设置

隋唐五代时期交通管理机构的层级，分为中央机关与地方机构，类别可分为水陆两道。

水路交通由尚书省工部之下的水部以及各州县官员负责。据《旧唐书》与《新唐书》载：

> 水部郎中一员，员外郎一员，主事二人，令史四人，书令史九人，掌固四人。郎中、员外郎之职，掌天下川渎陂池之政令，以导达沟洫，堰决河渠。凡舟楫溉灌之利，咸总而举之。……凡天下造舟之梁四，石柱之梁四，木柱之梁三，巨梁十有一，皆国工修之。其余皆所管州县随时营葺。其大津无梁，皆给船人，量其大小难易，以定其差。[73]

水部负责京师乃至全国的水路运输和水利事业，州县官员则负责维修，如《唐律》营缮令：

> 近河及大水有堤防之处，刺史、县令以时检校。若须修理，每秋收讫，量功多少，差人夫修理。若暴水泛溢，损坏堤防，交为人患者，先即修营，不拘时限。若有损坏，当时不即修补，或修而失时者，主司杖七十。[74]

因此，在河道淤塞时，地方官员往往要奏请朝廷修复旧渠。

陆路交通在地方由州县户曹负责，据《旧唐书》与《新唐书》载：

> 户曹、司户掌户籍、计帐、道路、逆旅、婚田之事。[75]
>
> 户曹司户参军事，掌户籍、计帐、道路、过所、蠲符、杂徭、逋负、良贱、芻藁、逆旅、婚姻、田讼、旌别孝悌。
>
> 士曹司士参军事，掌津梁、舟车、舍宅、工艺。[76]

京城的部分事务由卫府负责，"左右金吾卫，上将军各一人，大将军各一人，将军各二人。掌宫中、京城巡警，烽候、道路、水草之宜"[77]。

唐代明确规定地方官员要负责道路的开通、修整以及馆驿的维护。

> 刺史县令，至于赋税毕集，判断不滞，户口无逃散，田亩守常额，差科均平，廨宇修饰，馆驿如法，道路开通。如此之类，皆是寻常职分，不合计课。[78]

由于地方官员负责修整各州县的道路，麟德元年唐高宗计划到泰山封禅，特别诏令地方官员不得因此整治道路，以免劳动百姓。《唐会要》记载：九月乙丑"诏曰：来年行幸岱宗，州县不得浪有烦扰。其水浅可涉，不可缮造桥梁。所行之处，亦勿开道路"[79]。州县官员为修补道路，往往需调发大量人丁，甚至妇女也要参加劳役。

水路驿站由驾部掌管，主事者称驾部郎中，《通典》卷二十三载其大略：

> 隋初为驾部侍郎，属兵部。隋辛公义为驾部侍郎，勾检马牧，所获十余万匹。文帝喜曰："唯我公义，奉国竭忠。"炀帝除"侍"字。武德三年，加"中"字。龙朔二年，改为司舆大夫，咸亨初复旧。天宝中，改驾部为司驾，至德初复旧。掌舆辇、车乘、邮驿、厩牧，司牛马驴骡，阑遗杂畜。……新给都督、刺史并关三官州上佐，并给驿发遣。

唐开元二十八年六月饬："有陆驿处，得置水驿。""自二十年以后，常置馆驿使，以他官为之。员外郎一人。《周官》有舆上士，后周有小驾上士，盖其任也。至隋，置与户部同。"[80]

为保障交通道路的畅通，设置了专门的官职负责重要城关的通行检查，称为司门郎中。《通典》记载：

> 《周礼·地官》有司门下大夫，掌授管键启闭。历代多缺。至后周，依《周官》。隋初有司门侍郎，炀帝除"侍"字。武德三年，加"中"字。龙朔二年，改为司门大夫，咸亨元年复旧。掌门籍、关桥及道路、过所阑遗物事。[81]

二、唐代的交通律令

唐代颁布了涉及交通道路管理的律令，从现存最早的专门法律《唐律疏议》可窥其一斑。唐律中关于交通法规的律令较为全面，涉及道路的修缮、驿站的管理和使用、行人行路的规则等内容。

> 有人于城内街衢巷衕之所，若人众之中，众谓三人以上，无要速事故，走车马者，笞五十。……若有公私要速而走者，不坐；以故杀伤人者，以过失论。其因惊骇，不可禁止，而杀伤人者，减过失二等。

其中，"公私要速者，公谓公事要速及乘邮驿并奉敕使之辈。私谓吉、凶、疾病之类，须求医药，并急追人。而走车马者，不坐。"[82]这就明确了平时正常行路应当遵循的守则，发生交通事故时则要依据是否遇到紧急情况而确定肇事者的责任。

> 诸施机枪、作坑阱者，杖一百；以故杀伤人者，减斗杀伤一等；若有标识者，又减一等。……其深山、迥泽及有猛兽犯暴之处，而施作者，听，仍立标识。不立者，笞四十；以故杀伤人者，减斗杀伤罪三等。[83]

这就是说，在并非经常有人行走的山林沼泽或有猛兽为害的地方，如果有人设置捕兽的机关或陷阱，只要他树立了明确的标志，就不负行人偶遭伤害的罪责，否则将按情节处以鞭笞等责罚。

在交通驿站的管理方面：

> 诸不应入驿而入者，笞四十。辄受供给者，杖一百；计赃重

者，准盗论。虽应入驿，不合受供给而受者，罪亦如之。

私行人，职事五品以上、散官二品以上、爵国公以上，欲投驿止宿者，听之。边远及无村店之处，九品以上、勋官五品以上及爵，遇屯驿止宿，亦听。并不得辄受供给。[84]

这是对各级官员在驿站住宿的资格及其应受待遇的规定。这类律令的颁布和实施，是水陆交通正常运行的可靠保障，也为后世树立了典范。

注释：

(1)《隋书》卷八十四《突厥传》。

(2)《隋书》卷四十五《汉王谅传》。

(3)《隋书》卷七十《李子雄传》。

(4)《隋书》卷三《炀帝纪上》。

(5)《资治通鉴》卷一百九十八，唐贞观十九年十一月条。

(6)《资治通鉴》卷一百九十八，唐贞观二十年二月条。

(7)《旧五代史》卷二十八《庄宗纪二》。

(8)《资治通鉴》卷二百五十九，唐景福二年四月条。

(9)《资治通鉴》卷二百四十八，唐会昌五年八月条。

(10)《隋书》卷四《炀帝纪下》。

(11)《资治通鉴》卷二百二十五，唐大历九年七月条。

(12)《资治通鉴》卷二百三十八，唐元和五年七月条。

(13)《资治通鉴》卷一百八十，隋大业三年六月条。

(14)《元和郡县志》卷十四《岚州合河县》。

(15)《隋书》卷六十三《卫玄传》。

(16)《资治通鉴》卷一百八十，隋大业三年六月条。

(17)《资治通鉴》卷一百七十八，隋开皇十九年十月条。

(18)《隋书》卷八十四《突厥传》。

(19)《隋书》卷五十二《韩洪传》。

(20)《旧唐书》卷七十五《韦云起传》。

(21)《隋书》卷三十六《独孤皇后传》。

(22)《旧唐书》卷一百八十五下《宋庆礼传》。

(23)《旧唐书》卷二百上《史思明传》。

(24)《旧唐书》卷二百上《安禄山传》。

(25)《隋书》卷五十一《长孙晟传》。

(26)《隋书》卷八十一《高丽传》。

(27)《隋书》卷四《炀帝纪下》。

（28）《资治通鉴》卷一百八十二，隋大业九年四月条。

（29）《隋书》卷七十《杨玄感传》。

（30）《隋书》卷七十《赵元淑传》。

（31）《新唐书》卷二《太宗纪》。

（32）《旧唐书》卷三《太宗纪下》。

（33）《新唐书》卷二百二十《高丽传》。

（34）《新唐书》卷二百二十《高丽传》。

（35）《旧唐书》卷三《太宗纪下》。

（36）《资治通鉴》卷二百七十八，后唐长兴三年八月条。

（37）《新唐书》卷三十九《地理志三》。

（38）《旧唐书》卷一百九十九下《契丹传》。

（39）《旧唐书》卷一百四十五《李忠臣传》。

（40）《旧唐书》卷一百九十九下《契丹传》。

（41）《旧唐书》卷一百九十九下《奚传》。

（42）《旧唐书》卷一百九十九下《霫传》。

（43）《旧唐书》卷一百九十九下《室韦传》。

（44）《旧唐书》卷一百九十九下《靺鞨传》。

（45）《旧唐书》卷一百九十九下《渤海靺鞨传》。

（46）《旧唐书》卷一百九十九下《乌罗浑传》。

（47）《新唐书》卷四十三下《地理志七下》。

（48）《新唐书》卷三十九《地理志三》。

（49）《新唐书》卷三十九《地理志三》。

（50）《资治通鉴》卷二百一十一，唐开元二年七月条。

（51）王钦若等：《册府元龟》卷一百一十三《帝王部·巡幸二》。

（52）《资治通鉴》卷二百八十五，后晋开运三年十一月条。

（53）《资治通鉴》卷二百八十五，后晋开运三年十一月条。

（54）《资治通鉴》卷二百八十六，后汉天福十二年三月条。

（55）《隋书》卷二十四《食货志》。

（56）《资治通鉴》卷一百七十六，陈祯明元年四月条。

（57）《资治通鉴》卷一百八十，隋大业元年三月条。

（58）《隋书》卷三《炀帝纪上》。

（59）《隋书》卷六十八《阎毗传》。

（60）《资治通鉴》卷一百八十一，隋大业七年二月条。

（61）《资治通鉴》卷一百八十一，隋大业七年四月条。

（62）《资治通鉴》卷一百八十一，隋大业七年七月条。

（63）《全唐文》卷二百一十一，陈子昂《上军国机要事》。

（64）《资治通鉴》卷二百一十七，唐至德元载三月条。

（65）《资治通鉴》卷一百八十一，隋大业四年正月条。

（66）《资治通鉴》卷一百八十一，隋大业四年正月条。

（67）《资治通鉴》卷一百八十一，隋大业六年十二月条。

（68）《资治通鉴》卷二百七十八，后唐长兴三年八月条。

（69）《旧五代史》卷四十三《唐书·明宗纪九》。

（70）《资治通鉴》卷二百九十四，后周显德六年二月条。

（71）《资治通鉴》卷二百九十四，后周显德六年四月条。

（72）《资治通鉴》卷二百九十四，后周显德六年四月条。

（73）《旧唐书》卷四十三《职官志二》。

（74）长孙无忌等：《唐律疏议》卷二十七。

（75）《旧唐书》卷四十四《职官志三》。

（76）《新唐书》卷四十九下《百官志四下》。

（77）《新唐书》卷四十九下《百官志四下》。

（78）王溥：《唐会要》卷八十二《考课下》。

（79）王溥：《唐会要》卷七《封禅》。

（80）杜佑：《通典》卷二十三《职官五》。

（81）杜佑：《通典》卷二十三《职官五》。

（82）长孙无忌等：《唐律疏议》卷二十六。

（83）长孙无忌等：《唐律疏议》卷二十六。

（84）长孙无忌等：《唐律疏议》卷二十六。

第五章　辽金北方交通枢纽的形成

　　自五代后晋石敬瑭将幽蓟十六州割让给契丹之后，今北京地区的发展就开始了历史性的转折。契丹（辽）把幽州提升为陪都之一，称为南京，成为俯瞰华北平原进而南下进兵或与北宋对峙的桥头堡。宋辽之间经历了初期的战争阶段，在订立澶渊之盟后维持了长久的和平往来岁月。崛起于东北的女真族政权建立金朝，灭辽后把都城从黑龙江阿城的金上京迁到辽南京旧址，将城墙东西南三面拓展之后，定名为中都，与之对峙的则是南宋。这样，自秦汉至隋唐五代这个漫长阶段的军事重镇幽州，经历了由北方政权的陪都辽南京到北半个中国首都金中都的重大变革。辽金都是兴起于东北的少数民族建立的政权，它们将东北诸多民族和部落归诸一统，随之又采用唐宋制度设置各级行政机构，也因此形成了自己的交通体系。处在东北与中原连接点之上的辽南京以及随后的金中都，进一步强化了作为交通枢纽的突出地位。为了叙述的方便，当辽代的南京地区与金代的中都地区并举时，这里仍依传统习惯称之为"幽州地区"。

第一节　辽金时期的交通管理制度

　　先后与北宋及南宋对峙的辽金两朝均肇兴于东北，幽州地区是他们进出中原与东北根据地的枢纽。当辽南京与金中都相继建立之后，城市具有的政治地位得到前所未有的加强。辽南京还只是契丹统治区域南部的政治、文化中心，金中都时期则上升为北半个中国的首都，其经济、文化对周边地区乃至我国北方的引领作用尤其突出。在城市建设方面，《契丹国志》称誉辽南京：

大内壮丽，城北有市，陆海百货，聚于其中；僧居佛寺，冠于北方。锦绣组绮，精绝天下。膏腴蔬蓏、果实、稻粱之类，靡不毕出，而桑、柘、麻、麦、羊、豕、雉、兔，不问可知。水甘土厚，人多技艺，秀者学读书，次则习骑射，耐劳苦。石晋未割弃已前，其中番汉杂斗，胜负不相当；既筑城后，远望数十里间，宛然如带，回环缭绕，形势雄杰，真用武之国也。

昔日的北方军事重镇，在辽金时期实现了城市功能的巨大转变，进而巩固了它在北方交通布局中的枢纽地位。辽金在向南侵夺的过程中，仿效中原王朝逐渐建立了系统的国家管理制度，其中也包括交通道路的管理。金仿宋制，也兼采辽制，设立专职官吏对街道、馆驿、关津、道路、河道等进行修缮管理。

《金史·百官志二》都水监条记载：

> 都水监：街道司隶焉。分治监，专规措黄、沁河，卫州置司。监，正四品，掌川泽、津梁、舟楫、河渠之事。兴定五年兼管勾沿河漕运事，作从五品，少监正六品以下皆同兼漕事。
>
> 都巡河官，从七品，掌巡视河道、修完堤堰、栽植榆柳、凡河防之事。分治监巡河官同此。

都水监下属的"街道司管勾，正九品，掌洒扫街道、修治沟渠。旧南京街道司，隶都水外监，贞元二年罢归京城所"。[1] 都水监掌治水路，金代中都附近卢沟河上修筑桥梁，即由都水监负责：

> 离良乡三十里，过卢沟河，水极湍激。[燕人] 每候水浅深，置小桥以渡，岁以为常。近年都水监辄于此河两岸造浮桥，建龙祠宫，仿佛如黎阳三山制度。[2]

除治理水路，都水监也兼修道路，"平章政事乌古论元忠提控葬事，都水监丞高杲寿治道路不如式，"[3] 在都水监之外，金代还设工部郎中主管道路修治。《金史·百官志三》载："工部：尚书一员，正三品。侍郎一员，正四品。郎中一员，从五品。掌修造营建法式、诸作工匠、屯田、山林川泽之禁、江河堤岸、道路桥梁之事。"[4] 都水监、工部等中央机关负责水陆交通道路的修筑营缮，地方官员也兼负责河防、道路的维护。

城门的出入由各地地方官员控制，各路总管府都指挥使负责本路"提控禁夜"，关津则设关使、关令、提举、管勾等官吏。"关使兼讥察官，正七品，掌关禁、讥察奸伪及管钥启闭。""管勾河桥官兼讥察事一员，正八品，掌解系浮桥、济渡舟楫、巡视河道、修完埽岸、兼率埽兵四时功役、栽植榆柳、预备物料、讥察奸伪等事"。[5]驿站馆舍则设四方馆使，"四方馆使，正五品。副使，从六品，掌提控诸路驿舍、驿马，并陈设器皿等事"。[6]

第二节　辽南京金中都的陆上通道

辽南京是与白沟以南的北宋军事对峙的前沿堡垒，也是和平时期两国相互交往的重要转捩点。以此为中心，形成了沟通契丹东北根据地与北宋都城开封之间联系的陆上交通道路系统。契丹的使者经南京前往开封，北宋的使者也从开封到达辽南京或通过这里中转，他们对自己经行的交通路线做了详细记述。到金朝与南宋并存时期，金中都的政治地位已经远非辽南京可比，再加上金朝版图的扩大，它在北方交通系统中控制的地域更加广阔，作为北方交通枢纽的地位越发突出。来往于金中都与南宋首都临安（杭州）之间的使节，沿用并延长了此前南北交往的路线，也留下了比较丰富的记载。

辽金时期幽州地区陆路交通的主干，往南通达两宋都城，往北则与辽金的重要城市相接。辽始都临潢（今内蒙古巴林左旗），称上京。而后陆续征服周边，设中京（今内蒙古宁城县）、东京（今辽阳）、西京（今山西大同）、南京（今北京）。金初建都会宁府（今黑龙江省阿城南白城），称上京；又设北京（大定府）、东京（辽阳府）、西京（大同府）、南京（开封府）。海陵王天德五年（1153）迁都燕京，称中都。两宋使臣多次通过幽州向北前往辽金两国的首都或陪都，契丹国君经常巡狩于五京之间，北宋使者也往往到其所在地朝聘。如北宋王曾出使契丹，"初奉使者止达幽州，后至中京，又至上京，或西凉淀、北安州、炭山、长泊。"[7]熙宁八年（1075）沈括出使，"是时，契丹以永安山为庭。"[8]金代迁都后，幽州地区与华北平原的通道得以打开，历来所行的太行山东麓大道畅通无阻。尤其是卢沟桥的修建，进一步改善了幽州地区向南的通道。

一、北宋使者在辽境经行的路线

据北宋使者所记，辽南京通中京、上京道，一是从古北口出塞，

71

一是从居庸关出塞。

北宋大中祥符五年（1012），王曾奉命出使契丹。他从宋朝边境雄州先到辽南京，再从南京出古北口至辽中京。《上契丹事》记其行程：

> 自雄州白沟驿渡河，四十里至新城县，古督亢亭之地。又七十里至涿州。北渡范水、刘李河，六十里至良乡县。渡卢沟河，六十里至幽州，号燕京。[9]

> 出燕京北门，至望京馆。五十里至顺州。七十里至檀州，渐入山。五十里至金沟馆。将至馆，川原平旷，谓之金沟淀。自此入山，诘曲登陟，无复里堠，但以马行记日，约其里数。九十里至古北口，两傍峻崖，仅容车轨。又度德胜岭，盘道数层，俗名思乡岭，八十里至新馆。过雕窠岭、偏枪岭，四十里至卧如来馆。过乌滦河，东有滦州，又过摸斗岭，一名渡云岭、芹菜岭，七十里至柳河馆。松亭岭甚险峻，七十里至打造部落馆。东南（北）行五十里至牛山馆。八十里至鹿儿峡馆。过虾蟆岭，九十里至铁浆馆。过石子岭，自此渐出山，七十里至富谷馆。八十里至通天馆。二十里至中京大定府。[10]

路振"大中祥符初，使契丹，撰《乘轺录》以献。"[11]其中记载他到辽中京的路线，与王曾所记相差无几，即从雄州出发，过辽宋分界线白沟抵幽州，然后北行至中京大定府。总括其里程"自白沟至契丹国（大同驿），凡二十驿。"[12]这二十驿为：白沟河—新城县—涿州（永宁馆）—良乡县—幽州（永和馆）—孙侯馆—顺州—檀州—金沟馆—虎北馆—新馆—卧如馆—柳河馆—部落馆—牛山馆—鹿儿馆—铁浆馆—富谷馆—通天馆—契丹国（大同驿）。[13]

路振又记载了由中京达上京、东京等地的里程：

> 中京南至幽州九百里，至雄州白沟河界一千一百四十五里，……又东至黄龙府（东京）一千五百里。……又东至高丽、女真四千里。东北至辽海二千里。……北至上国（上京）一千里，即林胡旧地，本名林荒，虏更其名曰临潢府。……西南至山后（奉圣州，本唐新州）八军八百余里。[14]

薛映记载了中京至上京的详细路途：

宋大中祥符九年，薛映记曰：上京者，中京正北。八十里至松山馆，七十里至崇信馆，九十里至广宁馆，五十里至姚家寨馆，五十里至咸宁馆，三十里度潢水石桥，旁有饶州，唐于契丹尝置饶乐州，今渤海人居之。五十里保和馆，度黑水河，七十里宣化馆，五十里长泰馆。馆西二十里有佛舍、民居，即祖州。又四十里至临潢府。自过崇信馆乃契丹旧境，其南奚地也。入西门，门曰金德，内有临潢馆。子城东门曰顺阳。北行至景福门，又至承天门，内有昭德、宣政二殿与氊庐，皆东向。临潢西北二百余里号凉淀，在馒头山南，避暑之处。多丰草，掘地丈余即有坚冰。[15]

熙宁八年（1075）沈括出使辽国。因其国君驻永安山（今内蒙古巴林右旗西北瓦尔漫汗山），沈括由中京至永安山附近的犊儿山（今奥兰哈达山）报聘。沈括记载："大（永）安山，契丹之北部，东南距京师驿道三千二百十有五里。自庆州，上京皆有便道。"[16]沈括至中京的路线与王曾、路振相仿佛，从中京行至上京，再继续北行永安山。

从居庸关出塞通辽的道路，见于五代后晋胡峤《陷辽记》：

初，萧翰闻（耶律）德光死，北归，有同州郃阳县令胡峤为翰掌书记，随入契丹。而翰妻争妒，告翰谋反，翰见杀，峤无所依，居房中七年。当周广顺三年，亡归中国，略能道其所见。云："自幽州西北入居庸关。明日，又西北入石门关。关路崖狭，一夫可以当百，此中国控扼契丹之险也。又三日，至可汗州。南望五台山，其一峰最高者，东台也。又三日，至新武州。西北行五十里有鸡鸣山，云唐太宗北伐闻鸡鸣于此，因之名山。明日，入永定关，此唐故关也。又四日，至归化州。又三日，登天岭。岭东西连亘，有路北下。四顾冥然，黄云白草，不可穷极"。契丹谓峤曰："此辞乡岭也，可一南望而为永诀。"同行者皆恸哭，往往绝而复苏。又行三四日，至黑榆林。时七月，寒如深冬。又明日，入斜谷，谷长五十里，高崖峻谷，仰不见日，而寒尤甚。已出谷，得平地，气稍温。又行二日，渡湟水。又明日，渡黑水。又二日，至汤城淀，地气最温，契丹若大寒，则就温于此。……又二日，至仪坤州，渡麝香河。自幽州至此无里候，其所向不知为南北。又二日，至赤崖，翰与兀欲相及，遂及述律战于沙河。述律兵败而北，兀欲追至独树渡，遂囚述律于扑马山。又行三日，遂至上京，所谓西楼也。西楼有邑屋市肆，交易无钱而用布。有绫锦诸工作、宦者、翰林、伎术、教坊、角抵、秀才、僧、尼、道士等，皆中国人，而并、汾、幽、蓟之人尤多。自上京东去四十里，至真珠寨，始食菜。明日，东行，地势渐高，西望平地松林郁然数十里。遂入平川，多草木，始食西瓜，云契丹破回纥得此种，以牛粪覆棚而种，大如中国冬瓜而味甘。又东行，至裹潭，始有柳，而水草丰美，有息鸡草尤美，而本大，马食不过十本而饱。自裹潭入大山，行十余日而出，过一大林，长二三里，皆芜荑，枝叶有芒刺如箭羽，其地皆无草。兀欲时卓帐于此，会诸部人葬德光。自此西南行，日六十里，行七日，至大山门，两高山相去一里，而长松丰草，珍禽野卉，有屋室碑石，曰："陵所也。"兀欲入祭，诸部大人惟执祭器者得入。入而门阖。明日开门，曰"抛盏"，礼毕。问其礼，皆秘不肯言。已而，翰得罪被锁，峤与部曲东之福州。福州，翰所治也。峤等东行，过一山，名十三山，云此西南去幽州二千里。又东行，数日，过卫州，有居人三十余家，盖契丹所虏中国卫州人，筑城而居之。峤至福州，而契丹多怜峤，教其逃归，峤因得其诸国种类远近。[17]

胡峤所行居庸关道，较之王曾与路振所行古北口道更为遥远，向西绕行了很远才至辽上京。而在沈括《熙宁使虏图抄》中说："自幽州由歧路出松亭关，走中京五百里。循路稍有聚落，乃狄人常由之道，今驿回屈几千里，不欲使人出夷路，又以示疆域之险远。"[18]这条道路按《武经总要》载松亭关条：

> 松亭关，关东北五里至滦河关城，自幽州东趋营平路，甚平坦，自古匈奴犯边，多由此路。幽州东北四百八十里，北趋泽州路，至中京四百五十里，西至平川蓟州，有柜安、燕氏二山口，通车马。[19]

二、宋使在金境内的经行路线

辽代亡后，金与北宋仍以辽宋旧边界线白沟分割疆域，并"依契丹旧例，以讲和好，每岁遣使除正旦、生辰两番永为常例外，非常庆吊，别论也。"[20]故此双方互遣使者，奔走于两国之间。北宋使者先至幽州，然后东出渝关至金上京会宁府。宣和七年，遣著作郎许亢宗出使，贺金太宗登基。《许奉使行程录》计其行程：

自雄州起，直至金主所都会宁府，共二千七百五十里。是时，金国礼南使甚厚，犹未渝盟。今自临安府余杭门起，至雄州三千二百七十里，又自雄州至上京会宁府二千七百五十里，通计六千零二十里。[21]

徐梦莘《三朝北盟会编》卷二十录《宣和乙巳奉使行程录》，载其行程为："本朝界内一千一百五十里，二十二程，更不详叙。今起自白沟契丹界，止于虏廷冒离纳钵三千一百二十里，计三十九程。"与前者稍有差异。

《许奉使行程录》记载的行程为：

第一程，自雄州六十里至新城县。离州三十里至白沟巨马河。源出代郡涞水，由易水界至此合流，东入于海。河阔止十数丈，南宋与契丹以此为界。

第二程，自新城县六十里至涿州。

第三程，自涿州六十里至良乡县。

第四程，自良乡六十里至燕山府。

第五程，自燕山府八十里至潞县。

第六程，自潞县七十里至三河县。

第七程，自三河县六十里至蓟州。

第八程，自蓟州七十里至玉田县。

第九程，自玉田县九十里至韩城镇。

第十程，自韩城镇五十里至北界清州。出韩城镇东行十余里，至金国所新立地界，并无沟堑，惟以两小津堠，高三尺许。

第十一程，自清州九十里至滦州。滦州古无之，唐末天下乱，阿保机攻陷平、营，刘守光据幽州，暴虐，民不堪命，多逃亡依阿保机为主，筑此以居之。……守将迎于此，回程锡宴是州。

第十二程，自滦州四十里至望都县。

第十三程，自望都县六十里至营州。

第十四程，自营州一百里至润州。离营州东行六十里至榆关，并无堡障，但存遗址。

第十五程，自润州八十里至迁州。

第十六程，自迁州九十里至习州。

第十七程，自习州九十里至来州。

第十八程，自来州八十里至海云寺。

第十九程，自海云寺一百里至红花务。

第二十程，自红花务九十里至锦州。自出榆关东行。

第二十一程，自锦州八十里至刘家庄。

第二十二程，自刘家庄一百里至显州。

第二十三程，自显州九十里至兔儿涡。

第二十四程，自兔儿涡六十里至梁鱼务。

第二十五程，自梁鱼务百单三里至没咄寨。

第二十六程，自没咄寨八十里至沈州。

第二十七程，自沈州七十里至兴州。

第二十八程，自兴州九十里至咸州。

第二十九程，自咸州九十里至同州。

第三十程，自同州三十里至信州。

第三十一程，自信州九十里至蒲里孛堇寨。

第三十二程，自蒲里四十里至黄龙府。

第三十三程，自黄龙府六十里至托撒孛堇寨。

第三十四程，自托撒九十里至漫七离孛堇寨。

第三十五程，自漫七离二百里至和里闲寨。

第三十六程，自和里闲寨九十里至句孤孛堇寨。

第三十七程，自句孤寨七十里至达河寨。

第三十八程，自达河寨四十里至蒲挞寨。

第三十九程，自蒲挞寨五十里至馆。[22]

三、宋辽金以幽州为中心的驿路

由辽南京、金中都通东北的路线频见于宋代使者奏录，北宋也开通了汴京至边境雄州的驿路。在宋辽双方交好的情况下，仍可以过边境白沟走驿路往来于辽南京与北宋汴京。

北宋由汴京到雄州的驿路（东路）为：自汴京（今开封）出发，经澶州（今河南濮阳）、大名府（今河北大名）、恩州（今清河）、冀州（今冀州）、深州（今深县南）、武强（今武强西南）、乐寿（今献县）、瀛洲（今河间）、莫州（今任丘）、雄州（今雄县）。过雄州三十里，为最后一驿白沟驿（今白沟）。另一驿路（西路）为：自韦城（今河南老庙一带）西北行，经滑州（今旧滑县）、安利军（今浚县）、汤阴（今汤阴）、相州（今安阳）、磁州（今河北磁县）邯郸（今邯郸）、邢州（今邢台）、赵州（今赵县），转东北至安平（今安平）、瀛洲（今河间），以后与东路驿站重合至雄州。[23]

辽金本事游牧，常年迁徙，对道路交通的管理并无成法。但其后仿效唐宋制度，为便于政令传达，也建立了驿站，尤其在重要首府之间设置馆舍邮驿。使者的行止就赖于这些馆舍，两宋使者对此多有记载。金灭北宋后，将其疆域扩展至淮河一线与南宋对峙，并仿宋朝分疆域为十九路，各路路府之间道路交错，六京之间更是驿路纵横连接。为便于控制中原之地，设置了起自金、南宋边境泗州，经南京（开封）、中都（北京）至上京（今黑龙江阿城南）的重要驿道：

泗州至临淮县六十里，临淮至青阳驿八十里，青阳驿至虹县八十里，虹县至灵壁县六十里，灵壁县至静安镇六十里，静安镇至宿州六十里，宿州至靳泽镇六十里，靳泽至柳子镇五十里，柳子至永城县六十里，永城至酂阳三十七里，酂阳至会宁亭镇三十七里，会宁亭至谷熟八十里，谷熟至南京四十里，南京至宁陵县七十里，宁陵至拱州六十里，拱州至雍邱县七十里，雍邱至封邱县六十里，封邱至胙城县四十里，胙城至沙店河南铺四十五里，沙店至滑州四十里，滑州至浚州二十五里，浚州至裴家庄三十五里，裴家庄至汤阴县四十里，汤阴至相州三十里，相州至丰乐铺三十里，丰乐至磁州三十里，磁州至台城铺三十里，台城至邯郸县三十五里，邯郸至临洺镇四十里，临洺至沙河县三十五里，沙河至邢州四十里，邢州至都城店二十五里，都城店至内邱县三十里，内邱至范县店十五里，范县店至柏乡县二十五里，柏乡至江店十五里，江店至赵州三十里，赵州至栾城县三十里，栾城至灵店铺三十五里，灵店至真定府二十五里，真定至古县南铺三十里，古县南铺至新县三十里，新县至中山府四十五里，中山至望都县南定七里店四十里，七里店至经杨店四十里，经杨店至保州三十五里（金人改为徐州），保州至梁门四十五里，梁门至故城店三十里，故城店至黄村铺三十里，黄村至泽伴铺三十里，泽伴铺至涿州三十里，涿州至刘李店三十里，刘李店至良乡县三十里，良乡至卢沟河铺三十里，卢沟河铺至燕京三十里，燕京至交亭三十里，交亭至潞州三十里，潞州至三河县三十里，三河至下店四十里，下店至邦军店三十五里，邦军店至蓟州三十里，蓟州至罗山铺三十里，罗山铺至玉田县四十里，玉田至沙流河四十里，沙流河至永济务四十里，永济务至榛子店四十里，榛子店至七个岭四十里，七个岭至赤峰口四十里，赤峰口至平州四十里，平州至双望店四十里，双望店至新安四十里，新安至旧榆关三十里，旧榆关至润州三十里，润州至千州四十里，千州至南新寨四十里，南新寨至莱州四十里，莱州至石家店四十里，石家店至隰州四十里，隰州至杨家馆五十里，杨家馆至桃花岛四十里，桃花岛至童家庄四十里，童家庄至胡家务四十里，胡家务至麻吉步落四十里，麻吉步落至新城四十里，新城至茂州四十里，茂州至惕稳寨四十里，惕稳寨至军官寨四十里，军官至显州五十里，显州至沙河五十里，沙河至兔儿埚五十里，兔儿埚至梁鱼务三十五里，梁鱼务至大口六十里，大口至广州七十里，广州至沈州六十里，沈州至蒲河四十里，蒲河至兴州四十里，兴州至银州南铺五十里，银州南铺至铜州南铺四十里，铜州南铺至咸州南铺四十里，咸州南铺至宿州北铺四十里，宿州北铺至安州南铺四十里，安州南铺至夹道店五十里，夹道店至杨柏店四十五里，杨柏店至奚营西四十五里，奚营西至没瓦铺五十里，没瓦铺至木阿铺五十里，木阿铺至信州北五十里，信州北至咸州四十里，咸州至小寺铺五十里，小寺铺至胜州铺五十里，胜州铺至济州四十里，济州至济州东铺二十里，济州东铺至北易州五十里，北易州至宾州渡混同江七十里，宾州至报打孛堇铺七十里，报打孛堇铺至来流河四十里，来流河至阿萨铺四十里，阿萨至会宁第二铺三十五里，会宁第二铺至会宁头铺四十五里，会宁头铺至上京三十里。自上京至燕二千七百五十里，自燕至东京一千三百一十里，自东京至泗州一千三十四里[24]。

在这个巨大的驿路系统中，处于政治中心的中都地区是其核心所在，由此联通了淮河以北地区。

四、卢沟桥的修建

金中都往南通往中原的道路，以太行山东麓大道为主干。中原与北方的交流，宋金使者的往还，无不取此道而来。这条通道的北端在转向东北进入中都之前，要经过城南三十里处的卢沟河。卢沟水流湍急，一直以浮桥渡人。金世宗大定二十八年（1188）五月：

> 诏卢沟河使旅往来之津要，令建石桥。未行而世宗崩。章宗大定二十九年六月，复以涉者病河流湍急，诏命造舟，既而更命建石桥。明昌三年三月成，敕命名曰广利。[25]

通常以所跨的河流"卢沟"而称为"卢沟桥"。卢沟桥的建成，极大地便利了商旅过往，成为北京连接华北的咽喉要冲。

卢沟桥是北京地区年代最久的大型连拱石桥，迄今已有八百多年的历史。明正统九年（1444）、清康熙三十七年（1698）的"重建"，实际上并未改变桥的基础和形制，只是进行了比较全面的维修。卢沟桥全长212.2米，加上两端的引道总长266.5米，桥面宽7.5米，共11孔，是中国古代桥梁建筑史上的杰作，历经金、元、明、清及民国时期，其形制、桥基、桥身部分构件和石雕仍为金代原物且基本完好，桥身承载能力巨大而沉陷度极小。直到1985年，才为了加强文物保护而退出交通运输行列。1991年整修卢沟桥时发现，古代的设计者采用"铁柱穿石"方法建造桥墩以防止地基下沉，其技艺之高超与设计之合理令当代工程人员赞叹不已。卢沟桥除了具有重要的历史、交通、军事、工程意义之外，栏板、望柱上的石狮子以及桥两端的华表与碑亭，共同构成了金代以来石雕艺术的宝库。

第三节　辽金时期的水上运输

一、辽代萧太后运粮河的踪迹

契丹统治南京近二百年，为了满足较大规模的城市消费，不得不从外地调运粮食。宋、辽对峙时期，东起今天津附近的海岸黑龙港，西经河北青县、信安、霸州、雄县、高阳、保定一线的众多湖泊洼淀，与拒马河、海河一起构成了一条天然的水界。从辽东等地调集来的物资只能走海路运输，在今天津宁河县的蓟运河入海口靠岸，然后换载河船，循今蓟运河、北运河等进入辽南京城。

漕船从海上登陆后转入内河运输、最后到达南京城的具体路线缺乏史料佐证，一说漕船沿今蓟运河西入沟河，至三河或北京平谷一带卸载，然后陆运至辽南京[26]。此外，还有流传广泛的萧太后河之说。这条河流相传是辽代太后萧绰执政时，利用永定河故道开挖的一条运粮河。清朝《光绪顺天府志》称：

> 饮羊河在通州城南，与牧羊台近，或曰即萧后运粮河。久涸，惟地注，河形犹存，夏则积潦成流。按窝头河即萧后运粮河也，然则，饮羊河亦即窝头河故道[27]。

咸丰年间震钧著《天咫偶闻》，也提到此河与辽萧太后修南京城（又名萧太后城）有关[28]。今人推测，萧太后河是从辽南京城东南的迎春门南下，经今陶然亭湖一带水泊东行至今龙潭湖，出左安门向东南方向经十里河、老君堂、马家湾、高力庄，在通州张家湾入北运河。该河河床均宽 31 米，底均宽 8 米，两岸及河底均为黄粘土筑成，坚固无比，在民间有"铜帮铁底运粮河"之称[29]，应当是一条重要的漕粮运河。综合以上描述可知：辽南京的漕运物资从蓟运河口登陆后，沿蓟运河西入洵河或北运河，从水陆两途运抵南京。萧太后河的出现，是历史上的北京城挖掘人工河道以沟通北运河的开端。

二、金代引水接济中都漕运的尝试

1153 年金海陵王迁都至中都后，城市格局、宫殿、苑囿具备了较大规模，保证其物资供应的漕运事业也翻开了新的篇章，如同前朝的长安、洛阳一样形成了专门的制度，被其后的元、明、清三代沿袭了数百年。

金代的赋税漕粮从淮河以北或辽东半岛而来，漕船到达天津地区以后，仍循潞河（今北运河）等到今北京通州。通州在金朝以前一直称潞县，海陵王天德三年（1151）升为通州，取"漕运通济之义"[30]，说明这里早已是金中都的漕运枢纽。漕运所承载的物资随着都城人口规模的扩大而增加，开凿一条连接中都与通州的运河，就成为解决漕运问题的关键。在海陵王和金世宗初年，中都和通州之间的漕运主要依靠今北京朝阳区境内的坝河。坝河西起城北部的德胜门附近，东至通州，是三国魏景元三年（262）开挖的一条高梁河的分支。金人设想把粮食从通州坝河运到中都城以北，再陆运到中都城内。但是，中都与通州之间相距约 50 里，地势的落差却有数十米，坡度很大的河床难以存留足够漕船航行的水量。金朝在上游的高梁河以及高梁河折而南下的白莲潭（今积水潭）设置闸门，在中都漕运时节开启高梁闸、堵闭白莲潭闸，使高梁河水全部东流进入坝河以便于行船。即使这样，每年多达几百万石的漕粮，仍然主要依靠陆路运抵中都。

金世宗大定十一年（1171），在大臣们的多次建议下，决定导引卢沟河水沟通中都漕运，"自金口导至京城北入濠，而东至通州之北，入潞水"[31]，这就是历史上著名的金口河。金口位于石景山北麓，今石景山发电厂处。金口河的具体走向为：自金口引永定河水东出，向东南经北辛安村南、古城北，转向东北经杨家庄南，又曲屈向东，经龚村南、田村南、老山北、梁公庵北，又东经铁家坟北、篱笆店南、甄家坟北、定慧寺南，东至今玉渊潭；再由玉渊潭往东，沿今月坛南街东行以后，在三里河东路以西转而向南，在白云观西北、木樨地东南入金中都北护城河。又从北护城河开渠达通州，大致经宣武门内受水河胡同、旧帘子胡同、人民大会堂南、历史博物馆南、台基厂三条、船板胡同、北京站南部等地，下沿今通惠河河道，东至通州。大定十二年（1172），这条漕渠仅费时 50 天即告完成，但开闸放水后，金口河"以地势高峻，水性浑浊。峻则奔流漩洄，啮岸善崩；浊则泥淖淤塞，积滓成浅"[32]，根本无法行船。此后，采纳平章政事、驸马元忠的建议，聘请熟悉水利、河道的人现场勘察、规划，反复试验多次，"役众数年"[33]，最终依然没有成功。每到雨季，卢沟河的洪水顺着金口河挟沙裹泥而下，对中都城构成了极大威胁。几次大险过后，金世宗虽念念不忘他的梦想，但还是派人迅速将金口堵塞废弃了。

迫于中都物资供应及政权稳定的需要，金朝并没有放弃自通州至中都开辟漕河的努力。此后尝试引玉泉山、瓮山泊（今昆明湖前身）泉水，从高梁河另开支渠注入河道补充水源，收到了一定成效。金章宗泰和年间，翰林院应奉韩玉建议：一、放弃利用金口河引卢沟水为漕河水源，改用高梁河、白莲潭（今积水潭）诸清水；二、在通州至中都的漕河中设置数座闸坝，以调节因河床坡度过陡而致使河中存水不足的问题。金章宗采纳了韩玉的建议，于泰和四年（1204）至五年间，实施了开凿闸河的工程[34]。在引高梁河、白莲潭水时，先行开通了从玉泉山、瓮山泊到紫竹院的河道，即今长河河道。侯仁之先生根据地势等因素判断，自昆明湖到紫竹院的长河河道为人工开凿，并且认为其开凿时间最早应该是金代修建太宁宫（今北海公园一带）时，后来开闸河时又加以疏浚利用[35]。正因为这时的高梁河有了瓮山泊湖水的接济，所以才有能力和白莲潭共同支持闸河通漕。

在这次开闸河工程中，从通州至中都城的漕河河道仍是利用金口河下段的旧河道，即自中都城的东北角（今西城区翠花胡同）脱离北护城河，然后至嘎哩胡同东北折，经旧帘子胡同、人民大会堂南段、历史博物馆南段、台基厂三条、同仁医院、北京火车站南及今通惠河故道，东至通州。金中都北护城河主要是依赖今玉渊潭水和今北京广安门外莲花池、莲花河（即古洗马沟）的来水，沿中都北城壕东流后，在今人民大会堂西侧与古高梁河（即所谓三海大河）交叉。高梁河水也就是在这里注入金口河东段故道，直至通州。

根据考古发现，金代闸河的西端，即在今旧帘子胡同、高碑胡同一带的河道，比原金口河道偏南 200 米左右，至今西交民巷北，且于距地表 5 米处发现了古码头的痕迹。在 5 米宽的沟中，发现六七百根东西走向、直径约 20 厘米的粗木桩，整齐均匀地排列成 8 行。尤其值得注意的是，木桩的顶端都在同一平面上，显然是为了在上面铺设木板，距此 20 米处也曾发现同样的木桩[36]。有学者推测这就是金代闸河的码头。因为它位于原金口河的南岸，从方位上看，该码头距金中都的东北隅不远，只能是为了使漕运的物资进出中都城方便。也就是说，金闸河的西端就在今北京西交民巷东口一带，从这里卸载货物进入金中都城东北隅的京仓也就顺理成章了[37]。这条运河的正式名称，即《金史·河渠志》中的通济河。又因为金朝为节制河中水量而设置了很多水闸，所以俗称闸河。闸河的设施虽然还不十分完备，但它为后世元、明、清时的主要运河——通惠河奠定了基础。

注释：

（1）《金史》卷五十六《百官志二》。

（2）宇文懋昭：《大金国志》卷四十《许奉使行程录》。

（3）《金史》卷八十四《张景仁传》。

（4）《金史》卷五十五《百官志一》。

（5）《金史》卷五十七《百官志三》。

（6）《金史》卷五十七《百官志三》。

（7）王曾：《上契丹事》。李焘：《续资治通鉴长编》卷七十九。

（8）沈括：《熙宁使虏图抄》，《永乐大典》卷一万八百七十七虏字下。

（9）《辽史》卷四十《地理志四·南京道》。

（10）《辽史》卷三十九《地理志三·中京道》。

（11）《宋史》卷四百四十一《路振传》。

（12）路振：《乘轺录》。上虞罗氏墨缘堂 1936 年石印本。

（13）贾敬颜：《五代宋元人边疆行记十三种疏证稿》，中华书局，2004 年版。

（14）路振：《乘轺录》。

（15）《辽史》卷三十七《地理志一》。

（16）沈括：《熙宁使虏图抄》。

（17）《新五代史》卷七十三《四夷附录》。

（18）沈括：《熙宁使虏图抄》。

（19）曾公亮：《武经总要》卷二十二《北蕃地理》。

（20）徐梦莘：《三朝北盟会编》卷二十《宣和乙巳奉使行程录》。

（21）《大金国志》卷四十《许奉使行程录》。

（22）《大金国志》卷四十《许奉使行程录》。

（23）尹钧科：《北京古代交通》，第 21 页。

（24）《大金国志校证》附录二《金虏图经》，《三朝北盟会编》卷二百四十四与此大致相同。

（25）《金史》卷二十七《河渠志》。

（26）于德源：《北京漕运和仓场》，同心出版社，2004 年版，第 65 页。

（27）《光绪顺天府志》卷三十八《河渠志三·水道三》，北京古籍出版社，1982 年版。

（28）震钧：《天咫偶闻》卷九，北京古籍出版社，1982 年版。

（29）陈瑞芳：《十里河》，世界知识出版社，2007 年版，第 517 页。

（30）于敏中等：《日下旧闻考》卷一百八《通州一》引《郡县释名》。

（31）《金史》卷二十七《河渠志》"卢沟河"。

（32）《金史》卷二十七《河渠志》"卢沟河"。

（33）《金史》卷二十七《河渠志》"漕渠"。

（34）《金史》卷一百一十《韩玉传》，卷二十七《河渠志》"漕渠"。

（35）侯仁之：《海淀附近的地形、水道与聚落》，《侯仁之文集》，北京大学出版社，1998 年版，第 117—124 页。

（36）《北京晚报》1985 年 3 月 24 日报道。

（37）于德源：《北京漕运和仓场》，第 82 页。

第六章　元代全国交通中心的确立

　　元代大都地区交通发展超越了以前的任何时期，这源于元代庞大开放的交通构架。元代的交通有赖于蒙元军事政治势力的发展，凡其兵锋所至，随置驿站，开拓道路，通畅运输，因此形成了大辐射、大沟通的交通构架。正因为有着军事与政治上的需求，元代的交通四通八达，设施配套、交流快捷。在元世祖忽必烈迁都大都之后，全国的政治中心也随之成为交通网络的中心。

　　元的统一结束了自五代宋辽金以来的分裂局面，伴随着蒙元势力的扩展，元朝疆域空前扩大，东西方的交流与往来也空前活跃，交通状况与之相辅相成、互相促进。在水路开发方面，元朝疏凿了新的运河干线，开通了近海漕运线。在陆路发展上，元朝建立了国内庞大的驿路系统。元朝发达的交通不仅体现在国内，在其军事势力极盛之时，东欧的多瑙河畔都设置驿站以通消息。中国的工匠随着蒙元军队出现在东欧与阿拉伯半岛以及波斯湾，西方的商团、教徒也纷纷漂洋过海或穿越亚欧大陆涌向大都，意大利人马可·波罗就是其中的典型。

第一节　元代交通管理机构

　　元代的交通建设始于对驿站的重视，窝阔台统治时就开始在各蒙古汗国之间以及和林与汉地设置驿站。1279 年元灭南宋，统一全国，随之划分行省。京城大都与各行省首府之间，各行省州县之间都有驿路相连，形成了全国范围的驿路交通网络。据《元史·兵志》：

　　　　元制站赤者，驿传之译名也。盖以通达边情，布宣号令，古人所谓置邮而传命，未有重于此者焉。凡站，陆则以马以牛，或以驴，或以车，而水则以舟。其给驿传玺书，谓之铺马圣旨。遇军务之急，则又以金字圆符为信，银字者次之；内则掌之天府，外则国人之为长官者主之。其官有驿令，有提领，又置脱脱禾孙于关会之地，以司辨诘，皆总之于通政院及中书兵部。而站户阙乏逃亡，则又以时签补，且加赈恤焉。于是四方往来之使，止则有馆舍，顿则有供帐，饥渴则有饮食，而梯航毕达，海宇会同，元之天下，视前代所以为极盛也。

中书省所辖腹里各路站赤，总计一百九十八处：陆站一百七十五处，马一万二千二百九十八匹，车一千六十九辆，牛一千九百八十二只，驴四千九百八头。水站二十一处，船九百五十只，马二百六十六匹，牛二百只，驴三百九十四头，羊五百口。牛站二处，牛三百六只，车六十辆。[1]

元代中书省直辖腹里地区管领今京津、山东、河北、山西一带，此外还有河南、岭北、辽阳、江浙、江西、湖广、陕西、四川、甘肃、云南等处行中书省，设置数量不等的水陆驿站，配备相应的马牛车船。宣政院管领青康藏地区驿站。元朝中央还与察合台、伊利、钦察和窝阔台四大汗国保持驿路联系。

负责管理全国驿站的机构涉及通政院与兵部。《元史·百官志》载：

通政院，秩从二品。国初，置驿以给使传，设脱脱禾孙以辨奸伪。至元七年，初立诸站都统领使司以总之，设官六员。十三年，改通政院。十四年，分置大都、上都两院；二十九年，又置江南分院；大德七年罢。至大元年，升正二品。四年罢，以其事归兵部。是年，两都仍置，止管达达站赤。延祐七年，复从二品，仍兼领汉人站赤。[2]

通政院与兵部负责驿站的正常运营，如果驿路设施被毁坏，两部门也要保证驿路通畅。

至元二十年七月中书省议得：各处驿路河道，若有山水泛溢冲断桥梁去处，仰所在官司预为计置船只，摆渡过往使臣客旅，毋致停滞。伺候水落，将所损桥梁依例搭盖。[3]

在庞大的驿站系统中，驿站馆舍的修造关涉工部。

> 大德十一年正月，中书省工部呈：都城所申大都里外诸处仓库、局院、百司公廨、会同馆驿并一切系官房舍，连年损坏，去失砖瓦木植等物，下年又行添补，虚费官钱，劳役军匠。盖是看守军官、头目人等不为用心，纵令诸人拴系牧放头匹，踏践损坏砖瓦木植，又有不畏公法之人通同暗递偷盗，合行禁治。本部参详，如准所拟，令看守军官人等常川巡禁，毋致损坏。当该官员得代之日，明白交割，倘有不完去处，验事轻重究治。[4]

元代的水路交通既有内河与近海漕运，也有国际海运。负责水路漕运的是都水监与河渠司，但都水监也负责道路的修治，当地官民则要协同都水监修整道路。《大元通制条格》载其条例：

> 至元七年九月，中书省近钦奉圣旨节该：都水监所管河渠、堤岸、道路、桥梁，每岁修理，钦此。照得九月间平治道路，合监督附近居民修理，十月一日修毕。其要路陷坏停水，阻碍行旅，不拘时月，量差本地分人夫修理。仍委按察司以时检察。
>
> 至元二十一年七月，钦奉圣旨条画内一款：津梁渠道路，仰当该官司常切修完，不致陷坏停水，阻碍宣使车马客旅经行。如违，仰提刑按察司究治。[5]

都水监与河渠司为水陆道路修整维护专门机构，修路架桥、疏浚河道，必然要征发民夫服役，这就需要当地百姓充当主力军。至正十三年，京津之地治理河防，以当地官员兼河防之职以领其事。"五月，己巳，命东安州、武清、大兴、宛平三县正官添给河防职名，从都水监官巡视浑河堤岸，或有损坏，即修理之"。[6]

第二节　以大都为中心的陆上交通

一、以大都为中心的驿路

元代陆上交通最突出的成绩是四通八达的驿路，大都既为国家政治中心，各地的驿路无不以其为中心汇集。通各行省的主干道按其方位可大致列为：

东北方向：从大都东行过通州，经蓟州通辽阳行省驿道。这条驿路有一条大道过鸭绿江通往朝鲜半岛，渡海可达日本，是一条国际通道。

蒙古方向：从大都北行经宣德通上都（开平）民用大道，从大都经缙山、望云通上都的海青道；从上都北行，由纳邻道直达和林，此道也是成吉思汗统一蒙古各部后以和林为政治中心而建成的大道。从和林经吉里吉斯、俄罗斯、马扎尔驿道可至钦察汗国，这是通钦察汗国道的北线。

河套方向：从大都出居庸关经大同通往河套地区，再西向通新疆伊州（哈密），取道天山北麓，通过察合台后王封地仰吉八里（今新疆玛纳斯西部）、阿里麻里（今新疆霍城北）可达钦察汗国，继续通行可达里海北岸的克里木半岛。这是通钦察汗国道的南线。取道天山南麓西行，跨越葱岭，通伊利汗国（今阿富汗、伊朗、伊拉克地区），此道名波斯道。波斯道与钦察道是东亚通中亚与西亚的重要干线，并有支线通南亚恒河流域的底里城，在中西交通史上，比汉唐的丝绸之路更具影响。

内地干线：一是与运河平行的驿道，从大都之东的通州出发，经天津、德州、徐州、扬州，向西联通江宁（今南京），向南过江通往苏杭、福州，与大运河和近海漕运线一起组成东部水陆交通网的骨架。另一路是出大都向西南经涿州，向西通往太原，向南通汴梁，进而联通中原、华南、西南、西北各地。

这些干线是大都联系各行省首府的主道，也是继承汉唐以来交通格局的新发展，后来又为明清时期沿用。

二、大都通上都路线

元代实行两都制，大都为国都，忽必烈即位的开平府（今内蒙古正蓝旗东北四十里闪电河北岸兆奈曼苏默上都故城）为上都。每年春季皇帝赴上都避暑，秋天再返回大都过冬，两都因此又分别有"夏都"与"冬都"之称。大都与上都之间的通道可以分为东、西两路，西路又可分三道支线。周伯琦《扈从诗前后序》（贾敬颜《五代宋金元人边疆行记十三种疏证稿》本）载：

> 两都相望，不满千里，往来者有四道焉。曰驿路，曰东路二，曰西路。东路二者，一由黑谷，一由古北口。古北口路，东道御史按行处也。予往年职馆阁，虽屡分署上京，但由驿路而已，黑

谷辇路未之前行也。因忝法曹，肃清毂下，遂得乘驿。

大都通上都路线的东路，由大都东北行，过顺州（今顺义）、檀州（今密云），出古北口后分成两道。东道支线由此向北，经今滦平县东北的兴州，再沿北偏西方向，过丰宁县的波罗诺、凤山、北头营，隆化县的郭家屯，围场县的南山咀、老窝、御道口，在此转而向西，经内蒙古多伦到达上都。这条路线，在清代行记里仍有清楚的记载[7]。东路的西道支线自古北口向西北沿潮河谷地北上，经今滦平县的六道河，丰宁县的窄岭、长阁、大阁镇、土城子，再向北或西北穿越丰宁县北部的山间沟谷，抵达多伦后转而西去，同样可到上都。中统二年（1261）十月，"诏平章政事塔察儿率军士万人，由古北口西便道赴行在所"；十一月，"分蒙古军为二，……讷怀从阿忽带出古北口，驻兴州"[8]。他们所走的路线，就是这条东路。次年闰九月，"立古北口驿"，"敕京师顺州至开平置六驿"[9]，旨在加强东路的交通建设。至元二十年（1283）十月，"车驾由古北口路至自上都"[10]，忽必烈所走的也是这条路线。

元代皇帝往返于大都与上都之间，更多选择西出居庸关的西路。从大都健德门（今北土城西路健德门桥附近）西北行，经今海淀区的双线、清河、唐家岭、玉河、双塔，昌平区的土城、辛店（元名"西辛店"，曾一度为昌平县治），到达南口附近的龙虎台，然后可出居庸关。如果出大都和义门（西直门），过高粱桥、海淀、东北旺，再向前则与唐家岭之路相接。龙虎台西距南口不远，清初顾炎武《昌平山水记》云：昌平旧县"又西十里为龙虎台，地势高平如台，广二里，袤三里。……元时车驾巡幸上都，往来皆驻跸其上"[11]。

走出四十里的居庸关险道之后，在居庸关北口不远的"岔道村"，西路分成向西与向东北的两支。向东北去的一路由岔道村经延庆县城东、大柏老、旧县（原缙山县治）、黑峪口、白河堡，转而向北进入河北省赤城县（元代称"云州"）境内，经南拨子、龙门所，东出长城后过塘子营、东万口、喜峰嵯等地，进入滦河源头地区，即可直趋上都。有时则从白河堡沿河谷北上，经赤城、云州、独石口等地奔赴上都。元代称这条路为"辇路"，因为在龙庆州（今延庆县）路段内经过了缙山、色泽岭、黑峪口等地，所以又有缙山道、色泽岭道、黑峪道之类的称谓。元世祖至元十八年（1281）闰八月，"敕守缙山道侍卫军还京师"[12]；次年七月，"发察罕脑儿军千人治缙山道"[13]。泰定三年（1326）七月，"发兵修野狐、色泽、桑乾三岭道"[14]。顺帝元统二年（1334）四月，"罢龙庆州黑峪道上胜火儿站"(15)；至元十四年（1354）五月，"诏修砌北巡所经色泽岭、黑石头河西沿山道路，创建龙门等处石桥"(16)。上述历史事实都与这条"辇路"相关，元仁宗甚至诞生在缙山县香水园（今延庆县东北上下花园村）这座御道行宫里。此外，在赤城县东部长城以外，沿途仍有官路房、马道口、大京门、小京门等聚落名称，它们也是显示这条重要官道的证据。

元顺帝时监察御史周伯琦扈从巡幸上都，东出西还，记载尤其详细。其作《扈从诗前后序》记载走东路到达上都的里程：

> 至正十二岁次壬辰四月，予由翰林直学士、兵部侍郎，拜监察御史。视事之第三日，实四月二十六日。大驾北巡上京，例当扈从。是日启行，至大口留信宿。历皇后店、皂角，至龙虎台，皆捺钵也。国语曰纳钵者，犹汉言宿顿所也。龙虎台在昌平县境，又名新店，距京师仅百里。五月一日，过居庸关而北，遂自东路至矍山。明日至车坊，在缙山县之东。缙山，……今名龙庆州者，仁庙降诞其地故也。……又明日入黑谷（又名黑峪口，今永宁城西北二十里），过色泽岭，其山高峻，曲折而上，凡十八盘而即平地。遂历龙门及黑石头（今赤城县一带），过黄土岭，至程子头，又过摩儿岭，至颉家营。历白答儿（今独石口），至沙岭。自车坊、黑谷至此，凡三百一十里。……遂历黑咀儿，至失八儿秃，其地多泥淖，以国语名，又名牛群头。……至察罕脑儿（今沽源县东北），云然者，犹汉言白海也。……其地有行在宫，……驻跸于是，秋必猎校焉。此去纳钵曰郑谷店、曰明暗驿、泥河儿、旧李陵台驿、双庙儿（今正蓝旗黑城子），遂至桓州，曰六十里店。……前至南坡店，去上京止一舍耳。以是月十九日抵上京。历纳钵凡十有八，为里七百五十有奇，为日二十四。

七月二十二日，周伯琦随元顺帝从上都返回大都：

> 发上都而南，是日宿六十里店纳钵。明日过桓州，至李陵台、双庙儿。又明日至明安驿、泥河儿。翌日至察罕脑儿。由此转西，至怀秃脑儿，有大海在捺钵后。怀秃脑儿，犹汉言后海也。曰平陀儿，曰石顶河儿，土人名为鸳鸯泺。……国语名其地曰遮里哈剌纳钵，犹汉言远望则黑也。……察罕脑儿至此有百余里，皆云需府境也。界是而西，则属兴和路矣。纳钵曰苦水河儿，曰回回

柴，国语名忽鲁秃，汉言有水洊也。隶属州保昌。曰忽察秃，犹
汉言有山羊处也。……又西二十里，则兴和路（今张北县）者，世
皇所创置也。岁北巡，东出西还，故置有司为供亿之所。……东界
则宣德府境，上都属郡也。府之西南名新城，武宗筑行宫其地，故
又名曰中都。……由兴和行三十里，过野狐岭，岭上为纳钵。……
前至得胜口，宣德，宣平县界也。……得胜口南至宣平县十五里，
小邑也。……又前至沙岭，……又五十里至顺宁府，……南过坳
儿岭（今宣化东南三十里鹞儿岭），……四十里至鸡鸣山，……又
南二十里，乃平地，曰雷家驿，京尹所治也。雷家驿之西北十里，
纳钵曰丰乐。丰乐二十里，阻车纳钵。又二十里至统幕，则与中
路驿程相合。而南历狼居胥山，至怀来县。……县南二里，纳钵
也。……南则榆林驿，……自怀来行五十里，至妫头。又十里入
居庸关，关南至昌平龙虎台。又南则皇后店、皂角、大口焉。遂
于八月十三日至京师。凡历纳钵二十有四，为里一千九十又五，
此辇路西还之所经也。

由"岔道村"分出的向西的一支，经榆林（在今延庆县西南隅）、
怀来（怀来旧城）、狼山（官厅水库西岸），到"土木"（怀来县沙城
镇东南）又分成向北与向西北的两条岔路。《析津志》："榆林西行至
统幕分二路：一路北行至上都，一路西行至雷家店。"向北的岔路经过
东西洪站（元代称为"洪赞"）、旧站堡，进入赤城县境后过大海坨、
雕鹗（元代作"刀窝"）、赤城、云州、独石口等地，然后直到上都。

由"土木"向西北的岔路，经沙城、新保安、鸡鸣驿、下花园、
响水铺、宣化（元顺宁府宣德县）、沙岭子、张家口，由此东北行或北
上取道万全、中都（今张北县）转至上都。这条路虽然偏远，但历史
悠久、路宽道平、最为畅通，元代称之为"御路"或"野狐岭道"，
野狐岭即位于万全县东北三十里。此外，这条路的南半段也是由大都
通往元旧都和林（在今蒙古国鄂尔浑河上游的哈尔和林）的必经之路。

元代王恽《开平纪行》，记载了他自大都前往上都的历程。中统二
年三月五日，王恽奉旨北上开平府。

　　五日丙寅未刻，丞相祃祃与同僚发自燕京。是夕，宿通玄北
郭（中都北郭中门）。……六日丁卯，午憩海店（今海淀镇），距
京城二十里。……是晚宿南口新店，距海店七十。戊辰卯刻，
入居庸关。……午憩姚家店（今关沟附近下姚家河）。是夜宿北口

军营，……距南口姚店三十里而远。己巳辰刻度八达岭，……出北口，午憩棒槌店，……午饭榆林驿。是夜宿怀来县，南距北口五十三里。……庚午泊统墓店（即土木堡），……是夜宿雷氏驿亭（今新保安镇）。地形转高，西望鸡鸣山，南眺桑干上流。……东南距怀来七十里而远。辛未午刻入宣德州，……是夜宿考工官刘氏第。……距雷氏驿九十里。癸酉，行六十里值雪，宿青麓。十三日甲戌，至定边城（张家口东北九十里静边城），憩焉，盖金所筑故城也。是夜宿黑崖子（今赤城县云州镇西北），距青麓九十里。十四日乙亥，抵榷场峪，盖金初南北互市之所也。是夜宿双城北十里小河之东南，距黑崖甸北一百有五里。十五日丙子，停午至察罕脑儿，时行宫在此。乱（涉）滦河而北，次东北土壤下。……二十三日甲申，次鞍子山南（今骆驼山），距滦河四十里。二十四日乙酉，次桓州故城。……二十六日丁亥，……距鞍子山二十有五里。二十七日戊子，次新桓州（今内蒙古正蓝旗四郎城）。……二十八日己丑，饭新桓州。未刻，扈从銮驾入开平府，盖圣上龙飞之地。……（八月）二十日庚戌，诣都堂辞诸相南归。二十一日辛亥辰刻由都西门出，是夜宿桓州。二十二日壬子，抵旧桓州。二十三日癸丑，前次牛群头（今独石口北石头城子），取直东南下崖岭，夜半宿山南农家。明日甲寅，宿云州张继先家。二十五日乙卯，自望云沿龙门河（即沽河）南行，入寒山峪（今赤城山）。遇大雨，息寒山递铺。午霁，渡泥涧，人马坠而下、挽而上，登靖边北岭。……二十六日丙辰，下十八骨了（今塞石岭）。行约两舍，抵田家止宿。二十七日丁巳，宿北口小店。明日逾灰岭（今昌平灰岭口），试桃花峪温汤。……是晚，宿新店。又二日，至燕。[17]

元定宗二年（1247），"蒙古呼必赉闻真定路经历官张德辉之贤，召至藩邸"。[18]张德辉撰《岭北纪行》述其经历，他从镇阳（今河北正定县）出发至燕京，然后北行至和林觐见忽必烈。所载里程大略为：

北过双塔堡、新店驿（又名龙虎台），入南口，度居庸关。出关之北口则西行，经榆林驿、雷家店，及于怀来县。……西过鸡鸣山之阳（今下花园），……循山之西而北，沿桑干河以上。河有石桥，由桥而西，乃德兴府（今涿鹿县）道也。北过一邸，曰定防。水经石梯子，至宣德州（今宣化市），复西北行过沙岭子口

（今张家口东南沙岭子镇），及宣平县驿（今张家口左卫镇西北十里宣平堡）。出得胜口（今万全），抵扼胡岭（即野狐岭，今张北县城南五十里）下，有驿曰字落。……由岭而上，则东北行，……寻过抚州（今张北县），惟荒城在焉。北入昌州（今内蒙古太仆寺旗西南九连城，又名黑城子）。……州之北行百余里，有故垒隐然，连亘山谷。垒南有小废城，问之居者，云此前朝所筑堡障也。城有戍者之所居。自堡障行四驿，始入沙陀（即大沙窝，今浑善达克沙漠东南）。……凡经六驿而出陀，复西行一驿，过鱼儿泊（今达里泊）。……自泊之西北行四驿，有长城颓址，望之绵延不尽，亦前朝所筑之外堡也。自外堡行一十五驿，抵一河，深广约什滹沱之三，北语云翕陆连（今克鲁伦河），汉言驴驹河也。……河之北有大山，曰窟速吾，汉言黑山也。……自黑山之阳西南行九驿，复临一河，……北语云浑独剌（今土拉河），汉言兔儿也。遵河而西，行一驿，有契丹所筑故城。……由故城西北行三驿，过比毕里纥都，乃弓匠积养之地。又经一驿，过大泽泊，……北语谓吾愞竭脑儿。自泊之南而西，分道入和林城，相去约百余里。……由（和林）川之西北行一驿，过马头山。……自马头山之阴转而复西南行，过忽兰赤斤。……至重九日，王帅麾下会于大牙帐。[19]

综上所述，所谓西路，是相对于古北口大道而言的。西路又有三个分岔：途经缙山、黑峪口、龙门所的辇路在东；途经榆林、土木、雕鹗、赤城、独石口的驿路居中；途经鸡鸣驿、宣化、张家口的御路偏西。由大都去上都时，三者在居庸关外陆续分离；由上都回大都时，它们则在居庸关外逐次合拢，从而沟通了两都之间的来往。

明末清初的史学家顾祖禹，在《读史方舆纪要》中说：

> 四海冶堡，［在永宁］县东百里。元时往来上都，恒取道于此。……嘉靖中，边臣许论言：四海冶上通开平大路，下连横岭，为三卫窥伺之地，宣府东路要防也[20]。

开平即上都；横岭在居庸关西南21公里，今怀来县东界、军都山西侧有"横岭乡"。四海冶故地即在今延庆县四海乡驻地"四海村"，因元代有冶铁业而得名。有关这条道路的详情缺乏其他史料记载，但从大比例尺地图上观察四海冶堡南北的山川形势，也能多少看出某些端倪。若从健德门出大都城，沿着去居庸关的大道至昌平县（元代昌平县城在今昌平西 8 里旧县村），向东北穿过十三陵老君堂口，经黑山寨至黄花城。若从安贞门（在北三环安贞桥北）出大都，则直奔小汤山，向北经兴寿、下庄，至黄花城。从黄花城向北出撞道口、二道关，即至四海冶。沿着今菜食河谷至小川，转为西北过白河，沿黑河河谷溯源而上，经东卯、巴图营子，即与缙山道相接了。这条路显然是大都与上都之间的捷径，但从未见元代车驾经行的记载，估计也许是专门用来传递紧急军情政令的特殊通道。

三、通州道与柳林海子道

海路与运河的漕运，是维系元大都城市发展的生命线。每年从江淮地区运至大都的粮食有二三百万石，由通惠河、坝河直接运抵大都的漕粮只是其中的一部分，还有不少要暂时储存在通州的十六座仓廒之内，再由陆路转输至大都城。在元世祖至元三十年（1293）通惠河开通之前，通州至大都之间的粮食转运线异常繁忙。《元史》形容通惠河开通前后的情形时说："先是，通州至大都，陆运官粮，岁若干万石。方秋霖雨，驴畜死者不可胜计，至是皆罢之。"[21] 这里对通惠河的作用不免过于夸大，实际上在郭守敬之后，泰定三年（1326）十月，曾经"发卒四千治通州道，给钞千六百锭"[22]；顺帝至元二年（1336）八月，"大都至通州霖雨，大水，敕军人修道"[23]。可见，元代始终非常重视这条道路的修治和保护，陆路运输依然是漕粮进京的方式之一。

位于潞州的柳林海子，在辽代是延芳淀的一部分。辽代设立潞阴县，元代升为潞州，至明代又降为潞县，今通州张家湾凉水河以南地域，包括天津市武清区西北部，就是潞州的辖境。辽代这里有方圆数百里的巨大湖泊"延芳淀"，每年春末皇帝带领达官显贵来此游猎，以训练有素的猛禽海东青捉拿淀中栖息的天鹅和野鸭。由于腐草沉淀和泥沙淤积，这片湖泊到元代已缩减离析为若干块水面，成为蒙古族皇帝打猎游玩的"飞放泊"，主要有南辛庄飞放泊、栲栳垡飞放泊、马家庄飞放泊、柳林海子和作为数个小湖泊之一的"延芳淀"。《元史》记载：世祖至元十八年（1281）正月，"车驾幸潞州"[24]；次年二月，"车驾幸柳林"[25]。至大元年（1308）七月，"筑呼鹰台于潞州泽中，发军千五百人助其役"[26]。元代在柳林海子建立了大型的行宫，至治三年（1323）五月初十日，"大风，雨雹，拔柳林海子行宫内外大木二千七百"[27]。顺帝至元三年（1337）正月，"帝猎于柳林，凡三十五日"[28]。从上述情况推断，由柳林海子到大都城之间，必定有一条重要的通道，文宗至顺三年（1332）七月，也确曾"调军士修柳林海子桥道"[29]。柳林海子大致在今通州区牛堡屯镇的柳营村附近，北距通州城约 7 公里，所以，由大都至柳林海子行宫估计不走通州道，而是可能出文明门（在崇文门北）或丽正门（在正阳门北）直奔东南。

第三节　大都地区的水路交通

一、坝河的漕运通道

元初可供依赖的漕运通道，仍然是金代曾经用过的坝河，但"坝河"之名却始于元代。元代在河中修建了七座滚水坝，以保持较多的水量便于漕船行驶，这条河因此被称为"坝河"。据《元史·河渠志一》和宋本《都水监事记》的记载，这七座滚水坝自通州至大都，依次为深沟坝、王村坝、郑村坝、西阳坝、郭村坝、常庆坝、千斯坝。《元史》记载："至元十六年（1279），开坝河，设坝夫户八千三百七十有七，车户五千七十，出车三百九十辆；船户九百五十，出船一百九十艘"[30]。坝河内的运粮船分设在通州以西 7 坝中的 6 坝，平均每坝有船 30 只，分段将漕粮从通州北运到大都光熙门（今朝阳区北三环东路光熙门）。《析津志》记述："光熙门与漕坝（即坝河）千斯坝相接。当运漕岁储之时，其人夫纲运者，入粮于坝内，龙王堂前唱筹。"[31]扛夫每扛一定数量的粮食由船卸岸，就可得到一块"筹"即竹片或木片，完工后在码头的龙王堂前凭此领取报酬。

坝河中的漕船遇到滚水坝，必须逐一"倒搬"才能通过。自通州向西每过一坝，都需要扛夫把粮食卸下，再搬到此坝西面等待运粮的空船上面。逐坝递运，最终抵达大都东北隅的光熙门，需要大量的人力物力。据《元史·王思诚传》的记载统计，坝河常设坝夫 800 余名（按每 10 户出一人计算）、马车近 400 辆、船近 200 只。元世祖至元二十五年（1288）规定，坝河倒坝人夫（即坝夫），由于每年只在漕粮入仓季节才有事可做，决定"拟合实役月日，每名月支米三斗、盐半斤"[32]。对负责出仓、入仓时在粮仓与码头之间运输的马车夫，也应有这样的开支。

为解决坝河水量不足的问题，中统年间郭守敬曾引玉泉水入坝河。大都建成后，玉泉水被引入大内专供皇城使用，坝河随之又陷入经常淤浅的境地。

二、沟通大都与通州的通惠河

大都的粮赋供给几乎全部仰仗江南，《元史·食货志》记载，元朝一年征粮多达一千二百余万石，漕粮运输非常繁重。元初着力开辟南北大运河并发展海运，但只能运抵通州。通州至大都城的坝河水量较小，远远不能满足漕运所需。陆路运输耗费巨大，年运费高达六万缗，每每因下雨泥泞、道路不平而使"驴畜死者不可胜记"。面对通州到大都城的漕运问题，我国历史上著名的科学家，在天文、历法、水利等多个领域都有杰出贡献的郭守敬适逢其会。

早在中统三年（1262），经刘秉忠推荐，元世祖忽必烈于开平（今内蒙古多伦西北）召见郭守敬，采纳了他提出的兴建大都城以及重新规划、沟通北运河等多种设想。至元十三年（1276）七月，"以杨村（今天津武清）至浮鸡泊漕渠迥远，改从孙家务。八月己巳，穿武清蒙村（今武清大孟村）漕渠"[33]；"至元二十四年正月戊辰，以修筑柳林河堤南军三千，浚河西务（今武清河西务）漕渠"[34]；"至元二十六年五月庚辰，发武卫亲军千人浚河西务至通州漕渠"[35]。这些基本上都是在实施郭守敬的规划。至元二十六年，南北大运河的山东段济州渠和会通河疏浚完工；二十八年，从山东临清沿着旧御河（隋时永济渠）故道北至大都地区的内河漕运也全部疏浚，陡然增加了从通州到大都城下的运输压力。

郭守敬在调查大都地区地理环境和水资源的基础上，向元世祖提出：

> 大都运粮河，不用一亩泉旧源，别引北山白浮泉（今北京昌平白浮村北）水，西折西南，经瓮山泊（今颐和园昆明湖），自西水门（今北京西直门北）入城，环汇于积水潭，复东折而南，出南水门（今前门与崇文门之间以北），合入旧运粮河（即金中都闸河）。每十里置一闸，比至通州，凡为闸七。距闸里许，上重置斗门（即闸门），互为提阏，以过舟止水。[36]

郭守敬的规划旨在解决漕运的水源问题，恢复并改进了金中都闸河。至元二十九年春动工，元世祖令"丞相以下皆亲操畚锸"参加开工典礼。第二年秋，工程告成。昌平白浮泉水汇聚温榆河上源诸脉泉流一路西行，从上游绕过沙河、清河谷地，循西山山麓转而东南，沿途收集清泉聚入瓮山泊。然后，从瓮山泊进入长河、高梁河，至和义门（今西直门）水关进大都城，汇入积水潭内。接着，从积水潭出万宁桥（今地安门北，俗称后门桥），沿皇城东墙外南下出丽正门（今正阳门北）东水关，转而东南至文明门（今崇文门北）外，与金朝时开凿的闸河故道相接，流至通州高丽庄、李二寺河口，全长 164 里。这项伟大的水利工程，将大运河的终点延伸到大都城内的积水潭，元世祖为这条新水道赐名"通惠河"。郭守敬摒弃了金代的滚水坝，从文明门到通州，在通惠河之上修建了 10 组共 20 座水闸。每十里设闸一组，每组上下两闸，相距一里。上行漕船驶进下闸后，下闸关闭以节水，上闸开启以蓄水。两闸之间水涨船高，构成了技术上遥遥领先于世界的梯级航道，漕船经过递相提升，直达新的漕运码头积水潭，使这片水域呈现出"舳舻蔽水"的盛况。

借助于通惠河，全国各地的物资源源不断地从水上"漂"来，造就了大都的繁华。积水潭沿岸客商云集，遍布货栈商肆。海子东岸至钟楼南北，有米市、面市、缎子市、皮帽市、"穷汉市"（劳力市场）、鹅鸭市、珠子市、柴炭市、铁器市等店铺。各类官方机构、楼堂馆所、豪门苑囿在积水潭周边兴起，附近及通惠河沿岸建起了千斯仓、万斯北仓、万斯南仓、丰闰仓、广衍仓、顺济仓、万亿库等粮仓。体现各种信仰的寺庙纷纷出现，其中的马祖庙充分表达了海上与大运河之上从事漕运的人们对平安的期盼。

元朝每年输运大都的漕粮在三四百万石以上，漕运行业的管理非常特殊而严格。除了从中央到地方的漕运管理机构外，船队都由军人负责。运粮军人俱系江北、两淮调拨的汉军及新附军人，各有管军千户、总把、百户等武官管领、押运。所雇运粮船只的船户，也有派往各船的押纲官员（每 30 船为一纲）押运。由于地位特殊，漕运船队常有仗势欺人之举。如有客船想从粮船两边经过，稍稍碰撞了粮船故意伸出的脚板，或者"桅篷高低、牵绳长短、误相牵挽"，漕船军人、船户就借此为由毒打、抢劫客船。漕船军人、船户还动辄登岸向两岸居住的村庄、店家"取要酒食，强打猪鸡，殴打百姓，滋扰百端"。元朝为此特别立法：今后再有运粮军人、船户的非法行径，"除将散军、船户对证是实……痛行断罪外，将押运正官取勒约束不严，招伏断罪"。这条禁令于至元三十一年（1294）十月由中书省制定后，颁布于江淮都漕运使司及漕河两岸各漕运分司严格执行[37]。

三、重开金口河的成败得失

为解决大都建设中运输粮食、木材、石料等物资的问题，至元二年（1265）郭守敬提出：

金时自燕京之西麻峪村分引卢沟一支，东流穿西山而出，是谓金口。其水自金口以东、燕京以北，溉田若干顷，其利不可胜计。兵兴以来，典守者惧有所失，因以大石塞之。今若按视故迹，使水得通流，上可以致西山之利，下可以广京畿之漕。[38]

设想通过重开金朝曾经废弃的金口河，引卢沟水运送西山的木材和石料并接济漕运。郭守敬吸取了金代的教训，先在麻峪与金口（今石景山发电厂院内）之间的西岸开一个减水口，"西南还大河，令其深广，以防涨水突入之患"[39]。这就是说，一旦遇到河水暴涨，就迫使浑河水沿着这条减水河向西南流，回归浑河下游故道。做了这样的准备后，郭守敬才开挖金口河渠道，从而规避了洪水对大都的威胁。元世祖采纳了郭守敬的建议，至元三年（1266）十二月下令"凿金口，导卢沟水以漕西山木石"[40]，以供应大都所需的建筑材料。

但是，地形上西北高、东南低的高屋建瓴之势以及泥沙含量的增加，使卢沟已有"浑河"之称，由它引出的金口河也存在着夏秋季节决口的隐患。至元九年（1272）五月发生了严重的水灾：

> 五月二十五日、二十六日，大都大雨流潦，弥漫居民，室屋倾圮，溺压人口，流没财物、粮粟甚众。通玄门（金中都正北门）外，金口（河）黄浪如屋，新建桥虎及各门旧桥五六座，一时摧败，如拉朽漂枯，长楣巨栋，不知所之。里间者艾莫不惊异，以谓自居燕以来未省有此水也[41]。

元大都建成后，漕运西山木石的任务不再紧迫。文宗大德二年（1298）浑河再次泛滥，冲毁大都西南地区百姓庐舍禾稼，都水监为了防止洪水顺势沿金口河冲击大都新、旧二城，下令把金口闸门关闭。到了大德五年，鉴于汛期浑河的浩大水势以及洪水漫溢的危险，时任知太史院事的郭守敬下令将亲自规划的金口河堵塞，将金口闸以西至浑河岸边麻峪村的河道用砂石杂土全部填平，彻底消除了金口河对下游尤其是元大都的威胁。

元朝后期通惠河疏于养护和疏浚，渠道破败淤塞，水源减少，沿河闸口多有毁坏，城市生活对物资的需求仍在增长，陆续有人建议重开金口河。文宗至顺元年（1331），行都水监郭道寿认为，"金口引水过京城至通州，其利无穷"[42]。顺帝至正二年（1342），中书参议孛罗帖木儿、都水监傅佐建议重开金口河，中书右丞相脱脱也极力推许，他们奏称："如今有皇帝洪福里，将河依旧河身开挑呵，其利极好有。

西山所出烧煤、木植、大灰等物，并递来江南诸物，海运至大都呵，好生得济有"[43]。这时希望运输的西山物资种类更多，大都城内用煤"每至九月间买牛装车，往西山窑里头载取煤炭，往来于此，……或以驴马负荆筐入市。冬月，则冰坚水涸，车牛直抵窑前"，"日发煤数百"[44]，如能水运也可获利其多。中书左丞许有壬等反对无效，至正二年（1342）正月至四月重新开挖了金口河，称为"金口新河"。

金口新河与郭守敬的金口河有所不同：引水地点由麻峪上溯到三家店浑河出山口分水再入金口；在金口安置了坚固的铜质闸板以确保安全；深挖开挑金口旧河，多水汇合处开挖水塘以调节水量；在金中都旧城的北城壕增加两座节制水量的闸门。"将此水挑至大都南五门（按：当为"午门"，大都南城门的正门）前第二桥，东南至董村、高丽庄、李二寺、运粮河口"[45]。今人结合考古资料推断：在人民大会堂西南的国家大剧院工地所发现的金口河遗址中，其第 5 沉积层即为元末金口新河沉积，河道较元初稍向北移，宽约 40 米。《析津志》称金口新河"东南至董村、高丽庄、李二寺"，而董村在今通州区北、萧太后河南部，高丽庄即今通州大高力庄、萧太后河北岸。所以，金口新河应当经过今人民大会堂西南侧以及元大都丽正门前第二桥后，东南经今东城区三里河，下接萧太后河。肖太后河在张家湾汇入运河[46]。

金口新河虽然比较重视以工程技术措施节制水流，但忽略了浑河坡降显著、水流过速的隐患。完工之后，脱脱命许有壬到金口率夫役开闸放水，不料浑河水汹涌而下：

> 水至所挑河道，波涨潏汹，冲崩堤岸。居民彷徨，官为失措。漫注支岸，卒不可过。势如建瓴，河道浮土壅塞，深浅停滩不一，难于舟楫。其居民近于河者，几不可容[47]。

随后只好放下闸板关闭金口，但惨重的祸患已经形成，再加上施工期间祸及大批民居、商肆、坟墓，"夫丁死伤甚众"，致使朝野怨声载道。御史弹劾建议开挑金口的责任者，朝廷只好把孛罗帖木儿和傅佐斩首以平民愤。金口河的罢废，意味着以卢沟水接济漕运的失败，缺水又多沙的运河对国都经济来源的保障变得越来越吃力。

第四节　大都城内的街巷与交通

元大都是依据全新规划建设起来的一座规模宏大、布局严整的都城，整齐划一的街道，开放式的坊里，是城市最突出的特色。由此奠定了明清北京城的基本格局，在中国城市规划与建设史上写下了浓墨重彩的一笔。

《析津志》载：元大都"大街二十四步阔，小街十二步阔。三百八十四火巷，二十九衖通"[48]。这些大街小巷经纬分明，南北和东西各有9条大街。在南北向大街的东西两侧，称为"火巷"或"胡同"的街道基本平行排列。"火巷"是源于防火通道的街巷，"衖通"应是连接若干条街巷的更宽一些的通道。元大都各坊在城内顺序排列，坊门之上署有坊名。《日下旧闻考》引《析津志》云："坊名，元五十，以大衍之数成之，名皆切近，乃翰林学士虞集伯生所立。"[49]但是，据今人考证，元大都设立诸坊之时，后来在元朝文名甚盛的虞集还是一个十四岁的少年而且并未在大都生活，绝不可能是各坊的命名者[50]。此外，元大都有五十坊之说，也与《元一统志》所载四十九坊不符。我们的研究证明，元大都最初设立的坊只有"四十九"而不是"五十"个。《析津志》所谓"以大衍之数成之"的立意原本不错，但它的作者熊梦祥恰恰忽略了《周易·系辞上》"大衍之数五十，其用四十有九"的后半句，以致此后数百年间的多种论著相沿成习、一误再误，不是从未逐一查考诸坊的数量，就是怀疑《元一统志》漏载一坊，惟独不去核对与理解《周易》这部经典的原文[51]。

南北向与东西向纵横交叉的街道，方方正正的各坊，造就了元大都建筑布局与街道整齐划一的特色。马可波罗在其游记中描述"汗八里城"即元大都：

> 此城之广袤，说如下方：周围有二十四哩，其形正方，由是每方各有六哩。环以土墙，墙根厚十步，然愈高愈削，墙头仅厚三步，遍筑女墙。女墙色白，墙高十步。全城有十二门，……街道甚直，以此端可见彼端，盖其布置，使此门可由街道远望彼门也。

冯承钧译本《马可波罗行纪》注释此段引用的"剌木学本第二卷第七章"称：

> 各大街两旁，皆有种种商店屋舍。全城中划地为方形，划线整齐，建筑房舍。每方足以建筑大屋，连同庭院园圃而有余。以方地赐各部落首领，每首领各有其赐地。方地周围皆是美丽道路，

行人由斯往来。全城地面规划有如棋盘，其美善之极，未可言宣。⁽⁵²⁾

大都城内各个地方通过南北向或东西向的大小街道彼此沟通，以全新规划带来了交通的便捷。

大都城整齐宽阔的街道和多样的市集，为经济繁荣提供了条件。元人黄仲文《大都赋》描述了大都坊市林立、街巷交错、商贸繁忙的热闹景象：

> 论其市廛，则通衢交错，列巷纷纭。大可以容百蹄，小可以方百轮。街东之望街西，骖而见，骤而闻。城南之走城北，去而晨，归而昏。华区锦市，聚万国之珍异；歌棚舞榭，选九州之秾芬。……奴隶杂处而无辨，王侯并驱而不分。……若乃城阓之外，则文明为舳舻之津，丽正为衣冠之海。顺承为南商之薮，平则为西贾之派。天生地产，鬼宝神爱，人造物化，山奇海怪，不求而自至，不集而自萃。是以吾都之人，家无虚丁，巷无浪辈。计赢于毫毛，运意于莛倍。一日之间，一阛之内，重毂数百，交凑阛阓，初不计乎人之肩与驴之背。⁽⁵³⁾

大都宽阔的街巷成了人群熙熙攘攘、南北货物集散的繁华之地，城门是各类人员和货物进出的必经之路：文明门有南来的运河漕船入城，丽正门聚集了社会各个阶层的人士，顺承门是南来的商人落脚之地，平则门是西来的商贾通过的路径。车马交错、财货云集，正是大都水陆交通极为发达的反映。

注释：

（1）《元史》卷一百一《兵志四》。

（2）《元史》卷八十八《百官志四》。

（3）《大元通制条格》卷三十《营缮造作》"驿路船渡"。

（4）《大元通制条格》卷三十《营缮造作》"官舍"。

（5）《大元通制条格》卷三十《营缮造作》"堤渠桥道"。

（6）毕沅：《续资治通鉴》卷二百十一，元至正十三年五月条。

（7）余宷：《塞程别纪》，《小方壶斋舆地丛钞》第二帙，杭州古籍书店1985年影印上海著易堂光绪十七年排印本。

（8）《元史》卷四《世祖本纪一》。

（9）《元史》卷五《世祖本纪二》。

（10）《元史》卷十二《世祖本纪九》。

（11）顾炎武：《昌平山水记》卷上，北京古籍出版社，1980年版。

（12）《元史》卷十一《世祖本纪八》。

（13）《元史》卷十二《世祖本纪九》。

（14）《元史》卷三十《泰定帝本纪二》。

（15）《元史》卷三十八《顺帝本纪一》。

（16）《元史》卷四十三《顺帝本纪六》。

（17）贾敬颜：《五代宋金元人边疆行记十三种疏证稿》，中华书局，2004年版。

（18）毕沅：《续资治通鉴》卷一百七十二，宋淳祐七年十二月条。

（19）贾敬颜：《五代宋金元人边疆行记十三种疏证稿》，中华书局，2004年版。

（20）顾祖禹：《读史方舆纪要》卷十七《直隶八》永宁县"四海冶堡"条。

（21）《元史》卷一百六十四《郭守敬传》。

（22）《元史》卷三十《泰定帝本纪二》。

（23）《元史》卷三十九《顺帝本纪二》。

（24）《元史》卷十一《世祖本纪八》。

（25）《元史》卷十二《世祖本纪九》。

（26）《元史》卷二十二《武宗本纪一》。

（27）《元史》卷二十八《英宗本纪二》。

（28）《元史》卷三十九《顺帝本纪二》。

（29）《元史》卷三十六《文宗本纪五》。

（30）《元史》卷一百八十三《王思诚传》。

（31）于敏中等：《日下旧闻考》卷八十八引《析津志》。

（32）《大元通制条格》卷十三《禄令·工粮则例》。

（33）《元史》卷九《世祖纪六》。

（34）《元史》卷十四《世祖纪十一》。

（35）《元史》卷十五《世祖纪十二》。

（36）《元史》卷一百六十四《郭守敬传》。

（37）《大元海运记》卷上，《罗雪堂先生全集》第三编第十六册，台湾文华出版公司，1960年版。

（38）《元史》卷一百六十四《郭守敬传》。

（39）《元文类》卷五十《知太史院事郭公行状》。

（40）《元史》卷六《世祖纪三》。

（41）魏初：《青崖集》卷四《奏议》。

（42）《元史》卷六十六《河渠志三》"金口河"。

（43）《析津志辑佚》"宛平县·古迹·金口"。

（44）《析津志辑佚》"风俗"。

（45）《析津志辑佚》"宛平县·古迹·金口"。

（46）于德源：《北京漕运和仓场》，第117页。

（47）《析津志辑佚》"宛平县·古迹·金口"。

（48）于敏中等：《日下旧闻考》卷三十八引熊梦祥《析津志》。

（49）于敏中等：《日下旧闻考》卷三十八引熊梦祥《析津志》。

（50）王岗：《〈析津志辑佚〉校勘记略》，《首都博物馆国庆四十周年文集》，中国民间文艺出版社，1989 年版。

（51）孙冬虎：《北京地名发展史》，北京燕山出版社，2010 年版，第 99、100、112 页。

（52）冯承钧译：《马可波罗行纪》，上海书店出版社，2001 年版，第 210、213 页。

（53）沈榜：《宛署杂记》卷十七《民风一》。

第七章　明代北京交通系统的构建

洪武元年八月初二（1368 年 9 月 14 日），大将军徐达统帅的明军占领了元大都。这座城市失去国都地位不久，改称北平府。三十多年后，镇守北平的燕王朱棣通过"靖难之役"夺取皇位，永乐年间把国都从南京迁到他的"龙兴之地"并改称北京。尽管此后北京几度作为"行在"，但总体上维持了国家政治中心的地位，作为全国水陆交通中心的网络系统随之构建起来。

第一节　明代交通管理机构的设置

自明成祖迁都后，北京再度成为全国的水陆交通中心，对全国交通网络的控遏作用更加突出。在此前后，朝廷制定了覆盖全国的交通管理制度，设置了各级管理机构。

明初承元末动乱，交通运输系统破败不堪。海运陷于停顿，南北大运河已经淤塞，邮驿也停废无用。为维持国家运转，明朝逐渐恢复并发展了元代开辟的交通线路。一方面疏浚运河，在沿岸修筑与运河平行的南北大道，渐次形成了以运河交通为中轴的全国交通网。另一方面是建立完整的邮驿系统，由水马驿、急递铺、递运所等构成。朱元璋建立明朝之后，立即颁行了一套邮驿制度：

> 置各处水马站及递运所、急递铺，凡六站六十里或八十里，专在递送使客、飞报军务、转运军需等物。应用马、驴、舡、车、人夫，必因地里量宜设置。如冲要处，或设马八十匹、六十匹、三十匹。其余非冲要亦系经行道路，或设马二十匹、十匹、五匹，

驴亦如之。马有上、中、下三等，验民田粮出备，大率上马一匹粮一百石，中马八十石，下马六十石。如一户粮数不及百石者，许众户合粮，并为一夫。视使事缓急，给上、中、下马。每驿有供帐使者，日给廪米五升，过者三升，设官一人掌之。水驿，如使客通行正路，或设舡二十只、十五只、十只，其分行偏路亦设舡七只、五只，舡以绘饰之。每舡水夫十人，于民粮五石之上、十石之下者充之，不足者众户合粮，并为一夫，余如马站之例。递运所置舡，俱饰以红。如六百料者每舡水夫十三人，五百料者十二人，四百料者十一人，三百料者十人，皆选民粮五石以下者充之。陆递运所，如大车一辆载米十石者，夫三人、牛三头、布袋十条。小车一辆载米三石者，夫一人、牛一头。每夫一人出牛一头，选民粮十五石者充之。如不足者，众户合粮，并为一夫。急递铺，凡十里设一铺，每铺设铺司一人。铺兵，要路十人，僻路或五人、或四人，于附近民有丁力田粮一石五斗之上、二石之下者充之，必少壮正身。每铺设十二时日晷，以验时刻。铺门置绰楔一座，常明灯烛一副，簿历二本。铺兵各置夹板一副，铃攀一副，缨枪一把，棍一条，回历一本。递送公文，依古法，一昼夜通一百刻，每三刻行一铺，昼夜行三百里。凡遇公文至铺，随即递送，无分昼夜，鸣铃走递。前铺闻铃，铺司预先出铺交收，随即于封皮格眼内填写时刻、该递铺兵姓名，速令铺兵用袱及夹板裹系，持小回历一本，急递至前铺交收，于回历上附写到铺时刻，毋致迷失停滞。若公文不即递送，因而失误事机及拆动损坏者，罪如律。各州县于司吏内选充铺长一人，巡视提督。每月官置文簿一本，给各铺附写所递公文时刻、件数，官稽考之。其无印信文字，并不许入递。[1]

这项制度颁行于洪武元年正月，徐达率军占领元大都则是半年之后的事情。但是，在这之后，朱元璋无疑要将其推行到洪武元年八月以后的北平府，以保持制度的统一性与延续性。明代水马驿相当于元代的站赤，为官员出行、使者往来提供住宿，二者有许多相同之处，体现了历史的继承性。地方设驿站，北京与南京则有会同馆。递运所运送各种物资，急递铺专供传递军事等紧急公文。

明代掌管交通事宜的部门有兵部、都水司及各级地方机关。兵部车驾司掌邮驿系统：

车驾掌卤簿、仪仗、禁卫、驿传、厩牧之事。[2]

　　递运所，大使一人，副使一人，掌运递粮物。洪武九年始置。先是，在外多以卫所戍守军士传送军囚，太祖以其有妨练习守御，乃命兵部增置各处递运所，以便递送。设大使、副使各一人，验夫多寡，设百夫长以领之。[3]

道路、桥梁的修筑与河防维护，则由都水司总理：

　　都水典川泽、陂池、桥道、舟车、织造、券契、量衡之事。水利曰转漕，曰灌田。岁储其金石、竹木、卷埽，以时修其闸坝、洪浅、堰圩、堤防，谨蓄洩以备旱潦，无使坏田庐、坟隧、禾稼。舟楫、砲碾者不得与灌田争利，灌田者不得与转漕争利。凡诸水要会，遣京朝官专理，以督有司。役民必以农隙，不能至农隙，则倍功成之。凡道路、津梁，时其葺治。有巡幸及大丧、大礼，则修除而较比之。[4]

　　除了专门的交通管理机构，地方州县也要协同这些部门调发民夫，以助道路、沟渠、桥梁等工程的营缮。

第二节　以北京为中心的陆路系统

一、北京通往各地的驿路主干线

　　明代北京地区的陆路交通基本继承了元代的规模。明朝在东北设奴儿干都司，其余地区设十三个布政使司，使司下设州县。各级地方机构都有驿路联系，而各使司首府都有交通干道通达北京，明代黄汴撰《一统路程图记》八卷备述其详。

　　北京在东北方的交通主干线是通往辽阳与奴儿干都司的大道，这条大道直达黑龙江的奴儿干都司（庙街）。北京往北的交通干线是通宣化坝上高原，或西去大同及河套以外之地，或通漠北。往东南的交通干线与大运河并行，从北京经天津下行山东、徐州，由此分道，一道往扬州、杭州，通福建；一道往安徽凤阳、合肥至南京；亦可自合肥往江西通广州。通广州的道路，是明代贯穿南北的主干线。往南的干线有从北京经真定、卫辉、汝宁、长沙至广西的大道，从卫辉往襄阳、荆州、辰州可达贵州、云南的大道；往西南的干线也经卫辉，再西去潼关、平凉，继续向南经凤翔、汉中可入四川。

除了通南京以及奴儿干都司和各使司的交通干线，北京也有通往九边军事重地的驿路，这些交通主干线与各种支线、间道、便道一起，组成了以北京为中心的交通网。

二、北京通周边军事要地的道路

元朝的残余势力尽管退归漠北，但对北京仍然构成了严重的军事威胁。北京与周边地区各个关口之间的道路，因此变得极为重要。

> 元人北归，屡谋兴复。永乐迁都北平，三面近塞。正统以后，故患日多。故终明之世，边防甚重。东起鸭绿，西抵嘉峪，绵亘万里，分地守御。初设辽东、宣府、大同、延绥四镇，继设宁夏、甘肃、蓟州三镇，而太原总兵治偏头，三边制府驻固原，亦称二镇，是为九边。[5]

明朝边境自西至东，绵延数千里，关隘重重，"自永平、蓟州、密云迤西二千余里，关隘百二十有九，皆置戍守"[6]。对明朝北边以及首都北京而言，防御任务最重的军镇关口，分布于西起大同、东至蓟州之间的太行山、燕山、军都山山脉之中。从明太祖开始，这些重要关口就置军戍守。

> （洪武六年）于紫荆关及芦花岭设千户所守御。又诏山西都卫于雁门关、太和岭并武、朔诸山谷间，凡七十三隘，俱设戍兵。九年，敕燕山前、后等十一卫，分兵守古北口、居庸关、喜峰口、松亭关烽堠百九十六处，参用南北军士。十五年，又于北平都司所辖关隘二百，以各卫卒守戍。[7]

明成祖初以燕王身份驻守北平，防御北边。永乐年间迁都后，这些距离北京不远的险关要隘对于拱卫国都的重要性更是不言而喻。随着以北京城为中心的军事防御系统的建立，也形成了各军镇关口及其与北京之间的军事交通网络。

经居庸关通宣府的道路，是北京通往西北的干道。明成祖于永乐八年、十二年两次出征蒙古，随同出征的金幼孜《北征录》及《北征后录》，记载了朱棣出征的行程，沿途地点串联起来就使这条路线清晰可见。为使行文简洁，这里仅节略《北征录》的部分相关文字。它所记载的永乐八年出征路线为：

> 永乐八年二月初十日，上亲征北虏。是日，师出北京。驾出德胜门，幼孜与光大胡公由安定门出。晚次清河。十一日早，发清河。晚次沙河。十二日早，寒，发沙河，午次龙虎台。十三日早，发龙虎台，度居庸关，晚次永安甸。十四日早，发永安甸。午后次怀来。十五日早，发怀来，午次镇安驿。十六日早，发镇安驿，午次鸡鸣山。十七日，发鸡鸣山，午次泥河。十八日发泥河，午次宣府。十九日，驻跸宣府。二十一日，发宣府，晚至宣平。二十四日早，发宣平，次万全。二十五日，发万全。行数里，至城下。过城北，入德胜口。二十六日，驻跸兴和。
>
> 三月初七日早，发兴和。行数里，过封王陀，今名凤凰山。午次鸣銮戍。初八日，驻跸鸣銮戍。初十日早，发鸣銮戍，驻营凌霄峰。十一日，驻跸凌霄峰北。十六日五鼓，发凌霄峰。驾发由东路，幼孜三人向西路。幼孜与光大，由哨马路迷入橐驰山谷中。山重叠，顶皆石，山下有泉水一沟甚清，饮马其上。十七日早，由山间望东南行逾数十里。午至锦水碛，见上。十八日，驻跸锦水碛。十九日早，发锦水碛。午次环琼圃。二十日，驻跸环琼圃，午次压虏川。二十一日，驻跸压虏川。二十二日早，发压虏川，午次金刚阜。二十五日早，发金刚阜，午次小甘泉。二十六日，发小甘泉，午次大甘泉。二十八日，移营于大甘泉北十里屯驻。二十九日早，发大甘泉北，午次清水源。三十日，驻跸清水源。
>
> 四月初五日午，发清水源，晚至屯云谷。初六日早，发屯云谷，午次玉雪冈。初七日，发玉雪冈，午次玄石坡。初八日早，发玄石坡，午次鸣毂镇。初九日早，发鸣毂镇，晚至归化甸。十二日早，发归化甸，由山谷中行，午至杨林戍。十六日早，发杨林戍，午次禽胡山。十七日午，次香泉戍。十八日早，发香泉戍，午后至广武镇。十九日，发广武镇，晚次高平陆。二十日，发高平陆，午次怀远塞。二十一日早，发怀远塞，午次捷胜冈。二十二日早，发捷胜冈，午次清冷泊。二十三日午，发清冷泊，晚至双秀峰。二十四日早，发双秀峰，逾时至威虏镇。二十五日，午后发威虏镇，晚至紫霞峰。二十六日早，发紫霞峰，晚至玄云谷。二十七日早，发玄云谷，午次古梵场。二十八日早，发古梵场，晚至长清塞。三十日早，发长清塞，至顺安镇。

五月初一日早，发顺安镇。驻营河上，地名曰平漠镇。初二日，驻跸平漠镇，赐食御庖鲜鱼。初三日，发平漠镇。由此顺胪朐河东行，午至祥云巘。初四日晨，发祥云巘，午次苍山峡。初五日，发苍山峡，午次云台戍。初六日，发云台戍，午次锦屏山。初七日，发锦屏山，午次玉华峰。初八日，发玉华峰。胡骑都指挥款台获虏一人至，知虏在兀古儿扎河。晚遂度饮马河下营。初九日，上以轻骑逐虏，人各赍粮二十日。其余军士，令清远侯帅领驻札河上。二十二日，分军由饮马河先回。上以骑兵追逐余虏，东行，步行者俱不得从。晚次威远戍。二十三日午，发威远戍，晚至广安镇。二十四日，发广安镇，由此循饮马河南东北行，午次蟠龙山。二十五日，发蟠龙山，雨意未止，晚次临清镇。二十六日，午后离饮马河，取便道入山中，晚次定边镇。二十七日，发定边镇，午食后渡河，暮至双清源。二十八日，发双清源，晚次平山甸。二十九日，发平山甸，晚次盘流戍。

六月初一日早，发盘流戍，晚次凝翠冈。初二日，发凝翠冈，午经阔滦海子，晚次玉带河。初三日，发玉带河，次雄武镇。初四日，发雄武镇，晚次清胡原。初五日，发清胡原，晚次澄清河。初六日发澄清河，夜至青杨戍。初七日，发青杨戍，晚次苍松峡。初八日，发苍松峡，渡泥河数次。晚，度黑松林。次飞云墼。初九日，发飞云墼。行二十余里，凡度数山。度一大山，见虏出没于山谷中。上已驻兵于静虏镇，遣传令都指挥王贵来收兵。初十日早，发静虏镇，命诸将皆由东行。晚次驻跸峰。十一日，上先将精骑穷追虏溃散者。午始行入山谷中，渐见虏弃辎重。晚次长秀川，而辎重弥望。十二日，发长秀川，随川东南行，虏弃牛羊狗马满山谷。暮次回曲津。十三日，发回曲津，午次广漠戍。十四日，发广漠戍，晚次蔚蓝山。十五日，发蔚蓝山，晚次宁武镇。十六日，发宁武镇，晚次紫云谷。十七日，发紫云谷，晚次玉润山。十八日，发玉润山，晚次紫微冈。十九日，发紫微冈，晚次青阳岭。二十日，发青阳岭，晚次清华原。二十一日，发清华原，晚次淳化镇。二十二日早，发淳化镇，渡河。晚次秀水溪。二十三日，发秀水溪，晚次峡中。二十四日，发淙流峡，晚次锦云峰。二十五日，发锦云峰，晚次永宁戍。二十六日，发永宁戍，晚次长乐镇。二十七日，发长乐镇，晚次通川甸，即应昌东二海子间。二十八日，发通川甸，晚次金沙苑。二十九日，发金沙苑，晚次玻璃谷。三十日，发玻璃谷，晚次威信戍。

七月初一日，发威信戍，午次武平镇。初二日，发武平镇，晚次开平。初四日午，发开平，晚次环州。初五日，发环州。晚次李陵台，今名威虏驿。连渡数河，晚次宁安驿。初七日，发宁安驿，经元西凉亭故址，晚次盘谷镇。初八日，发盘谷镇，由是入山峡中，晚次独石。初九日，发独石，晚次龙门。初十日，发龙门，次燕然关。十一日，发燕然关，次长安岭，至此方出险。十二日，发长安岭，次镇安驿。十三日，发镇安驿，次怀来。十四日，发怀来，次永安甸，上召赐瓜果。十五日，发永安甸，度居庸关，晚次龙虎台。十六日，发龙虎台，晚次清河。十七日，驾入北京。[8]

《北征后录》所记路线与《北征录》大致相当。明成祖两次北征的路线，与元代从大都至上都开平府的路线相差不大。

从北京南过良乡，经易州出紫荆关，是通往军事重镇大同府的一条要道。正统七年，宦官王振鼓动明英宗亲征瓦剌，出居庸关经宣府、阳和至大同。"及帝亲征，西宁侯宋瑛、驸马都尉井源为前锋，遇敌阳和"[9]，英宗所行的一段路线与成祖北征路线相合，但是从大同返回北京时，"振初议道紫荆关，由蔚州邀帝幸其第。既恐蹂乡稼，复改道宣府。军士纡回奔走，壬戌始次土木。瓦剌兵追至，师大溃。帝蒙尘，振乃为乱兵所杀"。[10]从大同经蔚州入紫荆关再经易州，本是返回北京较为近便的路线。但是，王振擅作主张，由蔚州折向北，于是导致了土木堡之变。也先俘虏英宗后，先返回大同，然后再挟持英宗，"破紫荆关直入，窥京师"[11]，一时京城人心惶惶。

居庸关、紫荆关、古北口等关口，是蒙古侵入时经常选择的孔道。在明中后期，蒙古诸部落也多次抄小道入侵北京，嘉靖帝时情况尤为严重。《明史·丁汝夔传》记载：

当是时，俺答岁寇边，羽书叠至。天子方斋居西内，厌兵事，而大学士严嵩窃权，边帅率以贿进，疆事大坏。其明年（引者按：嘉靖二十九年）八月甲子，俺答犯宣府，诸将拒之不得入。汝夔即上言："寇不得志于宣府，必东趋辽、蓟。请敕诸将严为备。潮河川乃陵京门户，宜调辽东一军赴白马关，保定一军赴古北口。"从之。寇果引而东，驻大兴州，去古北口百七十里。大同总兵官仇鸾知之，率所部驰至居庸南。顺天巡抚王汝孝驻蓟州，误听谍者谓寇向西北。汝夔信之，请令鸾还大同勿东，诏俟后报。及兴

州报至，命笃壁居庸，汝孝守蓟州。未几，寇循潮河川南下至古
北口，薄关城。总兵官罗希韩、卢钺不能却，汝孝师大溃。寇遂
由石匣营达密云，转掠怀柔，围顺义城。闻保定兵驻城内，乃解
而南至通州。阻白河不得渡，驻河东孤山，分剽昌平、三河，犯
诸帝陵，杀掠不可胜纪。京师戒严，召各镇勤王。[12]

俺答由北向东，再转至南，寻觅可侵入的关口，几乎无孔不入，
北京周边均被寇抄。

三、北京通往明皇陵的大道

明成祖在营建北京城之时，就在昌平天寿山开始修筑皇家陵园。
自永乐以后诸帝每年都要前往皇陵祭祀，从北京至昌平天寿山的大道
因此成为皇家丧葬谒陵的御路。昌平为京城北门，具有重要的军事防
御功能，这条道路也随之带有军事色彩。通皇陵的大道出德胜门到清
河，经沙河直至陵区。永乐年间在这段路途的中点沙河店修建行宫，
正统年间毁于沙河洪水。嘉靖十六年（1537）三月，礼部尚书严嵩
建议：

> 沙河为圣驾展祀陵寝之路，南北道里适均。我文皇肇建山陵
> 之日，即建行宫于兹，正统时为水所坏。今遗址尚存，诚宜修复
> 而不容缓者。且居庸、白洋近在西北，若鼎建行宫于中，环以城
> 池，设官戍守，宁独车驾驻跸为便，而封守慎固，南护神京，北
> 卫陵寝，东可以蔽密云之冲，西可以扼居庸之险，联络控制，居
> 然增一北门重镇矣。[13]

嘉靖帝采纳了严嵩的建议，第二年即在沙河店以东动工修建行宫，
到嘉靖十九年（1540）正月筑城垣，命名为巩华城。

皇陵御路的畅通无阻，还有赖于沿途的桥梁建设。早在永乐十四
年（1416），清河镇南的清河上已修建了一座三孔拱形石桥，称为广济
桥，俗称清河桥。此外，在沙河店南北两面，有南沙河与北沙河分别
流过，二者在该村以东汇流成温榆河，从而截断了沙河店南北的陆上
交通。鉴于原有的便桥不能牢固持久，正统十三年（1448）九月开始，
在工部右侍郎王永寿主持下，南北沙河上修建了安济、朝宗两座花岗
岩石桥。朝宗桥略成拱形，分七孔，全长约 130 米，宽 13.3 米，中高
7.5 米，安济桥的形制和规模与此相仿。

四、自北京南通中原的道路

明代自京城南去的道路，除了出正阳门和永定门去皇家园囿南海子的御路之外，最重要的是太行山东麓的南北大道。这条道路在先秦时期已具雏形，此后一直是幽州以及辽南京、金中都、元大都连接中原的主要通道，今天的京广铁路一线就是它的延续和发展。明代这条大道的位置与前代并无不同，出北京西南经卢沟桥、良乡、琉璃河、涿州南下的一段，交通却变得最为繁忙。良乡县令樊巍《良乡行》写道："车马常百计，夫皂不可量。……迎送已劳苦，需索尤难当。……寄语四方游宦客，选官切莫选良乡"[14]。为便于皇帝出行，嘉靖十八年（1539）在良乡以南的琉璃河修建了行宫。

第三节　北京地区的水路运输

元末的战乱使北京地区曾经非常发达的水上运输陷于衰败，运河因管理不善，河道淤塞荒废，至明初已不复使用。《明史》称：

> 大通河者，元郭守敬所凿。由大通桥东下，抵通州高丽庄，与白河合，至直沽，会卫河入海，长百六十里有奇。十里一闸，蓄水济运，名曰通惠。又以白河、榆河、浑河合流，亦名潞河。洪武中渐废。[15]

永乐年间迁都北京后，仍需要从东南运送大批物资以供应宫廷、衙署、军队的庞大开销，恢复北京城水运的需求日甚一日。"明成祖肇建北京，转漕东南，水陆兼挽，仍元人之旧，参用海运。逮会通河开，海陆并罢。南极江口，北尽大通桥，运道三千余里"。[16]这就是说，明成祖迁都后，为满足京城开销和军事需求，先是利用元代的旧河道漕运，并兼用海运。但是，海运风险很大，于是又费尽心力疏通旧运河河道，才使得江南的贡赋源源不断地供应北京。

明代的水路运输名目繁多，有河槽、湖漕、闸漕、海漕，还根据地段、水道的不同而命名为浙漕、江漕，北京水路运输最依赖的是大通河和白漕、卫漕。大通河即元代的通惠河，自通州至北京大通桥之间的运道。白漕是直沽（今天津）至通州间的运道，卫漕是利用南北流的卫水开通的由临清至直沽的运道。

综而计之，自昌平神山泉诸水，汇贯都城，过大通桥，东至通州入白河者，大通河也。自通州而南至直沽，会卫河入海者，白河也。自临清而北至直沽，会白河入海者，卫水也。[17]

这几条水道，对于维持北京的漕运最为关键。

明代的大通河基本利用元朝通惠河的河道。元朝通惠河自文明门（今崇文门北）西侧的水关入城，沿今南、北河沿大街一线通往积水潭终点码头。明朝的皇城将元朝的皇城东墙向东移了近 200 米，使原来从积水潭往东南穿过东城的通惠河段被圈入皇城之内，漕船不能再从城内穿行，只得停泊在东便门外大通桥下。因此，明代的通惠河又叫大通河。

吴仲主持的开浚通惠河工程，在明代整治北京漕运通道的诸多措施中效果最明显。嘉靖七年（1528）三月正式动工，历时不到 5 个月完成。为解决大通河的水源，吴仲采取的措施是：

> 寻元人故迹，以凿以疏，导神山、马眼二泉，决榆、沙二河之脉，会一亩诸泉而为七里泊（今昆明湖），东贯都城，由大通桥下直至通州高丽庄与白河通，凡一百六十四里，为闸十有四[18]。

通过广收北山、西山诸水，截引沙河、温榆河，保证了充足的水源。吴仲修复的通惠河，除漕船不能进入积水潭而改泊大通桥下外，其他方面基本恢复了元朝旧观。船闸的设置采用分段以驳船递运的方法，减省了闸座。在通惠河上共有庆丰闸、平津上闸、平津下闸、普济闸、通流闸 5 座；在上游又增加了青龙闸、史庄闸、广源闸、白石闸、高梁闸 5 座，其作用就是防止诸水旁流，使水量更加集中注入通惠河以壮大水势。

明代的通惠河经常受到水源不足的制约。鉴于漕运对北京城的决定性作用，朝廷非常重视大力整修通州以南的潞河（北运河）河道，漕船从天津经河西务继续北上到通州一直较为畅通，由此带动了通州运河码头的兴盛。通州南面不远的张家湾是第一大天然水港，潞河和浑河（今永定河）交汇于此，水面辽阔，便于船只停泊。嘉靖年间的蒋一葵称："张家湾为潞河下流，南北水陆要会也。自潞河南至长店四十里，水势环曲。官船客舫，漕运舟航，骈集于此。弦唱相闻，最称繁盛。"[19]但是，水源的缺乏与泥沙的淤积，历来是运河面临的天然威胁，再加上明朝后期的时局动荡与国势衰落，这条水上运输通道的再度破败终究不可避免地到来了。

注释：

（1）《明太祖实录》卷二十九，洪武元年正月庚子。

（2）《明史》卷七十二《职官志一》。

（3）《明史》卷七十二《职官志四》。

（4）《明史》卷七十二《职官志一》。

（5）《明史》卷九十一《兵志三》。

（6）《明史》卷九十一《兵志三》。

（7）《明史》卷九十一《兵志三》。

（8）金幼孜：《北征录》，国家图书馆编《古籍珍本游记丛刊》，线装书局，2003 年版。

（9）《明史》卷三百四《王振传》。

（10）《明史》卷三百四《王振传》。

（11）《明史》卷一百七十《于谦传》。

（12）《明史》卷二百四《丁汝夔传》。

（13）《明世宗实录》卷一百九十八，嘉靖十六年三月丁未。

（14）蒋一葵：《长安客话》卷五《畿辅杂记》"良乡行"条。

（15）《明史》卷八十六《河渠志四》。

（16）《明史》卷八十六《河渠志四》。

（17）《明史》卷八十五《河渠志三》。

（18）《通惠河志》水部郎中汪一中序。

（19）蒋一葵：《长安客话》卷六"潞河"条。

第八章　清代传统交通的继续发展

清代是我国漫长的封建社会的终结，晚清又遭逢数千年未有的社会大变局。旧传统的延续与新事物的兴起，波及了国家政治经济生活的各个领域。清代北京的交通运输，在机构设置、路线布局、交通类型、交通工具等方面，同样体现出这样的特征。本章研究北京地区晚清之前以人力、畜力以及某些自然力为动力的传统交通状况。从交通设施、动力来源等生产力因素的前后承继关系考虑，晚清以铁路、邮政、轮船等为代表的近代交通，将与民国时期的北京交通放在一起讨论。

第一节　交通运输管理机构的设置

清代涉及交通事务管理的机构，与明代一样分散在若干个部门。毫无疑问，它们并非专为北京一地所设，北京地区的事务也只是它们管理职能的一部分。尽管如此，由于北京是这些管理机构的所在地，相关制度的实施应当更具典型性，因此，有必要根据光绪年间编辑的《清会典》、《清会典事例》以及民国年间纂修的《清史稿》等文献，对这些机构的状况做一简要叙述。

清末铁路通行之前，北京以粮食为主的物资供应，在很大程度上依赖京杭大运河这条经济的生命线。掌管漕粮储存与北运河运粮事务的户部仓场衙门，由所辖坐粮厅下属的各科分掌维护北运河河道、验收漕粮以及由通州到京城的水陆转运事务；另有大通桥监督，掌管经过通州石坝的船运以及经过大通桥的车运[1]，依靠这些车船完成漕粮进京的任务。

在掌管军事的兵部所属机构中，车驾清吏司负责全国的马政及传递文书事务，下设驿传科、脚力科、马政科、马档房、递送科等单位[2]。马匹是重要的交通工具和动力，驿站是交通线上的必备设施，二者对于交通发展意义重大。清代各地旗营、绿营的马匹都有固定的数额以及牧放之地，马厂、驼厂的设置一般在内蒙古等地区，但北京东部通州、顺义等地也有一些专供朝廷养马和骆驼的地方，它们作为牧养之地的传统至少可以上溯到明代。朝廷掌管牧马事务的太仆寺，设在今天的北京西城区太仆寺街。每当皇帝出巡，太仆寺卿与少卿要随扈管理车驾马驼等事，但太仆寺管辖的牧厂设在塞外的内蒙地方，与北京地区关系不大。与此相比，具有悠久传统的驿站的设置，对清代北京交通的作用更为明显。为了传递文书，清代按各地路程的远近与地形特点，分设驿、站、塘、台、所、铺等：各省腹地及盛京所设为"驿"，军报所设为"站"，甘肃安西所设为"军塘"，西北两路所设为"台"；内地各省旧设递运所，后裁并归"驿"；各省腹地厅州县皆设"铺司"，由京城至各省者又叫"京塘"[3]。两地之间经行的路线与驿站、递铺的位置，既有对前代习惯的继承，也有根据具体情况开辟的新路线、选定的新站点。这些驿站、递铺负责预备相应路段的人马、车船与经费，办理递送文书及其他相关事务。此外，会同馆管理京师驿传事务，因其设在京城而称为"皇华驿"。

整修道路与河渠，制造船只、车辆等各项器物，是"掌天下造作之政令与其经费"的工部的职责[4]，其中很多内容与交通有关。工部下属的虞衡清吏司，掌管各项器物的制造，其中的官车处负责管理运送物品工料的车马。都水清吏司掌管江海河渠修防工程及造船事务，分设都吏、河防、桥道、织造等科[5]。京师街道桥梁及河道沟渠的修治，内城由步军统领衙门、外城由街道衙门上报工部奏请处理。涉及沟渠的问题，还要会同职掌京师五城河道沟渠之事的值年河道沟渠处一起勘估。此外，工部还有督理街道衙门，负责随时平垫修治街巷道路，批复城市居民修造房屋的呈报，颁发兴修执照并监督他们不得骑沟碍道，这些事务中的一部分与交通有关。

由工部制造库生产的车驾、仪仗，由于使用者及其规格的不同而名称有别。皇帝的车驾仪仗称作"卤簿"，由銮仪卫掌管，根据祭祀、朝会、出巡等不同用途，分为"大驾"、"法驾"、"銮驾"、"骑驾"四种。皇太后、皇后以至嫔妃所用的车驾，有"仪驾"、"仪仗"、"彩仗"等名目[6]。虽然某些组成部分如"玉辇"、"玉辂"等在形式与功能上也属于交通工具的范畴，但它们的核心在于显示帝王权力的至高

115

无上，是封建时代礼制的象征，并不具备普遍的社会意义，因此这里不予详细论列。

传统的管理机构在清末发生了变革，与交通关系最密切的是光绪三十三年（1907）六月新设的邮传部。在此之前，船政、招商局归北洋大臣管辖，内地商船隶于工部，邮政属于总税务司，路政、电政另派大臣管理。邮传部设立后，把上述职能全部纳入管辖范围。下设承政厅、参议厅、船政司、路政司、电政司、邮政司、庶务司。此外设立了铁路管理传习所、交通传习所等。宣统三年时，邮传部所属包括邮政总局、铁路总局、电政总局、电话局、交通银行、北京银行等机构，与传统的管理模式已大不相同。

第二节　陆路交通的延续与开辟

重要的交通线路一经开辟出来，在历史上通常具有很强的连续性。河流、山脉等自然地理因素的制约，人们对于从甲地到乙地之间经行路线的习惯性认同，是强化这种连续性的两个主要因素。在古代生产力发展比较缓慢的条件下，对旧有交通干线的延续远远多于全新道路的开辟。次一级道路的增加、对桥梁和部分路段的整修维护以及驿站递铺的建设，在晚清之前的交通发展中占有主要地位。

一、旧有干道依然举足轻重

上古时期开辟的太行山东麓大道、由北京出山海关进入东北的大道、从北京向西北出居庸关到内蒙古高原的大道，到清代仍然是北京联系周边地区的陆上交通干线。这些交通干线与此前已有的次一级道路，共同构成了从北京通往周边地区的交通网络。乾隆二十八年五月辛巳（1763 年 7 月 5 日），直隶总督方观承奏疏中说：

> 直属自大兴、宛平，东至通州、三河、蓟州、丰润、玉田、抚宁一路；西至良乡、房山、易州、涿州一路；西南至定兴、安肃、清苑、满城、完县、望都一路；东南至新城、雄县、任邱、高阳、河间、献县、交河、阜城一路；运河大道武清、天津、大城、静海、青县、吴桥一路，共三十二州县。叠道应加夯硪、沟渠应添桥座者，以次修理。[7]

除了面向正北和西北的陆上通道之外，这里显示了北京周边主要交通线的分布格局，乾隆年间的系统修治也表明了它们的重要程度。有些道路的起讫与沿途所经村镇城邑，在关于皇帝巡行的连续记载中可见一斑。

《清世祖实录》记载的顺治八年四至五月皇帝对内蒙古高原的巡行，只是这类行程中的一次而已，但可看出部分交通线的端倪。

> （顺治八年四月）乙卯，上出安定门行猎。是日，驻跸沙河。丙辰，上驻跸昌平州。丁巳，上驻跸榆林。戊午，上驻跸土木驿。己未，上驻跸雕窝堡。……辛酉，上驻跸赤城。……壬戌，上驻跸独石口。……癸亥，上驻跸俄伦土鲁。……甲子，上驻跸上都。丁卯，上驻跸塔尔虎。……己巳，上驻跸俄尔峒。辛未，上回銮。次上都河。壬申，上驻跸俄尔峒河……[8]。
>
> 五月，丁丑朔，上驻跸谟护里伊扎里河。……己卯，上驻跸土尔根伊扎里河。辛巳，上驻跸库尔奇勒河。……甲申，上驻跸上都河。乙酉，上驻跸西喇塔喇。……丁亥，上驻跸喀喇城。戊子，上驻跸多伦岭。……己丑，上驻跸古北口。庚寅，上驻跸桑园村。辛卯，上驻跸密云县。……壬辰，上驻跸孙河。……癸巳，上还宫。[9]

顺治帝这次出巡经行的路线，涉及居庸关与古北口两条大道。顺治八年四月初九出北京安定门行猎，当天停留在沙河（今北京昌平沙河镇），初十到达昌平州（今北京昌平）。十一日由昌平向西北，从南口进入关沟，先后穿过地势险要的居庸关、八达岭，到达榆林（今北京延庆县西南 12.6 公里榆林堡），此地自元代以来就是著名的驿站，现在处于延庆县与河北怀来县分界线的东侧。十二日到达土木驿（今河北怀来县东南 7.5 公里土木），也就是明代发生"土木之变"的地方。由此向西北，经鸡鸣驿、宣化、张家口一线，是通往内蒙古高原的主要交通干线。但是，顺治皇帝所走的是此前与之并存的另一条路线，从土木堡向北经杏林堡（怀来县东北 18 公里）转向东北，进入赤城县境内。十三日到达雕窝堡（今赤城县南 21 公里雕鹗）。隔了一天，沿着白河谷地北上，十五、十六日先后驻跸赤城（今赤城县）、独石口（今赤城县北 45 公里）。此后进入今河北沽源县境，十七日到达俄伦土鲁（应在今沽源县城附近）。随后沿着闪电河谷地平坦的牧场继续北上，十八日到达上都（今内蒙古正蓝旗东北五一牧场）。随后就在这一带草原地区活动，二十五日回銮，先后驻跸上都河（内蒙古多伦以北

10 公里）等地。五月初五到达库尔奇勒河（小滦河，实际即小滦河东岸的御道口），由此转南沿着小滦河—兴州河谷地前行，十一日到达喀喇城（今河北滦平县），由此向西南，十二日到多伦岭（可能即今滦平西南 20 公里火斗山）。十三日驻跸长城线上的古北口，此后每日一站，经过桑园村（北京今密云县东北 34 公里桑园）、密云县、孙河（今北京东直门外 14 公里朝阳区孙河），十七日还宫，结束了此次从居庸关大道出发、经古北口大道回归的巡行。作为由北京向西北通往内蒙古高原、向北连接塞外的干线，这两条大道在清代仍然延续了以往的功能。

此后，康熙十一年（1672）正月十四，太皇太后将到赤城汤泉疗养，康熙帝"谕工部侍郎觉罗查哈喇、佟弘器，动支帑银，前往修理道路"。二十四日启行，出德胜门，驻跸昌平巩华城；二十五日到达南口；二十六日过八达岭，康熙帝"自山麓下马，扶太皇太后辇。太皇太后念上步行劳苦，谕乘马。上奏曰：此处道险，必扶御辇，于心始安。至坦道始乘马"。当日驻跸岔道（今延庆八达岭以西岔道城）。二十七日，"上恐怀来城东浮桥不固，亲驰视验，方请太皇太后辇行"，驻跸怀来卫（今河北怀来县沙城镇东南旧怀来城，已没入官厅水库）。二十九日，到达新井堡（估计在今怀来沙城镇东北 18 公里杏林堡一带）。二月初一，"过长安岭（杏林堡东北约 4 公里长安岭村以北的山岭），上自山麓下马，扶太皇太后辇步行，至坦道始乘马。驻跸东山庙（今赤城县西南 28 公里大海陀）。"初二，驻跸兴仁堡（今赤城县东南 4 公里兴仁堡）。初三，"太皇太后至汤泉宫（今赤城县西 7 公里汤泉村）。上诣太皇太后行宫问安，驻跸头堡（赤城县西 10 公里头堡子）"。十四日开始，康熙帝相继移跸赤城、新井堡、岔道，二十七日回京[10]。这次行程的大部分与顺治帝巡行的路线相同。康熙三十五年（1696）皇帝亲征噶尔丹，二月三十，大军出京后驻跸沙河，三月初一到南口，随后经榆林（今延庆榆林堡）、怀来、雕鹗堡、赤城县、毛儿峪（今赤城以北 25 公里猫峪）、独石口、博洛和屯（今内蒙古黑城子）一线西进[11]。这一段也是顺治帝当年走过的路线，诸如此类的记载还有很多。

太行山东麓大道自先秦时期就是从西南方向进入北京的干道，在华北平原河湖广布的古代环境条件下，它的交通意义更加突出。清代依然延续着已有的格局，朝廷多次布置整修这条交通线。雍正七年正月癸酉（1729 年 2 月 25 日）谕工部：

　　　　平治道路，王政所先。是以《周礼》有野庐合方之职，自四畿达之天下，掌其修治。俾车马所至，咸荡平坦易。行李辐辏，津梁通达，无雨水阻滞之累。迩年以来，广宁门外已修石道，其至通州运粮之路亦修整高洁，往来行人颇为便利。今直隶至江南大道，车轮马迹践压岁久，致通衢竟成沟堑。两旁之土，高出如岸。一遇雨水之时，众流汇归，积潦难退。行旅每苦泥泞，或至守候时日。朕心深为轸念。但此通行大道已久成洼下，势难培筑增高。而大道之旁高阜甚多，平治亦殊不易。若于大道相近之处另开一道，工力似属易施。其间或有地形断续之处应修建桥梁，或有沟塍淤积之处应疏浚水道，或所开之途有借用民间田地者，应补给价值并除钱粮。或绕行之路有远隔村庄旅舍者，应引归故道、使有顿宿。是非熟于相度地势、历练道途之人不能详察妥当，特派工部侍郎法保、副都统韩光基、原任护军统领喀尔吉善、二等侍卫特库四员，于今年夏秋之交，自京师起程，由良乡至宿迁大道一路踏勘。将如何另开新道之处详悉议定，估计工费，绘图呈览[12]。

所谓"由良乡至宿迁大道"，其北段当与今京广线北段一致，大致为东西向的中段应从直隶正定到山东德州或从直隶保定到沧州，再转而向南经过山东济南、江苏徐州至宿迁。这条交通干线的状况，正应了"百年的大道走成河"的民间俗语。长期碾压导致路面地势低洼、破损严重，雍正帝因此才派员踏勘，并提出在大道相近之处另辟新路的设想，要求对修建桥梁、疏浚水道、占用民田予以补偿并免除相关人员的赋役，道路的选线应便于沿途有村庄旅舍歇息。整修道路的过程虽然不得其详，但从数年之后强调道路保护的谕旨中可以看出，这项计划确实取得了很大进展。雍正十一年六月庚午（1733 年 7 月 31 日）谕内阁：

京师至江南数千余里，行旅络绎。朕于雍正七年特遣大臣官员前往督率地方官，成梁除道，不惜帑金，功成迅速。又令道旁种树，以为行人憩息之所。复降旨交与该地方官，随时留心保护。近闻官吏怠忽，日渐废弛。低洼之地每多积水，桥梁亦渐坏陷，车辆难行。道旁所种柳树残缺未补，且有附近兵民斫伐为薪者。此皆有司漫不经心，而大吏不稽查训诫之故也。著传谕该督抚等转饬有司，仍前整理。或遇雨水泥潦，随损随修，不得迟缓。其应行补种柳树之处按时补种，并令文武官弁禁约兵民，毋许任意戕害。倘有不遵，将官弁题参议处，兵民从重治罪[13]。

雍正七年整修过的道路和桥梁，不足四年之后再度损毁或塌陷；沿途种植的行道树或残缺不全，或被士兵及百姓砍做烧柴。雍正帝重申整治道路桥梁，严厉惩处破坏行为，从侧面显示了这条道路在清代的重要程度。

在太行山东麓大道的最北段，即从卢沟桥转向东北进入北京广宁门的道路，在清代受到了格外重视。卢沟桥扼守着这条交通干线的咽喉，康熙、乾隆等皇帝多次取道卢沟桥，向南、西南、东南视察京畿河防或巡游山东、江浙等地，其繁忙程度就是整条道路的缩影。清初文华殿大学士冯溥《芦沟桥行》描写道：

> 芦沟之桥走百货，柴车阻塞断人过。前车脱轭扶牛立，后车挨帮骑马坐。须臾十车五车横，千车百车不肯行。日中相望愁日暮，九衢遥瞩徒峥嵘。豪贵驰来鞭挞厉，回辕让路开复闭。念子气骄衣裳单，天寒露宿真拙计。都城百雉开九门，九门亦复如云屯。侯家应有车千辆，牛马风尘日月昏。忆昔子针来奔晋，华轩炙毂夹道进。观者惊愕未敢言，雷轰电掣公卿震。富贵事君莫等伦，不见诗咏车辚辚。寄言行役冠裳客，好避驱车独力人。[14]

这首诗生动地显示了卢沟桥上各类车辆的拥堵、普通行路者的艰辛、达官权贵的骄横、作者对下层人民的同情，也是卢沟桥具有特殊地位的写照。有鉴于此，清代多次整修这段对京师交通极为重要的道路。

雍正三年二月戊子（1725年4月2日），"命修广宁门外石路"[15]，此后的实际进展未闻其详。雍正九年（1731）御制《广宁门外石道碑文》（图8—1，原在丰台区小井村，今存北京石刻博物馆内），是在广宁门至小井村的石铺大道竣工之后所撰。从这段工程的总量判断，雍正三年"命修广宁门外石路"或许是此前的一次小规模整修，但也存在着从雍正三年开始勘测路基与准备石料、到雍正九年才最后竣工的可能性。御制碑文首先阐述了交通设施整修是自古以来治理国家的必备条件，接着强调北京交通地位的无比重要与进出广宁门的繁忙情形，指出沿途道路损毁的程度，说明修路的具体进展以及道路竣工的意义。碑文如下：

《周礼·地官》：小司徒令野修道，遂师巡其道修，秋官野庐氏掌达国道路，至于四畿。《礼·月令》：季春之月，命司空循行国邑，周视原野，修利堤防，道达沟渎，开通道路，毋有障塞。是知古先圣王经国理民之方，纤悉备具。至于道途之间，咸所加意焉。京师为四方会归、万国朝宗之地。我国家幅员广大，文轨所同，廓于无外。梯山航海者联镳接轸，络绎而交驰，广宁门其必由之路。门外通逵，轮蹄所践，岁月滋久，渐至深洼。时雨既降，潦水停注，则行旅经涉，淹塞泥淖之中。朕甚悯之，乃命奉宸苑相度修治。自广宁门至小井村，长一千五百丈，皆填洼为高，砌以巨石，其广二丈，凡费户部帑金八万两。工既竣，司役之臣请纪其事。朕宵衣旰食，勤求治理，凡可以济人利物者，唯恐智虑之未周而施行之不力。念兹国门之外，辐辏之衢，稽于经籍，王政所重，宜以时修治，且期坚固永久，使仕宦商旅，车马往来，胥游于荡平正直之路。朕心慰焉，爰濡笔而纪之。诗曰：周道如砥，其直如矢。以是达之天下，庶冀经国理民之方莫不备举云尔。[16]

这篇碑文，《日下旧闻考》著录为《世宗御制广宁门新修石道碑文》。雍正年间以八万两帑银的代价，修筑了从广宁门到小井村、宽两丈、长一千五百丈的石路，极大地改善了进京道路的质量，御制碑文也显示了朝廷对这段交通要道的高度重视。雍正八年正月戊戌（1730年3月17日），皇帝接到了一份与修路采石有关的报告：

署直隶总督唐执玉疏报：正月二十日（3月8日），凤凰见于房山县石梯沟山峰。得旨：朕素不言祥瑞。……昨据总理石道事务散秩大臣常明、侍郎宗室普泰奏称，石工监督司官田周呈报：正月二十日，在房山县石梯沟山中，见瑞凤集于峰顶，五色俱备，文采灿然。工匠、樵牧、居民人等约千有余人，莫不共见。……朕抚躬自问，功德凉薄，不足以致凤仪之上瑞，此事犹疑而未信也[17]。

关于凤凰祥瑞的奏报历来是官员糊弄君主的虚妄之举，雍正帝也是"疑而未信"。但是，透过这条奏报可以知道，雍正年间朝廷设置了"总理石道事务散秩大臣"、"石工监督司官"等专职官员，负责采办修筑道路的石料。铺设广宁门至小井的道路所用的巨石，显然也应采自距此并不算远的房山县石梯沟一带的山上，采石的地点可能就在房山南部著名的大石窝附近。

图8—1　雍正九年《广宁门外石道碑》（董焱　摄）

在此次修路三十年之后，乾隆年间再次整修并延长了广宁门至卢沟桥之间的石道。乾隆帝《御制重修广宁门石道碑文》称：

> 广宁门在京城西南隅，为外郭七门之一。然天下十八省所隶以朝觐、谒选、计偕、工贾来者，莫不遵路于兹。又当国家戎索益恢，悉荒徼别部数万里辐辏内属，其北路则径达安定、德胜诸门，而迤西接轵联镳，率由缘边腹地会涿郡渡卢沟而来，则是门为中外孔道，尤不与他等。乾隆丁丑十月，敕所司重修石道以利

行者，至庚辰七月乃竣。于是上溯我皇考命工创建时，逮今三十年矣。兹役也，因旧址修筑者一千九百八十四丈有奇，又新道增筑者四百七十七丈有奇，凡支帑金十三万八千一百有奇……[18]

乾隆帝的碑文，再次强调了广宁门外道路在京师交通中的特殊地位。从天下诸省进京的各色人等，北路的经过安定门与德胜门入城，西南路的则要汇聚于涿郡（今河北涿州）之后沿着太行山东麓大道北上，渡过卢沟亦即经过卢沟桥到达广宁门。作为中外交通孔道的广宁门，其重要性是其他地方不能比拟的，由此至卢沟桥之间的道路因而受到极度重视。乾隆二十二年（1757）十月决定重修石道，二十五年（1760）七月竣工，此时距离雍正九年（1731）修筑石道恰好三十年。此次历时将近三年的工程，利用雍正年间旧有基础修筑了一千九百八十四丈有余，新筑道路四百七十七丈有余，石道的终点从小井村向西延伸到大井村，共计支付帑金十三万八千一百多两。雍正年间的整修使原来的土路变成了石路，乾隆年间继续加以巩固和延长，这段道路的质量显然是太行山东麓大道其他路段无法比拟的。

至于从北京出山海关至东北的道路，自吴三桂引领清兵入关后在历史上更加著名，它也是清朝皇帝来往于北京至盛京（沈阳）的必由之路。顺治帝从盛京至北京的经行之地，代表了这条道路沿途的重要地点和基本走向。《清世祖实录》记载：顺治元年八月乙亥（1644年9月20日），"上自盛京迁都燕京。是日，车驾启行。驻跸旧边内木桥地方"。此后，基本上每日或隔日一站，先后经过开城（今新民县东南，辽河西岸，以下括注皆为对应的今地名）、杨石木（辽中县养士堡）、张古台口、广城、苏尔济、魏家岭（台安县魏家岭）、广宁（北宁市广宁镇）、谢家台[19]。自九月初一开始，先后驻跸大凌河（凌海）、小凌河（锦州）、塔山（葫芦岛市塔山乡）、宁远（兴城）、曲树河堡、沙河驿（绥中县沙河站）、前屯卫（绥中县前卫镇）、老军屯。从可以考知的地名看，这条路线绝大部分与京沈铁路或高速公路的辽宁段一致。九月甲午（10月9日），"入山海关，驻跸西河地方"（当在山海关南的石河附近）。进入今河北境内之后每日一站，经过深河驿（抚宁县深河）、兔儿山河地方（抚宁西南兔耳山）、永平府（卢龙）、王家店（迁安县沙河驿）、丰润县（丰润）、梁家店（玉田县亮甲店），再经蓟州（天津蓟县）、三河县（河北三河）、通州（北京通州）。甲辰（10月29日）"未刻，上自正阳门入宫"[20]。这条道路沿着燕山南麓山地与平原交接地带，大体自东向西行进，实际上就是先秦时期已经开辟

123

的燕山南麓大道。

二、京城至周边地区路网的密集

从北京城到郊外以及更远的周边地区的道路系统，到清代得到了进一步完善。皇家园林建设与帝王陵寝的修建，促进了由北京城到西北郊皇家园林、承德避暑山庄、遵化马兰峪清东陵、易县永宁山麓清西陵之间道路的开辟。此外，在整修卢沟桥至广宁门道路的同时，由通州至北京朝阳门的运粮通道也大有改善。

清代在北京西北郊修建的皇家园林，通称"三山五园"，即玉泉山静明园、香山静宜园、万寿山清漪园（清末改称颐和园）和畅春园、圆明园，中国古代园林建筑艺术的发展由此被推进到鼎盛时期。这里不仅是帝王休闲观景之地，也是他们处理政务的所在，许多重大历史事件与这片园林密切相关，事实上成为与紫禁城并重的另一个政治中心。由京城西直门通往"三山五园"的道路，以大块的石条铺砌。已有研究指出，出西直门后大致有两条路线：其一，由西直门向北，过高梁桥、北下关、大柳树至黄庄，向西北斜穿海淀镇至海淀西北角，便达畅春园。由此向北，经今北京大学西垣外，至蔚秀园东北角，向东至万春园、长春园，向西经挂甲屯北，北折至圆明园。由挂甲屯向西，经西苑至万寿山清漪园（颐和园）。由颐和园东门外向北再西折，过青龙桥，向西南至玉泉山静明园，向西则通往香山静宜园。这一带还有不少私家小园，如承泽园、蔚秀园、鸣鹤园、淑春园、朗润园、澄怀园、自得园、一亩园等。其二，由西直门向西至乐善园（今北京动物园的前身）西南角，到此可有三种去向：或斜向西北，过白石桥，沿着长河北堤到达颐和园；或向西过紫竹院南侧，向北沿苏州街到达海淀；或从三虎桥西北行，径向玉泉山、香山而去[21]。《清高宗实录》记载了西直门外修筑与维护石路的一些情况。乾隆二十二年十月甲申（1757 年 12 月 6 日）的谕旨称：

> 京师之朝阳、西直、广宁诸门外，旧有石道，于行旅车徒最为有益。乃历年既久，凸凹不平。车辆往来，每有倾侧之虞，自应亟为修整。著吉庆、范时绥前往，逐一查明勘估，奏闻修理。所有工程即著伊二人专行承办，务期坚固平稳，以便行旅。[22]

但是，吉庆等人在负责石道工程的过程中犯了贪污之罪。乾隆二十六年十一月壬戌（1761 年 12 月 23 日），对此做了处理：

大学士等议奏，据内务府郎中戴保住控：侍郎吉庆、前署杀虎口监督傅察纳，承办西直门石道工程，浮销八千九百余两。审系傅察纳代吉庆弥补赔修之项，辄于奏销时浮开。吉庆系总理大员，明知冒销，不行查问，均罪无可宽，应将吉庆、傅察纳照监守自盗例拟斩监候，秋后处决。副都统傅景，接管石工，讯不知情，但挟同吉庆参奏戴保住。应照都统将军贪婪、副都统不行纠参发觉审实例，降三级调用，不准抵销。得旨：吉庆、傅察纳，俱依拟应斩，著监候，秋后处决。傅景现派驻藏，著加恩，照所降之级从宽留任，俟差竣回京，视其如何奋勉出力之处，再降谕旨。[23]

古今修路工程中的贪污现象极其相似，但在戴保住揭发了这桩虚报近九千两的案件后，工程负责人吉庆、傅察纳被判秋后问斩，没有及时发觉制止此事的傅景降级留任、以观后效，反贪污的力度足令后来的执政者汗颜。此后，乾隆四十八年四月甲申（1783年5月24日）的谕旨说："西直门等处石道，除总理工程大臣和珅、金简外，著再派胡季堂、德成一同办理。"[24] 显然，道路的维护一直不曾间断。道光八年十二月戊寅（1829年1月17日）谕内阁：

所有西直门至圆明园，及阜成门、西便门、福园门西南门、扇子河南岸，并佟府栅栏内外石道、桥座、涵洞等项工程，著派卢荫溥、那清安、王宗诚、王引之、贵庆、裕恩、白镕、耆英、达三阎分段落，于今冬备料，明岁分别乘时兴修。……照例保固，限内如有损坏，著落原办官赔修，并责成耆英派步军统领衙门官员，于石道甫经修竣、灰浆未乾时严切稽察，不准车马践踏以致压损[25]。

此外，清后期还修缮了前三门、天桥以南等处的石道。

在北京东北约180公里，河北承德市武烈河西岸，有温泉名"热河泉"。四围的山岭环抱着泉水潴成的小湖，呈现出水草丰美、林木葱茏的宜人景色，再加上冬暖夏凉的气候，共同构成了理想的避暑胜地。此地向北100公里左右，是清代举行皇家狩猎大典"木兰秋狝"的木兰围场。康熙帝每年都要巡视塞外，驻跸热河。康熙四十二年（1703）颁布修建"避暑山庄"的诏令，作为巡行期间接受朝觐、处理政务的离宫。经过数十年的持续经营，至乾隆五十五年（1790）

全部竣工。这片园林建筑亦称"热河行宫"或"承德离宫"，在北京之外形成了又一处政治活动中心。乾隆年间及其以后的相当长时间内，也大体遵循了每年八月"木兰秋狝"的祖制。这样，在原来的古北口大道的基础上，开辟了一条由北京通往承德避暑山庄与木兰围场的道路。通往承德避暑山庄的御路，或出东直门，经顺义三家店至怀柔县城南门外祇园寺；或由圆明园向东北经昌平前蔺沟、顺义南石槽，至怀柔祇园寺后两路合一。由此东北行，经密云县城东门外 1 里刘家庄、东北 35 里罗家桥、东北 70 里遥亭，至古北口[(26)]。出古北口后进入承德府境内，《嘉庆重修一统志》所载承德府内的行宫有 13 处，它们都是康熙或乾隆年间所建的驻跸之所[(27)]。这些行宫一部分处于由古北口向东北至承德的路上，在今滦平县境内依次是巴克什营（县治西南约 26 公里、古北口以北 5 公里）、两间房（巴克什营以东14 公里）、常山峪（两间房东北 14 公里长山峪）、王家营（长山峪东北 17 公里王营子）行宫，由此东北行 13 公里，到达喀喇河屯（承德市滦河镇），然后进入避暑山庄。另一部分行宫处在由避暑山庄去木兰围场的路上，依次为钓鱼台（承德县西北 34 公里双峰寺西）、黄土坎（双峰寺北 8.5 公里东坎）、中关（东坎正北 7 公里），由此转为西北行 16 公里，到达什巴尔台（隆化县东南 12 公里十八里汰）、波罗河屯（隆化县）。自波罗河屯沿着伊逊河谷地向北，经过张三营（隆化县北 30 公里），是木兰秋狝的东道；由波罗河屯沿着蚁蚂吐河谷地向西北，经过济尔哈朗图（约在今隆化县西北 28 公里牛录村附近）、阿穆呼朗图（约在牛录村北 24 公里步古沟附近）进入围场，是木兰秋狝的西道。这两段道路，可以视为古北口大道在清代的分枝与延伸。

清朝自顺治到光绪的历代帝后，间隔分葬在河北遵化的东陵与易县的西陵。顺治十八年正月丁巳（1661 年 2 月 6 日）顺治帝去世，康熙二年四月辛酉（1663 年 5 月·30 日），"奉移世祖章帝宝宫往孝陵"[(28)]，把原来停在北京景山的灵柩移到遵化西北七十里的昌瑞山（原名"丰台岭"，清初赐名"凤台山"，至此封为"昌瑞山"）孝陵安葬。其后，康熙、乾隆、咸丰、同治帝的景、裕、定、惠四座皇帝陵都选在这里，此外还有慈安、慈禧太后等后陵四座、妃园五座、公主陵一座，共同构成了"清东陵"这个帝王后妃陵墓群。东陵在北京以东 125 公里，帝王祭拜时所经行的路线，也就是北京至东陵之间主要交通道路的所在。《清圣祖实录》记载，康熙十一年八月壬戌（1672年 10 月 10 日），"奉太皇太后幸遵化县汤泉，……驻跸通州"；其后四天每日一站，先后驻跸三河县城南、蓟州城西、稻地里村（天津蓟县东南大稻地村）、明月山前（约在遵化西南 24 公里石门附近），丁卯（15 日）至汤泉行宫（遵化西北 16 公里汤泉）。到孝陵（汤泉西 10 公里）行礼后，"驻跸鲇鱼池城内行宫"[29]（汤泉西北 2 公里鲇鱼池村）。北京朝阳门—通州—三河—蓟县—遵化马兰峪—东陵，是这条路线上的主要站点。

　　清西陵位于河北易县城西 15 公里永宁山下，距离北京 120 多公里。雍正八年（1730）选定泰宁山为陵址，乾隆元年（1736）因为这里是雍正帝泰陵所在，敕封泰宁山为"永宁山"，次年三月雍正帝入葬。此后，嘉庆、道光、光绪诸帝以及后妃、王公、公主等 80 人也葬在永宁山下，形成了与遵化东陵对应的清西陵。乾隆元年六月，直隶总督李卫奏：

　　　　易州恭建山陵，一路桥梁豫为完备。其长新店街道，照依卢沟桥街口，铺盖厚石大版，一律坦平。得旨：好，卿委员作速办理，一面报部、一面动项趱修可也。
　　　　又奏：泰宁镇官兵衙署营房，虽分官员兵丁自行居住，原为守护山陵亿万年永远之计。初建时必须详慎经理、向背合宜，请令该镇会同钦天监，于梁各庄等处就近选择。得旨：著照所议行，仍将此旨知会总理工部怡亲王等，令其协同办理。[30]

　　由此可知，当泰陵修建之时，从北京到易州的沿途桥梁已经维修完备。穿过长新店（长辛店）的街道，铺设了厚厚的石板，形成了与卢沟桥街口一样规格的坦平道路。乾隆帝命李卫在向工部申报的同时即开工修建，还指示泰宁镇、钦天监、怡亲王三方协同，在梁各庄等地修建守陵营房，都表现出对这条道路的高度重视。乾隆十三年八月辛丑（1748 年 10 月 11 日），"上启銮恭谒泰陵，至卢沟桥停跸，阅演炮，……驻跸黄新庄"，其地即今房山区良乡镇北 2 公里黄辛庄。此后，每日一站，相继驻跸半壁店（良乡西南 20 公里半壁店）、秋澜村（涞水县西 5 公里南秋兰）、梁格庄（易县西北 8 公里梁各庄），乙巳（15 日）谒泰陵（梁各庄西 5 公里）。次日回程，又依次经行秋澜村、半壁店、黄新庄，直至己酉（19 日）还宫[31]。这条路线是出广宁门西南行，过卢沟桥之后基本沿着太行山麓与平原交接地带前行，在涞水县以西转为西行，逐渐进入易州西北的山区。有时也沿着传统的太行山东麓大道，经卢沟桥、良乡、琉璃河、涿州至新城县高碑店，再转向西行至清西陵。道光元年（1821）二月，为把嘉庆帝安葬在清西陵，躲开卢沟桥以南经黄新庄至赵新店（今丰台区黄辛庄、赵辛店）一线比较泥泞的传统路线，自卢沟桥向西南，取道崔村、来福庄、朱家营、王家庄一带（约为今丰台区崔村、朱家坟、王庄一线），在民田之上新辟了临时道路。十一月庚午（12月17日），根据直隶总督方受畴的奏请，"修直隶良乡、房山、宛平三县大道、河渠、桥座"[32]。

清代由北京城内通往郊区及周边的道路，还有几条比较著名。出安定门向北至昌平小汤山温泉，有康熙年间修建的行宫。出东直门东北行，至顺义县东去，经杨镇、张镇、泃口，到怀柔县丫髻山（今属平谷区）。山上的碧霞元君祠俗称娘娘庙，清代香火极盛，康熙五十二年（1731）修建了玉皇阁。在进香之路以南的蟠龙山（今顺义区东境的庞立山），康熙年间修建了一座行宫，乾隆十九年（1754）移建于路北的大新庄（今顺义区赵各庄镇行宫村）。丫髻山以东2公里的行宫村，也是因清代修建了皇帝的行宫而得名。出永定门向南10公里左右到达南苑，这座皇家苑囿里有团河等多处行宫。此外，皇帝有时从南苑起驾去东陵祭祖，或南下永定河下游各县视察水患或河道修治情况，其间或沿永定河大堤往还，或走南苑、黄村、固安的南北大道，在河北霸州太堡村、苏桥镇以及文安县左家庄等地，也有数处清代建造的行宫[33]，指示着当时重要的交通路线。

南北大运河维系着北京的经济命脉，在明代北京皇城东扩后，通惠河的西部河段被圈入城里，漕船不能再像元代那样直接驶入都城，只能沿着通惠河的东段逆流而上，经过几道船闸的调节，才能抵达东便门外的大通桥。清朝中期以后通惠河淤塞严重，漕船需要先在通州码头卸货，再借助人力或畜力，用车辆运至京城。这样，从通州到北京朝阳门之间的陆上通道，就变得极为重要。这段道路沟通了京城与水路运输大动脉之间的关联，广宁门至卢沟桥段则维系着京城与太行山以东大道的陆上往来，东连水路、西接陆路，在京城的两翼彼此呼应。清代对于它们的整修，也几乎是同时进行的。雍正七年三月甲寅（1729年4月7日）谕内务府：

> 自朝阳门外至通州，乃京师向东大路。向因雨水之时难于行走，动支钱粮修补铺垫，闻近年又复损坏。若修垫石路，酌量其宽广可容车二辆，两旁土路亦修筑平稳，于往来行旅大有裨益。著总管常明会同侍郎普泰详加验看[34]。

这道谕旨强调了朝阳门至通州道路的重要地位，提出了铺设石路、拓宽路面、整修两旁土路的设想，并派员实地查勘、着手实施。这年八月至次年五月，完成了改土路为石路的工程，使这条漕粮运输线更加畅通。雍正十一年十二月初九日（1734 年 1 月 13 日）《御制朝阳门至通州石道碑文》，记载了修路的始末缘由，其前半段如下：

> 自朝阳门至通州四十里，为国东门孔道。凡正供输将，匪颁诏糈，由通州达京师者，悉遵是路。潞河为万国朝宗之地，四海九州岁致百货，千樯万艘，辐辏云集。商贾行旅，梯山航海而至者，车毂织络，相望于道。盖仓庾之都会，而水陆之冲逵也。虽平治之令以时举行，而轮蹄经涉，岁月滋久，地势渐洼。又时雨既降、积雪初融之后，停注泥淖，有一车之蹶需数十人之力以资牵挽者矣。朕心轸念，爰命所司相度鸠工，起洼为高，建修石路。计长五千五百八十八丈有奇，宽二丈。两傍土道各宽一丈五尺，长亦如之。其由通州新城、旧城至各仓门及东西沿河两道，亦皆建修石路，共计长一千五十余丈，广一丈二尺及一丈五尺不等。费帑金三十四万三千四百八十四两有奇。经始于雍正七年八月，至雍正八年五月告竣[35]。

雍正年间修建的广宁门至小井的石路只有一千五百丈长，远未延伸到卢沟桥。与此相比，朝阳门至通州用巨石铺设的道路长达五千余丈，再加上通州新旧城至各仓门以及东西沿河的一千余丈石路，总长达到前者的 4.4 倍，它在交通方面的重要作用不言而喻。雍正八年十月辛酉（1730 年 12 月 5 日）谕内阁：“通州石路，两旁培土最为紧要。前已降旨交与地方官，但恐伊等未必实心培垫。著工部每季派出司官前往查看，并谕地方官知之”[36]。这是在石路竣工五个月后采取的后续管理措施。

乾隆年间在京城内外修筑石路的工程增多，乾隆三年七月戊寅（1738 年 9 月 11 日），朝臣提出了一项建议：

> 参领王廷臣奏：京城九门，南之崇文、宣武，北之安定、德胜，东之东直，西之阜成等门，向未修有石路。每遇阴雨泥泞，行走维艰。请增修石路，以惠行旅。再外城广渠门至广宁门，东西十余里，系商货丛集之要路，亦应增修联络。得旨：修理石路，著交常明[37]。

这项建议的实施，大大改进了京城内外的道路质量。在乾隆二十二年（丁丑，1757）十月谕令吉庆等人查明勘估朝阳、西直、广宁诸门外的石道状况之后，重修朝阳门至通州之间的道路，在相继进行的几项工程中最为重要。道路的繁忙带来了过度的人踏马踩与车轮碾压，必然加剧路面的损坏程度。此次整修距离雍正八年（1729）已经将近三十年，经过三年的施工，到乾隆二十五年（庚辰，1760）七月落成。乾隆帝《御制重修朝阳门石道碑文》，叙述了这条道路的繁忙程度、重新修筑的意义及其过程，其前半段如下：

> 直省漕艘估舶，帆樯数千里，经天津北上，至潞城而止，是为外河。引玉泉之水，由京师汇大通桥，东流以达于潞，用以转运者，是为内河。然外阔而内狭，故自太仓官廪兵糈暨廛市南北百货，或舍舟遵路，径趋朝阳门。以舟缓而车便，南北之用有不同也。其间轮蹄络织，曳挽邪许，讙声彻昕夕不休，故常以四十里之道备水陆要冲。而旧制初未甃石，往往积潦成洼，经潦作泞，行者弗便焉。雍正七年，我皇考世宗宪皇帝命工始建石道，规方定则，垂利数十载于今。顾神皋理大物博，民用不舍，质之贞者日以刓，理之缜者日以泐。不亟治，将隳前功是惧，爰咨将作都料以闻。朕曰：毋撙帑，毋狭材。帑撙，是重糜帑也。材狭，是重废材也。时大臣董斯役者揣楕为平，易砾以整，物备用良，无坎无坲，而石之斥旧佐新者什不存四五矣。计延袤六千六百四十四丈有奇，支户部金二十八万四千九百有奇。经始于乾隆丁丑十月，越庚辰七月落成。[38]

此次重修朝阳门外石道，乾隆帝提出，不要刻意节省金钱或选择尺寸狭小的石头，将就材料看似节约，实际上却浪费了金钱与优质材料。有了经费充足、石材优质的保障，主管工程的大臣指挥人们把路上的坑洼垫平，把散碎的砾石换成整块的板材，广泛采用优质石料，原有旧石留作辅助材料的不足十分之四五，确实进行了一场大规模的高级道路建设。此后，修建石路的工程推进到德胜门至清河一线。乾隆二十七年十月丙申（1762年11月22日）谕旨称：

> 京城为辇毂重地，轮蹄辐辏，并属通衢，修治最关紧要。近来朝阳、广宁等门缮修石道，官民均为便利。惟德胜门外至清河一带地势低洼，一遇大雨时行遂多泥泞。此时积水虽消，而车马往来尚

多未便。现在物价较昂，未必不由于此。著步军统领衙门，会同兆惠、舒赫德、和尔精额、倭赫，选派贤能司员，详加相度，妥协修治。其余各门，距从前修理之时亦属年久，或有未能平坦、不便行旅之处，并著查勘奏明、酌量办理。多兴土功，亦所以养穷民也。[39]

修路工程不仅有利于改善交通状况，而且成为让穷苦百姓就业的一个重要途径，乾隆以后各朝也对石路陆续有所整修。

三、桥梁的修筑与维护

桥梁是陆上交通跨越江河沟渠的重要设施，在水面宽阔的江河之上，无疑具有天堑变通途的关键作用；即使对狭窄的河道沟渠而言，大大小小的桥梁同样是连通两岸往来的捷径。清代北京地区的桥梁建设，包括旧有桥梁的维护与各类桥梁的新修两方面。

清末"都城内外，水陆大小桥梁凡三百有七十。或废久罔徵，或琐无足述"[40]。这里的"都城内外"，大致包括北京内外城与海淀一带的园林区。分布在护城河、三海子、三山五园以及城内多条排水沟渠之上的桥梁，有的长期废圮无处寻找，有的规模很小无足轻重，《光绪顺天府志》择要提到名字的桥梁，有昆明湖长桥（俗名"十七孔桥"）、宣武门响闸桥等数十座。《嘉庆重修一统志》记载的京师主要津梁，有东安门内的东安桥，西华门西的玉蝀桥，正阳门内御河上的玉河桥，地安门西北的银锭桥，德胜门内的德胜桥，正阳门外的正阳桥，西直门外的高梁桥，昆明湖以南的麦庄桥等，这些都是从明代继承下来的桥梁。广安门外的普济桥，建于康熙年间[41]。

清代顺天府的北部州县以及宣化府的延庆州，在今北京市所辖范围之内。这个时期的桥梁大多是对明代以前设施的继承或维修，也有一些是新建的。根据《光绪顺天府志》河渠志十二"津梁"的记载，大兴县跨越通惠河的大通桥（在今东便门外），继明正统三年（1438）五月始建、正德二年（1507）与隆庆二年（1568）维修之后，清康熙年间又予重修。宛平县西南跨越草桥引河的长安城桥，乾隆四年（1739）"总河顾琮架木，长九丈一尺，宽一丈四尺，空七"。良乡县跨越牤牛河的普济桥在县城南关外，建于明万历年间，清康熙三十六年重新修砌，到光绪年间已经圮废；跨越挟括河的挟括河桥在城西南四十五里，建于明代，清同治八年（1869）修，这条河流之上的石桥、中石桥、四益桥，分别建于同治十一年、十二年与光绪七年（1881）。《光绪顺天府志》还记载了雍正三年（1725）在冈洼村修建的通济桥，文学家方苞《良乡县冈洼村新建通济桥碑记》为这座桥梁增色不少。这篇碑记说：

> （僧人沛上人）尝兴寿因寺于良乡。每经冈洼村，悯行旅涉河之艰，偶见车溃马伤，遂竭资聚建石桥。……兹桥去京城四十里而近，乃冠盖往来之冲，故志上人成此之艰并及其志行，俾儒之徒过此而寓目者，有以观省而自矜奋焉[42]。

僧人的义举令人感动，方苞更希望经过此地的儒者以此而自省发奋。不过，清代至民国时期的任何一部《良乡县志》都没有记载"冈洼"这个村落，相反它却多次出现在《房山县志》中，方苞称"良乡县冈洼村"，应当是因为该地处于房山、良乡、宛平三县交界地带造成的误解。

通州及其东南的张家湾，在清代依然是大运河北端点繁忙的码头，潞县等地历史上也以水运闻名，仅见于《光绪顺天府志》记载的桥梁就有近60座，远多于其他州县。州城内的罗家桥原是由当地士绅刘文熙修建的木桥，道光二十六年（1846）、同治五年（1866）重修，光绪元年（1875）由知州高建勋、士绅李锡文等劝捐，改为石桥；无挡桥光绪三年重修，流通闸桥道光二十六年建为石桥，通利桥在道光二十七年改木桥为石桥；东水门内桥、东水关桥、西水关桥、新城西关石桥、新城南关石桥、戴家桥、南梁桥、南熏桥、滚水坝桥、普渡桥等，都是在清代修建或改木桥为石桥的，刘文熙、田大禄等人贡献颇大。张家湾南门外的通济桥，光绪四年（1878）士人姚守忠、马鸣珂改木桥为石桥。通州境内最著名的桥梁，当推城西南三十里、建于明代的马驹桥，乾隆三十八年（1773）发帑重修，次年二月建立的《御制重修马驹桥碑记》称：马驹桥是凉水河的关键所在，自明代建桥以来，"岁渝浸以圮坏，农旅交病，石陁入水。水梗或溢出妨民田庐，而中涩则旁淤，间塞水所由道，益不可以不亟治。乃命将作相视，因其旧材，撤而新之，纵之得丈二十有五，横中得尺亦二十有五，为孔洞者七。视昔制虽少狭，而壮固有余。工始于乾隆三十八年之春，越其冬落成"[43]。这座长25丈、宽25尺、有7个孔洞的桥梁，在增强排水功能的同时也方便了凉水河南北的交通。

对于北京交通最重要也最著名的桥梁，无疑是宛平县的卢沟桥。自金代始建之后，元、明以及清代的康熙、雍正、乾隆年间，都进行过不同程度的修缮，但金代确定的桥梁基础却始终不曾被更动。康熙七年七月丁未（1668年8月17日），"以浑河水发、冲决芦沟桥及堤岸，遣工部侍郎罗多等前往修筑"[(44)]。《清实录》所谓"重修芦沟桥"，实际上也只是进行了一次大规模的修缮。康熙八年十月己巳（1669 年 11 月 2 日），为"重修芦沟桥告成"撰写的御制碑文云：

> 朕惟国家定鼎于燕，河山拱卫。桑乾之水发源于大同府之天池，伏流马邑。自西山建瓴而下，环绕畿南，流通于海，此万国朝宗要津也。自金明昌年间芦沟建桥伊始，历元与明，屡溃屡修。朕御极之七年，岁在戊申，秋霖泛溢，桥之东北水啮而圮者十有二丈。所司奏闻，乃命工部侍郎罗多等鸠工督造。挑浚以疏水势，复架木以通行人。然后庀石为梁，整顿如旧。自此，万国梯航及民间之往来者咸不病涉。实藉河伯之灵，丕慰通济之怀，盖万世永赖焉。爰勒丰碑，用垂不朽。[(45)]

康熙七年的大水，在靠近宛平城的卢沟桥东北端冲开了十二丈长的缺口，工部侍郎罗多等奉命修缮。他们先是疏浚河道以减缓水势，再架起临时的木桥以方便行人。在这样的前提下，利用石材补修堤防与桥梁，建筑形制"整顿如旧"，往来者不再经受涉水的艰难。雍正十年，重修桥面。乾隆十七年，重修券面、狮柱、石栏[(46)]。乾隆四十八年九月戊戌（1783 年 10 月 5 日）谕旨称：此前刘峨奏报，卢沟桥石块间有残损，桥东碑亭栏杆亦多脱落朽坏，请归于石道工程内修补。"著照所请，即交原派管理石道工程之尚书和珅、胡季堂、金简、侍郎德成等委员确勘，归案办理"[(47)]。《清高宗实录》记载：乾隆五十年三月丁丑（1785 年 5 月 6 日）颁布谕旨："卢沟桥为都会通衢，车马辐辏，经行年久，多有残损。兹特发帑鸠工，重加修造。所有此项工程，著派刘墉、德保、金简、曹文埴、德成督办修理。"关于这次修缮，乾隆帝御碑《重葺卢沟桥记》辨析了"重葺"与"重修"的差别，充分肯定了金代建桥质量的可靠与技术水平的高超，批评了历代修缮者故意夸大其事以邀功留名的做法。碑文如下：

> 文有视若同而义则殊者，不可不核其义而辨之也。余既核归顺、归降之殊，于土尔扈特之记辨之矣。若今卢沟桥之重修、重葺之异，亦有不可不核其义而辨之者，盖今之卢沟桥实重葺、非重修也。夫修者，倾圮已甚，自其基以造于极，莫不整饰之，厥费大；至于葺，则不过补偏苦弊而已，厥费小。夫卢沟桥体大矣，未修之年亦久矣，而谓之葺补费小者何则？实有故。盖卢沟桥建于

图8—2 乾隆帝《重茸卢沟桥记》（孙冬虎 摄）

金明昌年间，自元迄明以至国朝，盖几经茸之矣。自雍正十年逮
今，又将六十年。帝京都会，往来车马杂遝，石面不能不弊坏，
行旅以为艰。而桥之洞门间闻有鼓裂，所谓网兜者（谓下垂也）。
司事之人有欲拆其洞门而改筑者，以为非此不能坚固。爰命先拆
去石面，以观其洞门之坚固与否。既拆石面，则洞门之形毕露。
石工鳞砌，锢以铁钉，坚固莫比。虽欲拆而改筑，实不易拆；且

既拆，亦必不能如旧迹之坚固也。因只令重葺新石面，复旧观；而桥之东西两陲接平地者，命取坡就长，以便重车之行不致陡然颠仆、以摇震洞门之石工而已。朕因是思之，浑流巨浪势不可当，是桥经数百年而弗动，非古人用意精而建基固，则此桥必不能至今存。然非拆其表而睹其里，亦不能知古人措意之精、用工之细如是其极也。夫以屹如石壁之工拆而重筑，既费人力又毁成功，何如仍旧贯乎？则知自前明以及我朝，皆重葺桥面而已，非重修桥身也。即康熙戊申所称水啮桥之东北而圮者，亦谓桥东北陲之石是（引者按：应为堤）而已，非桥身也。以是推之，则知历来之葺或石面或桥陲之堤，胥非其本身洞门可知矣。夫金时巨工至今屹立而人不知，或且司工之人张大其事、图有所侵冒于其间焉，则吾之此记不得不扬其旧过去之善而防其新将来之弊。是为记，以详论之。乾隆五十一年岁在丙午仲春之月中澣，御笔。

这通撰文于乾隆五十一年二月中旬的石碑，矗立在卢沟桥西南端路北。通过碑文我们知道，此前一年拆掉了卢沟桥的部分桥面，看到的桥墩基础是"石工鳞砌，锢以铁钉，坚固莫比"的金代建桥绝技。1991 年勘察桥基时，今人见识了这项被称为"铁柱穿石"的技术。设计者将数根粗大的铁柱打入河底的卵石层中，上面再穿入巨石，周围用大块的石板围住以防止水流冲击，比通常使用的"插柏为基"更加坚固，能够有效防止桥墩下沉。当代测量显示，卢沟桥建成八百多年来，10 个桥墩中沉陷幅度最大的也未超过 12 厘米。乾隆帝推断，既然拆除旧迹颇为不易，新建桥梁也肯定不如原有的坚固，那么，自明朝以来的卢沟桥工程都是修葺桥面或两端的石堤，而

图 8—3　铁柱穿石（截自《卢沟桥》20 页）

不是推倒旧桥的重建。即使康熙七年大水冲毁的部分，也只是桥东北的十二丈石堤。鉴于这种情况，乾隆五十年的工程也仅限于重修桥面，东西两陲加长石道，形成了"桥东西长六十六丈，南北宽二丈四尺，两栏宽二尺七寸；东桥坡长十八丈，西桥坡长三十二丈；东桥翅南长六丈、北长六丈五尺，西桥翅南北均长六丈，出土尺有四寸；桥南河面宽七十三丈八尺，桥北河面宽七十四丈五尺"的格局[48]。历经沧桑的卢沟桥，到 1985 年 8 月 24 日完成了承担交通运输重任的历史使命，此后只作为文物供人们游览和凭吊。

四、驿站与急递铺的建设

在清末出现近代意义上的邮政事业之前，北京地区的邮传发展仍然表现在传统的驿站和急递铺的建设方面。驿站或急递铺既是朝廷信息的转运站，也是邮驿人员相互交接或临时休息的处所。一般而言，两处驿站或急递铺之间的距离，有几里至二三十里不等，还有一些间隔得更长些。驿站是借助骑马或车辆送达，急递铺则往往以步行传递。乾隆十年十一月丙子（1745 年 12 月 1 日）的一道谕旨称：

> 谕军机大臣等：通仓拨运宣化等处米石，需用车辆甚多，递致百物腾贵。……查通州至宣化一带附近州县，驿递皆设有站车，过往差使近亦无多，可以通融酌拨，协济递运。庶车户不致畏避，商贩可以流通，更为妥便[49]。

这是驿站的车辆被用来应急运粮的例证之一。驿站或急递铺一般分布在交通方便的大路旁，在山间穿行时又往往扼守着两地之间路程最短的要隘。因此，驿站或急递铺所显示出来的路线，一般也就是最主要的交通线；步行、骑马或乘车，则是往来其间的人们最常用的交通方式。驿站或急递铺的设置一方面要看相应时代的交通条件和具体需要，另一方面也有习惯使然的历史继承性。除了新开辟的路线之外，在前代已有基础上的适时增减，是历代驿站与急递铺变化的主要方式。两宋出使辽金的大臣在中途停顿的驿馆，奠定了北京地区部分驿站的大致方位。元代驿站与急递铺的迅速发展，使主要的驿递路线得到进一步确立。清代的驿站和急递铺大多延续了明代的设置，此外也有一些增辟与调整。

关于清代北京地区驿站的作用、由此显示的道路布局及其在全国的突出地位，历仕康雍乾三朝、参与编纂雍正《畿辅通志》的李绂，在《〈畿辅驿站志〉序》中写道：

> 驿传所以通朝廷之政教者也。天子言传号涣而万里奔走，驿传之为之也。其事甚重，其费甚烦。而尤烦且重者，无若畿辅。国家因元明故都，定鼎燕京。东发通蓟，趋山海关以达盛京。北起昌平、宣化，由山西以达三秦。又出张家口，逾长城以通蒙古。南下良乡、涿州，分两大歧：其东南由河间以达齐鲁、吴越、闽广；其西南由保定历正、顺、广、大四府，径中州以缘山陕，又南历湖南北以尽滇黔。盖海内驿路，咸会归于京师。《诗》曰：商邑翼翼，四方之极。又曰：邦畿千里，惟民所止。此之谓也。[50]

以北京为中心的全国陆上交通，向东经过通州、蓟州，从山海关到达辽宁的盛京（沈阳）；从北京以北的昌平与西北的宣化，经过山西能够到达陕西，或西北出张家口到达长城以外的蒙古等地；南下的道路经过良乡与涿州后，东南一支从直隶的河间可以到达山东以及东南沿海各省，西南一支由直隶的保定历经正定、顺德（邢台）、广平（永年）、大名四府，经过河南以靠近山西、陕西，再向南经过湖北、湖南一直到云南、贵州一带。由驿站连通的主要道路，最后都汇聚于京师。这样的格局是历史的积累，在清代得到了延续并有所发展。设在北京东华门、由会同馆掌管的皇华驿，"设驿马五百匹，马夫一百五十名，车一百五十辆，车马一百五十匹，车夫一百五十名。每年经费由（兵）部核明数目，移咨户部给领"[51]，是清代天下邮驿网络的中心。

康熙二十四年（1685）抄本、张吉午等纂修《顺天府志》卷三《邮舍》，光绪十二年（1886）成书、缪荃孙等纂修《光绪顺天府志》卷六十四《经政志·驿传》，分别记载了清朝初期与末年的驿站和急递铺，从中可以看到两个时代驿站与急递铺绝大多数延续与少量变更的情形。清代顺天府的大兴、宛平、良乡、房山、通州、平谷、昌平、顺义、密云、怀柔诸州县，在今北京市辖境之内。今北京延庆县在清代是宣化府延庆州，其间设置驿铺的情形将在最后讨论。有些驿铺所在地点对应的今地名可以确定下来，有些则只能根据关于方位、距离的记载以及古今地名的关联约略推知，达到"相当于某地附近"的程度。为简捷起见，只在括号里注出今所属区县以及聚落或地片的名称而不再逐一解释。

清代大兴县所在的大兴县胡同，即今东城区的大兴胡同。清初大兴县的"总铺"就设在县衙西公廨。由此向东：十里至"朝阳铺"（朝阳门外），八里至"西流铺"（朝阳区八里庄）；十八里至通州"大黄铺"（朝阳区大黄庄）。这条道路与今天的朝阳路相当。"总铺"向南：十里至"正阳铺"（正阳门外），西南三十里至"红门铺"（大兴区西红门），十里至"黄村铺"（大兴区黄村），十五里至宛平天宫铺（大兴区天宫院）。"正阳铺"东南十五里至"下马铺"（朝阳区十里河），二十八里至"曹村铺"（通州区大白村），二十二里至"青润铺"（大兴区青云店）。"总铺"向北：三里至"安定铺"（安定门），八里至宛平县"湖渠铺"（朝阳区南湖渠）。到清末，大兴县的司铺兵30人，驿铺数量没有变化，只是"总铺"、"曹村铺"、"青润铺"依次更名或异写为"在城铺"、"白村铺"、"青云铺"。

宛平县治所在内城什刹海以西、西皇城根以北。清初设置12铺，"县前铺"就在县治所在，相当于今地安门西大街与东官房胡同交界处；"总铺"在虎坊桥。"县前铺"以南：十三里至"石桥铺"（丰台区开阳桥一带），二十里至大兴县"红门铺"（大兴区西红门）。彰义门外有"彰义铺"（西城区广安门），由此向西南：十五里至"大井铺"（丰台区大井），十二里至"卢沟铺"（丰台区卢沟桥），五里至"新店铺"（丰台区长辛店），十八里至良乡"长阳铺"（房山区长阳）。在今大兴县天宫院，有"天宫院铺"，由此向南：二十四里至"黄垡铺"（大兴区东西黄垡），十八里至固安县"十里铺"。由"县前铺"向北：三里至"石牌铺"（西城区马甸一带），十二里至"双泉铺"（海淀区双泉堡），五里至昌平州"清河铺"（海淀区清河）。"县前铺"东北：十里至"胡渠铺"（朝阳区南湖渠），十五里至顺义县"苇沟铺"（朝阳区前后苇沟）。到清末，宛平县的司铺兵为51人；"县前铺"、"彰义铺"、"新店铺"、"天宫院铺"依次更名或异写为"在城铺"、"彰仪铺"、"长新铺"、"天宫铺"；位于虎坊桥的"总铺"被取消；在距离"在城铺"以南八里、"石桥铺"以北五里、"彰仪铺"以东三里之处，设置了"施仁铺"，其名称显然源自与"彰义门"在语义、位置上都对应的金中都东墙最北门"施仁门"，其地应当就在今西城区菜市口；在"天宫铺"以南、"黄垡铺"以北各十二里之处，新增了"庞各铺"，其地即今大兴区庞各庄。

良乡县治所即今房山区良乡镇，清初有"固节驿"在县治以南，所设5铺均在今房山区范围内。"坊市铺"位于今良乡镇内，由此向南：十三里至"重义铺"（大十三里），十二里至"豆店铺"（窦店），十五里至"燕谷铺"（琉璃河），五里至房山县"界沟铺"（在河北涿州挟河村）。"坊市铺"向北：十里至"长阳铺"（长阳），十八里至宛平县"长新铺"（丰台区长辛店）。到清末，良乡县的司铺兵为25人，驿站地点与数量不变，只是"坊市铺"、"豆店铺"改名或异写为"在城铺"、"窦店铺"。

清初房山县的急递铺只有"县前铺"（房山城关）与"界沟铺"。清末"县前铺"改称"在城铺"，设置了"吉阳驿"（房山区吉羊）、"石楼铺"（房山区石楼），"界沟铺"不变。清末房山县的司铺兵为10人，《光绪顺天府志》在叙述了"界沟铺"之后说："又有铺曰挟河，在挟河村"。挟河村今属于河北涿州，处在与房山分界的牤牛河南岸、琉璃河西南五里，与"界沟铺"应是一处急递铺在不同时期的两个称谓，所谓"界沟"就是这条牤牛河。理应位于界河北岸房山县一侧的"界沟铺"之所以在今天挪到了界河以南，极有可能是历史上牤牛河的河道摆动所致。

通州作为大运河的终点码头，在清初延续明代的"潞河驿"，设置了"潞河水马驿"（通州故城东关外），显示了北京地区其他州县所不具备的水陆交通优势。另一个著名驿站"和合驿"始置于明永乐年间，以白河、榆河、浑河（潮白河、温榆河、永定河）三河合流得名"合河驿"，其地即今通州东南23公里的和合站，万历四年（1576）迁到通州东南的张家湾，改名"和合驿"。康熙三十四年（1695），"潞河驿"并入"和合驿"。清初设置的"总铺"在通州城内，由此向东：十二里至"召里店铺"（召里），十二里至"烟郊铺"（河北三河县燕郊镇），八里至三河县"马起乏铺"（三河县马起乏）。由"总铺"向西（在今朝阳区境内）：十二里至"东留村铺"（杨闸一带），八里至"大黄庄铺"（大黄庄），十八里至大兴"西流铺"（八里庄）。由"总铺"向北（今通州区境内）：十里至"王各铺"（北马庄一带），十里至"草寺铺"（草寺），十五里至顺义李家桥（顺义区李桥镇）。由"总铺"向南，十八里至"高丽庄铺"（通州区大高力庄）。但是，当顺治十六年（1659）将"漷县"废入通州后，康熙《顺天府志》的编辑者并没有及时反映这一变化，在叙述通州邮舍时忽略了原漷县境内的急递铺，与此前的明嘉靖《通州志略》对照，缺少了"县前铺在县治南，宋家店铺在县北一十里，黄场铺在县南一十里，得仁务铺在县南一十五里，三堡铺在县南三十里，两家店铺在县东一十里"[52]。清乾隆《通州志》对境内急递铺的记载比较全面，自通州"高力铺"向南（均在今通州区）：十五里为"郭家铺"（郭庄），八里至"漷邑铺"（漷县），八里至"黄场铺"（黄场铺），十里至"德仁铺"（德仁务），十里至"三垡铺"（三垡），漷县南十里至"两家铺"（两家店）[53]。综合康熙《顺天府志》前后的两部方志，明代的"县前铺"、"宋家店铺"、"得仁务铺"，到清代依次改称"漷邑铺"、"郭家铺"、"德仁铺"，而"黄场铺"、"三垡铺"、"两家店铺"称谓不变。这样，康熙年间通州境内的急递铺应为 14 处，到清末仍然没有变化，只是通州城里的"总铺"改称"在城铺"而已，司铺兵为 54 人。

平谷县清初设置了"县前铺"，位于县治所在地。由此向东南：十里至"新店庄铺"（辛店），由此向南进入三河县境内。由"县前铺"向西北：十五里至"下箭务铺"（乐政务），四十里至怀柔"松棚铺"（平谷区松棚）。"县前铺"东南十里至"夏各庄铺"（夏各庄）。到清末，平谷县的司铺兵为 11 人；"县前铺"、"下箭务铺"改称或异写为"在城铺"、"夏前务铺"，在与二者相距都是十里的中间地点增加了"胡家务铺"（中胡家务）；"夏各庄铺"撤销；"新店庄铺"异写为"辛庄铺"。

昌平州见于康熙《顺天府志》记载的驿站与急递铺只有 6 处。"榆河驿"旧在州南三十五里榆河店（今海淀区南玉河），明嘉靖移州治东。"州前铺"在昌平城南，由此向南：十一里至"沙屯铺"（西沙屯），八里至"沙河铺"（沙河），十八里至"回龙观铺"（回龙观），十二里至"清河铺"（海淀区清河）。到清末，昌平州的司铺兵为 34 人，《光绪顺天府志》记录的急递铺增加到 17 处。原"州前铺"改称"在城铺"；向南一里（《光绪顺天府志》标点本误作"十里"，兹从光绪《昌平州志》），在昌平南关设立"道前铺"，由此向南依次通往沙屯、沙河、回龙观、清河各铺及宛平县"双泉铺"。由"在城铺"向东：八里至"新庄铺"（四合庄附近），十二里至"新峰铺"（西辛峰），十二里至"牛房铺"（后牛坊），八里至"粉庄铺"（大赴任庄），十里至顺义"高丽营铺"（顺义区高丽营）。由"在城铺"向东北：八里至"何家营铺"（何营），二十二里至"芹城麻峪铺"（秦城），十二里至"鲍鱼泉铺"（暴峪泉），十四里至"平义分铺"（怀柔区平义分），十四里至"乔子铺"（怀柔区前/后桥梓），五里（按：此处数字讹误）至怀柔"松棚铺"（平谷区松棚）。由"在城铺"向西：八里至"旧县铺"（旧县），七里至"龙虎台铺"（龙虎台），十五里至延庆州"臭泥坑铺"（昌平区西园村）。但是，由昌平向西北到居庸关一线历来是具有关键作用的交通道路，向东或东北到怀柔等地的路径也比较重要。由此看来，清初昌平州（尤其是通过关沟的）急递铺应当不会像康熙《顺天府志》记载的那样少，估计是文献出现了某些遗漏，尽管它们在整个清代理应有所发展。

顺义县清初在县城设置了"顺义驿"与"总铺"，由此向西南：二十里至"塔河铺"（塔河），十里至"天柱铺"（天竺），十里至"苇沟铺"（朝阳区前/后苇沟），十五里至宛平县胡渠铺（朝阳区南湖渠）。"总铺"向北：八里至"向阳铺"（向阳村），十二里至"牛栏山铺"（牛栏山），十二里至怀柔"年丰铺"（怀柔区年丰村）。"总铺"向南：十五里至"后桥铺"（后桥），八里至"英各庄铺"（英各庄），十里至通州"草寺铺"（通州草寺）。"总铺"向西：八里至"三家店铺"（三家店），二十里至"高丽营铺"（高丽营），十里至昌平州"粉庄铺"（昌平区大赴任庄）。清末方志称"总铺"为"在城铺"，由此向南：十二里处增加了"吴家营铺"（吴家营）；撤销"英各庄铺"，在其北三里设置"李家桥铺"（李桥镇）；原"后桥铺"异写为"后角铺"。由"在城铺"向西：撤销"三家店铺"，在其西北一里处设"衙门村铺"（衙门村），在"衙门村铺"西北十二里、"高丽营铺"正东八里设"南狼冢铺"（南郎中）。其他各铺地点及名称不变，县内的急递铺有所增加，司铺兵为24人。

密云县清初延续了明洪武十二年（1379）设置的"密云驿"（县城西南），洪武十一年置于石匣城东、宣德四年（1429）徙于石匣城的"石匣驿"（石匣城），蒙古中统三年（1262）设立、清康熙三十九年（1700）重置的"古北口驿"（古北口），此外还有5处急递铺。"总铺"在密云县城，由此向西南：十里至"塔院铺"（十里堡），九里至"荆栗院铺"（荆栗园），"总铺"向东南二十里有"金扇铺"（金山子），向正东八里有"八里铺"（东白岩）。清末密云县的司铺兵为29人，驿铺增加到11处：原"荆栗院铺"、"塔院铺"未见记载，"密云驿"、"石匣驿"、"古北口站"保留，原"总铺"、"金扇铺"、"八里铺"改称"在城铺"、"金扇庄铺"、"东白崖铺"，另有与驿站同名的"石匣铺"、"古北口铺"以及"小河漕铺"、"穆家峪铺"、"不老铺"、"新开岭铺"，由此构成了比较明确的交通线："在城铺"东南八里至"东白崖铺"（东白岩），十二里至"金扇庄铺"（金山子）；"在城铺"西南十里至"小河漕铺"（河漕），十二里至怀柔"王家铺"（怀柔区黄吉营）；"在城铺"东北二十里至"穆家峪铺"（南穆家峪），二十里至"不老铺"（不老屯），二十里至"石匣铺"（石匣城），二十五里至"新开岭铺"（大开岭），十五里至"古北口铺"（古北口），八里至滦平县"巴克什营铺"（滦平县巴克什营）。另外，《光绪顺天府志·经政志·驿传》还记载：

> 其窝铺有西梨园庄、大沙坨、三里坨、西大桥、大河漕、五里井、演武厅、沙峪沟、石岭庄、双岭庄、九松山、南省庄、北省庄、小营庄、潮都庄、茨榆沟、崔家濠、小安口、兴隆寺、芹菜岭、白河涧、小新开岭、大新开岭、上店子、稻黄店、南天门、潮河桥、古北口南关。

这里的"窝铺"应是设施比较简陋或临时性的递铺，基本上分布在从密云、怀柔两县交界的梨园庄开始，向东北经密云县城、沿着潮河谷地到古北口一线（部分村落在 1958 年修建密云水库后消失），它们与前述驿铺共同显示着这条交通线在历史上的重要程度。

怀柔县在清初有设于县城的"总铺"，还有"年丰铺"（南/北年丰）、"小务铺"（待考）、"王家铺"（黄吉营）、"松棚铺"（平谷区松棚），清末的司铺兵为 15 人，递铺数量没有变化。

清代延庆州的驿铺情况，在乾隆《延庆卫志略》的"驿站"部分有些记载。元明时期的重要驿站"榆林堡"（延庆县西南与怀来县交界处）、明代永乐年间设置的"居庸驿"（居庸关）一直延续下来，清代还有"南口军站"（昌平区南口）、"阴凉崖军站"（居庸关城北四桥子村）、"青龙桥军站"（延庆县青龙桥）[54]。到清末，光绪《延庆州志》卷五《经政志·邮递》记载，"居庸驿在州城南五十里，额设驿马一百匹。铺司一在州城（延庆县城），一在岔道（延庆县岔道），一在南口，一在居庸关，一在三铺（延庆县青龙桥东南六里三堡），一在河西"[55]。《光绪顺天府志》记载：由"龙虎台铺"向西"十五里至延庆州臭泥坑铺"[56]，此地在今昌平区关沟西侧的西园村，位于居庸关东南、南口西北各八里之处，《延庆州志》所称设在"河西"的可能就是这个急递铺。延庆扼守着由北京通过居庸关进入内蒙古地区的要道，沿途驿站与急递铺的建设历来受到朝廷重视。

根据《光绪顺天府志》的记载[57]，顺天府所辖、位于今北京市境内的驿站马匹、车辆、供役人员情况如表 8—1 所示。其中榆河驿"马九十有六，又由宣化、鸡鸣、怀安、万全、榆林、土木六驿协济马三十有五"，马夫"五十五名半，协济本州七名半"。

表8—1 晚清顺天府部分驿站状况

州县	驿站	马匹	车辆	供役人员
良乡	固节驿	原221 后162	20	马夫115.5，驴夫1，轿夫128，夫头16，皂35，驿书1，兽医2，杂夫3，共301.5
宛平	长辛店驿	20		车夫10
通州	和合驿	137		马夫68.5，车夫32，轿夫76，皂16，纤夫46，驿书2，兽医2，共242.5
昌平	榆河驿	96+15		马夫55.5＋7.5，皂4，驿书1，兽医1，共69
	本城军站	30		马夫15
	回龙观军站	30		马夫15
顺义	顺义驿	35		马夫30，轿夫5，皂4，驿书1，兽医1，共41
密云	密云驿	35		马夫27，轿夫7，皂3，兽医1，共38
	石匣驿	35		马夫31，轿夫7，皂3，驿书1，兽医1，共43
	古北口站	35		
怀柔	怀柔驿	7		马夫4
平谷	平谷驿	8		马夫6
房山	房山驿			马夫1
	吉阳驿	53	20	马夫34，车夫13，轿夫20，驿书1，兽医1，杂夫3，共72

驿站马匹、夫役的数量，显示着它们在交通上的地位及其繁忙程度。增加驿站马匹数量，加强管理机构和人员配备，是朝廷与地方官员的重要事务。康熙二十九年九月丙辰（1690年10月30日），兵部议覆：

升任直隶巡抚于成龙疏言：通州、昌平、顺义等州县及榆林、土木等驿，系盛京、喜峰及古北、张家、杀虎诸口要道。原设之马无多，每有大差必须协济，久已为累。请于通州等州县量增马五百零八匹，分给各驿。古北口驿站向系满洲章京料理，原未设有文职。查大名府有通判二员，请裁去一员改为顺天府通判，驻劄古北口，专司驿站，仍听霸昌、通永二道管辖。至石匣地方，

虽系腰站，去县甚远。应将密云县驿丞裁去，改设县丞一员，驻
劄石匣，管理马匹廪给事务。应如所请。得旨：依议。所设顺天
府通判，著改为保定府通判，驻古北口管驿站事。[58]

于成龙的建议被朝廷采纳，只是北京周边驿站建设的例证之一。
相对而言，良乡固节驿、通州和合驿、昌平榆河驿、房山吉阳驿、顺
义驿、密云驿、石匣驿、古北口驿等，是清代北京地区最重要、最繁
忙的驿站，它们的马匹及供役人员也多于其他驿站。

清代驿站在运行过程中弊端丛生，造成了对地方百姓的多方危害，
历朝皇帝的谕旨多次提到要严加整顿。顺治八年闰二月丙寅（1651 年
4 月 8 日）谕兵部：

> 国家设立驿递，原以传朝廷之命令，通天下之脉络。年来四
> 方多故，兵马络绎，差遣繁多，驿递疲困，至今日已极。乃奉差
> 官员全不知地方苦楚，勘合火牌之外恣意苦索。驿夫不足，派及
> 民夫。骚动里甲，甚而牵连妇女、系累生儒。鞭驿官如罪犯，辱
> 州县等奴隶。以致夫逃马倒，罢市止耕。上误公务，下害小民，
> 深可痛恨。以后再有此等之人，不拘大小衙门，著各地方官即指
> 名申报，该督抚飞章参奏，以凭重处。其地方官验明勘合火牌，
> 亦即照数应付，毋得稽迟取罪。如本无迟误情弊，该差员役因需
> 索不遂，驾言迟误、反卸罪州县者，尤为可恶。著该督抚一并查
> 参治罪。各衙门亦不得滥差官员，多请应付。尔部可宣朕旨，违
> 者即著参处。[59]

朝廷奉差官员对地方上勒索无度、造假贪污，从而引起了社会的
动荡不安。这些弊端显然并不是颁布一道旨意就可以消除的，康熙四
年三月壬辰（1665 年 4 月 20 日）谕兵部：

> 设立驿站，原备紧要公务、供应往来。近闻在外督抚、提镇、
> 司道，多给吏胥、衙役、家人私票。经过驿站乘马支应，威逼官
> 役，不令销算。骚扰驿递，贻累小民。以后除兵部火牌勘合外，
> 其文武各官给与私票，著概行停止。至各衙门亦有借端公务辄行
> 私事、给与火牌勘合者，以后自王公将军督提以下，何项公务方
> 应用火牌勘合，著详议定例具奏。[60]

这些谕旨反映的腐败情况，在整个清代都不曾消失，而驿夫的悲惨命运日益加剧。活跃在明崇祯至清康熙年间的重臣梁清标，在《挽船曲》中写道：

> 宁为官道尘，勿为官道人。尘土践踏有时歇，人民力尽还栽身。长安昨日兵符下，舳舻千里如云屯。官司催夫牵缆去，扶老携儿啼满路。村村逃避鸡犬空，长河日黑涛声怒。纤夫追捉动数千，行旅裹足无人烟。穷搜急比势如火，那知人夫不用用金钱。健儿露刃过虓虎，鞭箠叱咤惊风雨。得钱放去复重催，县官金尽谁为主。穷民袒臂身无粮，挽船数日犹空肠。霜飘烈日任吹炙，皮穿骨折委道旁。前船夫多死，后船夫又续。眼见骨肉离，安能辞楚毒。呼天不敢祈生还，但愿将身葬鱼腹。可怜河畔风凄凄，中夜磷飞新鬼哭。[61]

这里描写的情形可以视为明清两朝贫苦驿夫生活的常态，不论水路还是陆路应当没有多少区别。光绪十三年（1887）在河西驿协助管理驿站的沈惠荫，亲眼看到喂马夫韩二在十一月的寒冬"身无棉裤、寒冷难当"，过境饷船官员唆使兵丁扭打驿站人员的惨状[61]。河西驿在京津交界的天津武清县北运河边的河西务，北京地区的情形不难想象。

旧式驿站的弊端与西方交通、通信事业的影响日益扩大，促使有识之士纷纷呼吁裁汰驿站，兴办新式邮政。光绪二十二年二月壬申（1896年3月20日）"总理各国事务衙门奏：遵旨议办邮政，请由海关现设邮递推广，并与各国联会。允之。"[63]二十四年（1898）七月又谕：

> 刑部奏：代递主事顾厚焜，呈请京城邮政广设分局。又都察院奏：代递优贡沈兆祎，呈请推广邮政、裁撤驿站各等语。京师及各通商口岸设立邮政局，商民既俱称便，亟宜多设分局，以广流通。至各省府州县，著一律举办。投递文报，必无稽迟时日之弊。其向设驿站之处，可酌量裁撤。著总理各国事务衙门会同兵部妥议具奏。[64]

尽管如此，全国的 1861 处驿站仍然在运行，直到民国元年（1912）才最后退出历史舞台。

第三节　水路交通的延续与衰落

清代北京地区的水路交通，仍然以京城经济命脉大运河的漕运以及商船往来最重要，但越到后期越呈衰落之势，清末铁路兴起后则逐渐走向完结。永定河的航运价值历来不高，清代依旧如此。在各类河流上建立的渡口，对普通百姓的出行尤其具有直接意义。

一、运河航路及其由盛转衰

清代大运河的水源问题比明代更加严重，通惠河时断时续，只剩下"五闸二坝"在起调节作用，汇入北运河的地点改回通州城北。北运河也面临着浅涩淤塞、舟楫不通的困境。明末清初的史学家谈迁，顺治十年（1653）沿着大运河北上，抵达通州后取道通惠河南岸入京。他在《北游录》中记载：九月丁巳日（11月14日）至河西务（天津武清河西务），此后因为河冰冻结改走陆路，沿北运河的西岸到达漷县，接着写道：

> （漷）县东四里曰泗河，以四水合流也，合注通州城东北入白河。县西南晾鹰台，辽主游猎处。二十里张家湾，属通州，即白河下流。相传元时万户张姓居此，有城以护漕。十五里宿通州胡氏。通州古潞河，即鲍丘水也。旧为通惠河，……有五闸，大通桥之东至庆丰五里，庆丰至平津上闸七里，上闸至下闸四里，下闸至普济十三里，普济至石坝十里。……癸酉，仍策蹇，二十里高米店，□□里皇木厂，……□里入京城东便门，度大通桥，经崇文、正阳二门，凡十里至骡马市寓舍。[65]

谈迁在顺治十三年二月乙卯（1656年3月1日）搭乘回空漕船返回故里，他首先骑驴出东便门，在通州南门休息一晚，第二天到张家湾：

> 三十里登舟，宋俊伯先约处州卫之漕舟。……丁巳，午刻，宋俊伯来。泊舟处隶武清，东隶香河。……癸亥，……发三里抵河西务。河岸善崩，往见崩及城下，今城倾数十丈矣。……乙丑，宿于丁字沽。……丁卯，大雾，午泊天津而晴。天津产鱼盐，榷署在河西务，昨岁增满洲官二人，知回漕多贩鱼，又税之。时回

漕五百七十一艘。余置鲍鱼一石，费二金。戊辰，行三十里杨柳青……[66]

谈迁沿着通惠河南岸、北运河西岸出入京师，关于通惠河和北运河的记述是可靠的。当时北上的漕船一般在张家湾卸载，然后用便于在狭浅河道行驶的驳船转运至通州，或存入通州仓，或再度转运北京城入京仓。转运北京城的漕粮在通州城北石坝换载驳船，上溯通惠河逐闸转运，直至北京东便门外大通桥。大通桥有若干车户专门负责将漕粮运至朝阳门、东直门一带的京仓。谈迁顺治十三年的记载显示，卸载后南返的漕船有 571 艘之多，一般要捎带着天津的鱼盐等物南下，行人当然也可以搭便船。通惠河河面狭窄，只能浮运部分漕粮，其余的要由通州陆路运往京师。顺治十三年（1656）修筑通州至京师的道路，就是为了解决陆路运输的困难。

确定漕运的数额和制度规程，迅速修造船只，提前做好河道清淤疏浚与修筑河堤的准备工作，在清初就是朝廷关注的重大问题。顺治二年六月戊午（1645 年 6 月 30 日），巡漕御史刘明俟奏：

> 兵民急需莫如漕运。江南旧额四百万石，今或因灾变蠲免，则额数宜清。运法原用军旗，今运户改为编氓，则运法宜定。修船每岁一举，迄来逃毁殆尽，则修造宜急。运道旱浅溢冲，则捞沙筑堤宜豫。[67]

顺治四年八月丙戌（1647 年 9 月 16 日），根据河道总督杨方兴的请求，"复设临河州县墩堡铺夫快壮以护漕运"[68]。漕运的积弊与官员的贪腐历来严重，顺治八年闰二月丙辰（1651 年 3 月 29 日）给吏部的谕旨说：

> 朕临御以来，深悉运粮之苦。交兑之处收粮官吏勒掯需索，满其欲壑方准交纳。若稍不遂，必多方延换、刁难日久，以致河水冻阻、船不能行、耽误运期。所携有限盘费何以支持？一路怨声沸腾。朕思运粮官涉河渡江已不胜劳苦，又经收粮官吏多方需索，必至盗卖官粮。盗卖既多，必至亏欠。总督仓场奉有专敕，曾否巡行清刷？节年拖欠多至数百万石，总督曾否题参？仓场徒有其名，竟无实政，是何情弊？收粮需索的系何人？拖欠若干，经管何人，曾否查明具报？漕运重务，上下通同作弊，一至于此。

著赵京任一并明白回奏。[69]

在"上下通同作弊"的背景下，大运河的运输效率显然要大打折扣。

康熙年间是清朝漕运的鼎盛时期。消除弊政、疏浚河道、保障水源、修造船只，是维系漕运畅通的基本任务。康熙四年三月壬辰（1665年4月20日）谕工部：

> 漕运关系国用，河道理宜严肃。近闻内外显要官员多置船只贸易往来，奸徒恶棍假借名色恣意横行，以致闸座启闭不时、河水浅涸、粮艘为阻。又钦差及赴任各官多带货船，纵容下役骚扰河路，俱应严行禁止。尔部即详议具奏。[70]

每年四百万石漕粮从南方七省运来，粮船阻闸阻浅的问题长期存在。十九年十二月丁酉（1681年1月31日）给大学士的谕旨说："运粮为国家要务。今河道狭浅，恐误运务。著遣大臣一员，将通州以南水浅处察勘挑浚。尔等可传谕工部。"[71]治河的决定在一个多月后实行，这就是次年正月乙亥（1681年3月10日），"命兵部右侍郎温代督理挑浚通州运河"[72]。九月壬申（1681年11月2日）给户部的谕旨说：

> 朕顷巡行近畿，至通惠河一带。见南来漕艘，旗甲人丁资用艰难、生计窘迫，深为可悯。若不预为筹画，恐其苦累难支，以致沿途迟滞、贻误仓储，所关匪细。前以军需浩繁，漕运额设钱粮节经裁减。今应作何酌复款项，尔部详议具奏。寻户部议覆：应复运丁工食银十五万两。从之。[73]

这项措施多少缓解了运粮人员的生活困境。三十三年十月乙巳（1694年11月27日），命直隶巡抚郭世隆迅速修筑通州至天津运河被水冲决的八处堤岸，务必于明年夏季完工[74]。三十五年的上谕提出："通州至大通桥闸河，向无民船往来。今应令小舟泛载，于民殊有利济。"到七月丙辰（1696年7月30日），总督仓场侍郎德珠、石文桂在回答"五处闸口行船有便于民否"的问题时说："初奉旨时，臣等恐于运米有误。今运丁及商人互为推挽，甚是两便。百姓各造小船，将通州货物运至京师甚易，而雨水时往来行人亦便。皆感激皇恩，名其船曰便民。"[75]这也就意味着，此前不能在通惠河行驶的民船，获得了往来的便利。三十六年（1697）疏浚护城河，在东直门、朝阳门外的护城河桥下各置一闸，东直门角楼下置回龙闸。这样，存入东直门、朝阳门一带裕丰仓、储运仓、太平仓、禄米仓、旧太仓、富新仓、兴平仓、万安仓的漕粮，即可用驳船自大通桥沿北京东护城河直接浮运。在保障运粮船只方面，根据三十八年四月甲辰（1699 年 5 月 4 日）直隶巡抚李光地的奏疏，"通州等六州县额设红剥船共六百只，剥运南漕。计船一只给地十顷，以为运丁赡养之费"[76]。五十四年九月庚戌（1715 年 10 月 14 日）得到报告："泗州卫粮艘在通州张家湾遭风，损坏十二只，沉米五千二百余石。"考虑到风大溜急的客观情况，免其赔补[77]。五十八年正月壬寅（1719 年 3 月 19 日）谕大学士九卿等："京城通州仓内贮米甚多，各省运至漕粮亦无亏欠，在仓内堆积恐致红朽。"[78]这是康熙年间大运河之上漕粮运输繁忙的象征。

乾隆年间仍然延续了漕运的基本畅通，陆运的漕粮在通州张家湾卸载，车运入京；水运的漕粮仍至通州石坝，经通惠河转入京师。大力开发京西水利，收集西山玉泉诸水使河道水量充沛，乾隆三年（1738）、二十三年（1758）、二十五年（1760）先后疏浚北京东护城河，这些都增强了通惠河的航运能力。但是，治理河道淤浅、解决水源短缺，始终是保障漕运的最大问题。乾隆二年七月己酉（1737 年 8 月 18 日）谕总理事务王大臣："通州至天津一带河路，向系坐粮厅管理修浚。闻近年以来淤浅之处甚多，粮艘及民船往来殊属艰难。"因此派遣官员前往直隶等省查勘水道，议定疏浚办法与管理机构。鉴于通惠河之上的普济等四闸属通州，庆丰等七闸属大兴县，分别添设吏目与主簿一员，负责河堤安全与河道疏浚[79]。嗣后，"天津至通州一带河道向系流沙，淤浅靡定"之类的报告屡见不鲜，朝廷决定：

> 每岁春初，令坐粮厅详查所属境内，闸座堤岸等工应行修理，确估呈报。该侍郎派员查明，即准令兴修。至各处挑浅应用器具若干、添造若干，先期详明置备。粮艘随到，如遇水浅处所，一面呈报一面募夫挑挖[80]。

乾隆五十五年八月丁丑（1790 年 10 月 7 日）谕军机大臣等：

> 前因通惠河年久淤垫，令金简会同苏凌阿、刘秉恬勘估，派员挑浚。已于二月内挑竣，按闸放水。其通州外河石坝前，为军船起卸之处。因来源微弱，将上游之温榆河一并挑挖，以资浮送。

> 本年转运漕粮较为迅速，全漕业经完竣。但恐经夏令之后积潦停淤，河底又致高垫。著传谕苏凌阿等，督饬汛员不时查看。遇有淤沙横亘即加疏浚，方于转运漕粮永远有益。并著该侍郎等，即将新挑河道现在是否深通，可资经久之处查明，据实覆奏。[81]

可见，即使在漕运兴盛的康乾时期，大运河与通惠河的淤浅阻塞，也一直困扰着朝廷与地方官员。

清代京师漕运规模在康乾时期确定下来，后世基本上是在因循旧制。咸丰、同治以后朝政腐败，漕运萎缩。光绪二十七年六月己未（1901年8月9日），"庆亲王奕劻等奏：本届江浙漕粮，拟改由火车径运京仓。允之"[82]。七月乙丑（8月15日）谕内阁：

> 漕政日久弊生，层层剥蚀，上耗国帑，下朘民生。当此时势艰难，财用匮乏，亟宜力除糜费，核实整顿。著自本年为始，各省河运海运一律改征折色。责成该督抚等认真清厘，将节省局费、运费等项悉数提存，听候户部指拨。并查明各州县向来征收浮费，责令和盘托出，全数归公，以期集成巨款。[83]

这是总体上由新兴的铁路运输取代水路漕运、由征收实物远途运输改为征收银两多方采办的标志，也等于由官方宣告：通惠河与北运河这两段京城物资运输的大动脉，在维系了七百多年之后最终完成了它的历史使命。顺治年间设立的漕运总督，随之因为"河运全停"，在光绪三十年十二月丙寅（1905年1月27日）的谕旨中予以裁撤。但是，制度的变革与具体实施之间并不能完全一致。在颁布停漕改折令之后两个月，光绪二十七年九月戊辰（1901年10月7日），庆亲王奕劻等关于漕运改章、整顿京仓的奏折，仍然提出"京师根本重地，请饬漕臣每年于应解白粮外，运解漕粮一百万石。下户部知之"[84]。三十年八月丁未（1904年9月10日），谕令确查"浙江漕弊日深、吏治日坏"之事[85]。三十四年七月壬辰（1908年8月5日），度支部奏："浙江本年应征漕粮，请仍留一百万石运京，并将缓运漕粮如数补运。"[86]直至宣统二年七月二十六（1910年8月30日），御史叶芾棠仍然奏道："每年漕运共计一百万石。闻自江浙起运至京仓交纳，每石连运费及杂耗须银十五六两，而在京购米石不过六七两。若包与招商局或殷实商人转运，刻期可到，年可省数百万金。"[87]可见，在颁布改征折色银之后，漕运的规模迅速缩小但没有立即完全停止，至少来自江浙的一百万石漕粮仍在接济京师，漕运的完全终结应当与清朝的灭亡同步。大运河系统的水路交通因漕运而兴盛，漕运的终结也就意味着水路交通的全面衰退。

在运河水路不畅的情况下，海上运输成为南方漕粮进京的又一途径。道光五年（1825），江苏苏州、松江、常州、镇江四府与太仓州的粮食通过海运北上，第二年亦复如此。咸丰、同治年间海运的范围继续扩大，直至江苏、浙江全部采取海运。这些漕粮从海上运抵天津后，再用剥船转运到通州的仓场。直隶运河沿线原设剥船二千五百艘，二百艘分拨河间府故城县等处，八百艘留在天津以北的杨村，其余一千五百艘集中在天津备用。后来雇用了五百艘可以装载漕粮二百五十石的民船，以备运输之用[88]。剥船一百六十只为一起，浩浩荡荡行驶在北运河上。不论是海运还是河运，天津至通州的北运河都在发挥着水上运输通道的巨大作用。

二、北京地区的河流渡口

桥梁与渡口的功能都是建立起跨越河流的交通，修建桥梁的地方有不少就是以往的渡口之所在。桥梁既有固定的、长期的建筑也有临时设施，渡口则需利用船只作为摆渡工具，某些渡口也会有季节性的简易桥梁。雍正《平谷县志》在列出境内的东河渡、寺渠渡、周村渡、鹿角渡之后说："以上四渡口，夏秋之时，行人皆有舟楫以通往来。至冬十月，为梁或板或草，次年水涨即撤去。"[89]这样的桥梁就属于季节性的临时设施。从使用的交通工具着眼，我们把桥梁归入了陆路交通部分，而把依赖船只的舟楫之利放到水路交通部分加以讨论。在北京地区的河流中，大河往往流急多沙，小河不免水浅易淤，但在某些地段仍然具有一定的航运之利。金代以后把从永定河流域（如河北蔚县等地）砍伐的木柴漂流下来，并未涉及人类的水上航行，这里不予讨论。除了维系漕运命脉的大运河、通惠河之外，其他河流的航路短暂、航运规模较小，古代文献的相关记载很少，而渡口在各州县普通百姓的交通中具有更重要的作用，它们所在的地点也更多地著录在方志等类文献中。

《光绪顺天府志》河渠志十二"津梁"，记载了各州县的渡口情况。由于古今村落、河道、渡口的变迁，有些地点已不易考定。各州县实际的渡口，肯定也不止文献提到的这些。在宛平县"永定河南二工"有"长安城大渡"，此地即今河北涿州市"长安城"与北京大兴区辛庄（清代隶属宛平县）之间的一处渡口。在良乡县境内，城东南有永定河之上的"赵村小渡";城西南三十八里黄土坡、城南三十五里小店、城南四十里路村,分别有跨越琉璃河的"黄土坡渡"、"小店渡"、"路村渡"。昌平州城西南温榆河上有"月儿湾渡"。顺义县潮白河之上的渡口有:"白河渡";"梭草村渡"(船三只);城北牛栏山的"牛栏渡",一名"牛栏山渡";城东南李家桥、北河村、河南村,分别有"李家桥渡"(船一只)、"北河渡"(船一只)、"河南村渡";城东的俸伯村有"俸伯村渡"(船一只),亦名风伯渡;城东北榆林村有"榆林渡"(船一只);城北向阳村有"向阳村渡";此外还有"新庄渡"(船一只)。在密云县境内白河之上,城西三里的"白河渡"有大渡船二只、小渡船四只;城西二里的"秀家庄渡"通大水峪道;城北二十里的"旗鼓庄渡"通石塘路道。在潮河之上,密云城东北九十里南天门的"潮河渡"有大渡船二只、小渡船四只,通古北口城道;城西南三里河南寨村的"河南寨渡"通夹山道;城南五里的"迎水村渡"通银冶岭道;城东八里东白岩村的"白岩渡"通墙子路道;城东北一百零三里的"柳林营渡"通柳林营道。怀柔县的"东河渡"与"西河渡"分别有船二只、水手二十人,当在城东的怀河与城西的怀沙河之上。在平谷县洵河之上,城东有"东河渡",城南的寺渠村有"寺渠渡",城西南的东鹿角村有"鹿角渡"(亦称"鹿渠渡");在洳河之上,城西的周村有"周村渡"。

第四节 传统的水陆交通工具

北京大堡台西汉墓出土的保存比较完整的三辆朱轮华毂车,证明古代车辆的制造已相当精致。但是,在晚清引入西方以煤炭石油类燃料为动力的火车等交通工具之前,传统的水陆交通工具在利用自然的水流、风力的同时,所依靠的驱动力量基本上是畜力或人力。按照交通工具的使用者分类,有御用、官用、民用之别,却也并不十分严格。从交通工具的用途着眼,可以划分为陆上与水上两类。

一、陆上交通工具

传统的陆上交通工具主要有靠人力或畜力拉动的"车"、人力肩抬的"轿"以及驮载人或物的马、骡、牛、驴、骆驼等,人在肩扛手提时也直接充当了交通运输的工具。

帝王出行时必须乘坐与所参与的活动相对应的交通工具,在历史上形成了一套繁琐严密的规制,是颇为复杂的古代礼制的组成部分。

《清史稿·舆服志》记载[90]，皇帝乘坐的车轿有"五辇"、"五辂"、"三舆"之说。清前期，玉辂、大辂、大马辇、小马辇、香步辇并称"五辇"，是帝后乘坐的五种不同样式车辆的统称。"辇"的本义是用人力拉的车，秦汉以后成为对皇帝皇后所乘车辆的专门称谓。乾隆八年（1743），将大辂、大马辇、小马辇、香步辇依次改称为金辂、象辂、革辂、木辂，与原有的玉辂合在一起，并称为"五辂"。"辂"的本义是指安在车辕上以供牵拉车辆的横木，在古代也是一种大车的名称，所谓"五辂"也是五种车的意思。乾隆年间更造"玉辇"，将凉步辇改为"金辇"，合称"二辇"；定大仪轿为"礼舆"、折合明轿为"轻步舆"、大轿为"步舆"，合称"三舆"。"舆"本指车厢和车，转义为轿，所以轿又称"肩舆"。所谓"三舆"，就是三种轿子。乾隆以后的御用交通工具，主要由"五辂"、"二辇"、"三舆"组成。它们之间在样式、尺寸、装饰、使用范围等方面互有差异，象征礼制与权位的意义远远超过了交通上的实际需要，因此不予详细讨论。至于皇室宗亲、朝臣、命妇等使用的交通工具，如乘车、坐轿、骑马等也有严格的规定。乾隆十五年（1750）颁布谕旨：

> 从前满洲大臣内有坐轿者，是以降旨禁止武大臣坐轿，未禁止文大臣。今闻文大臣内务求安逸，于京师至近之地，亦皆坐轿。若谓在部院行走应当坐轿，则国初部院大臣未尝坐轿。此由平时不勤习技业，惟求安逸之所致也。满洲大臣当思本朝旧制，遵照奉行。嗣后文大臣内年及六旬实不能乘马者，著照常坐轿，其余著禁止。[91]

乾隆帝不仅把能否坐轿视为礼制的要求，更重要的是希望满洲官员保持本民族弓马骑射的尚武雄风，担心京城的安逸生活消磨他们的意志，具有防微杜渐的意味。满汉官员坐轿的规格以及轿夫的名额，也有相应的礼制要求而与交通意义无关。

清代普通百姓的陆上交通，继承了由来已久的方式并基本延续到民国时期。某些传统的交通工具至今仍在使用，在北京地区的乡村尤其如此，这也是社会经济与政治环境的变迁往往并不同步的证明。大众化的交通工具可分为畜力与人力两大类。畜力与人力既是驱动各类车辆的动力，自身也是一种交通运输形式。畜力交通工具有马车、骡车、牛车、驴车、马、驴、骆驼等。人力交通工具有人力车、三轮车、轿、扛肩、担挑、冰床等。

图8—4　马车（选自陈志农《北京民俗剪纸艺术》103页）

　　马车分篷车与敞车两种，篷车载客，敞车客货兼运。民间办红白喜事，也有从出租行雇用马车的。拉货的马车也叫大车，两个木轮或胶轮架起平板车盘，有的车上装着简易栏板。用马和骡子驾辕的大车，在今天的农村仍然可见。洋式马车在八国联军入侵后传到北京，成为官僚富豪喜欢乘坐的车辆。

　　用骡子驾辕的骡车，也叫轿车，在晚清的北京是主要的载人车辆，有"京车"之称。车身的主体是车厢，有穹形的顶棚和门窗；官用骡车的车轮较高、辐条较细、车毂凸形、车轴稍长，俗名"陕西脚"，普通骡车的车轮为防止翻车做得特别沉重；车围根据冬夏季节的不同，天热时开纱窗，天冷时增加保温的氆氇雪顶。"京车"所用的骡子大多来自陕西，人称"西口"，以颈长、胸宽、腰瘦、胫细者为优，毛色以"缎子黑"、"野鸡红"、"菊花青"等为上乘。旧时北京的骡车除自用之外，还有营业性质的。骡车的经营者白天在固定的某处胡同口等待乘客赁坐，因此有"站口儿"之说。骡驮轿，是前后各用一头骡子驾驮的轿子，实质上与坐轿无异，但它的动力不是人力。骡驮轿一般可坐或躺卧两人，适于长途旅行，通常可日行百里。

　　在骡车、马车兴起之后，依靠毛驴做动力的驴车日渐减少。粮店常用自备的驴车送货，郊区农民则用来运输粪土或农产品。城里营业性的驴车，除了与骡车一样有"站口儿"之外，还有"跑趟子"（或称"跑海"、"趟子车"）的方式，赶着驴车沿着一定的路线来回拉客。从天桥到永定门，东四到朝阳门，西直门到海淀等路段，都有趟子车。由此地到彼地的价钱固定，车辆简陋但价钱也便宜。民国以后，这种驴车逐渐绝迹了。牛车也是城郊地区的运输工具之一，作用与自备性质的驴车相似。

马、驴是人们在驾车之外经常骑乘的两种畜力。奔跑快捷的马在古代交通中的地位，通过邮驿、骑兵、战车等多种活动体现得非常充分。北京城内的文武大臣上朝，大多必须骑马，清代尤其强调满洲官员骑马以保持尚武的传统。至今在北京的某些街道，仍然可见"官员人等到此下马"之类的下马碑。清代还有"前引"、"后从"的制度，官员外出时，不论他是骑马还是坐轿，总有骑马的仆从前导后随，俗称"顶马"、"跟骡"。

图8—5　骑驴回娘家（选自陈志农《北京民俗剪纸艺术》102页）

驴是容易饲养、比较驯服、耐力较强的牲畜，骑驴代步也是北京城内的交通方式之一。清人记载："康熙丙辰五月初一日（1676年6月11日），京师大风，昼晦。有人骑驴过正阳门，御风行空中，至崇文门始坠地，人驴俱亡差。"[92]这虽是百年不遇的极端事件，但也提供了清代北京居民骑驴代步的一个证明。北京城内也有养驴拉脚的行业，从新街口到西直门，交道口到安定门，东四到朝阳门，大街上常见赶驴拉脚的人。从宣武门到白云观之间，骑驴到白云观进香、赶庙会的游客更是络绎不绝。今天的宣武门西河沿街在清代称作"赶驴市",就是由于这里集中了大批毛驴,可供游人骑行进入内城或到白云观、卢沟桥、西山等地观光的缘故。这些毛驴日复一日、年复一年地来往于两地之间,对沿途的路径、景物非常熟悉,无论载人还是驮货,都显得驾轻就熟。从赶驴市到白云观,顾客付钱之后不用脚夫跟随,毛驴就驮着客人沿着熟悉的路径奔行到目的地。赶驴市脚夫的合伙人在白云观等到客人后,用手一拍驴身,它就能够自觉地跑回赶驴市。

骆驼具有脾气温顺、吃苦耐劳的天性,驮运货物的能力胜过驴骡。北京西郊石景山和南郊的南苑一带,清代与民国时期有不少靠饲养骆驼赶脚驮运货物为生的驮户。他们主要从门头沟驮煤、从大灰厂驮灰、从西山驮木材等,到北京城里送货或者贩卖。民国以后,为了避免长长的骆驼队影响城市交通,对进城的骆驼队陆续有所限制。拉骆驼的主要在春、秋、冬三季活动,夏季一般要赶着骆驼到口外去放牧,行话称为"做场"。当胶皮轮的马车和卡车兴盛之后,骆驼队就逐渐被淘汰了。

图8—6　阜成门外的骆驼队

手推车是一种独轮车。车轮居中安置在车身下面,靠人力推动后面的两个车把向前运转。车轮、车轴早期为木质,笨重、费力、噪音大,后来改进为比较轻便、省力、无噪音的胶轮与轴承。旧日北京卖水、卖菜、淘粪的以及农民的日常运输,大都使用手推车。

人力车又称洋车或胶皮车,南方多称之为黄包车或东洋车,是清末从日本传入的人力载客车。两个车轮承托着半圆形或方形的车厢,车身前有长长的两根车把。北京出现的第一辆人力车叫做"铁皮车",车轱辘用铁皮制成,是日本人送给慈禧太后的御用车,至今还陈列在颐和园。清末北京的街市上,有不少仿造的铁皮车。民国以后,铁皮轮改成胶皮轮,车厢多为半圆形。在老舍先生的小说《骆驼祥子》里,祥子就是拉这种人力车的车夫。人力车穿行在北京的大街小巷,在商业、娱乐业集中的地方,往往有多达数辆乃至十余辆人力车等待客人。新中国成立后,人力车逐渐被取消。近年来又作为旧时民俗的象征,与过去平民偶尔使用、民国时期被马车或汽车取代的四人抬的红色喜轿等,出现在北京胡同游等观光活动中。

扛肩、背负和挑担,是单纯依靠人力的运输方式。清末北京大雨时,大街上往往积水成河,于是有人专门背人过街来挣几文钱。旧时北京卖蔬菜、鱼虾、鲜花的商贩,铺子里送煤、送灰以及饭馆里送酒菜的伙计,大多是采用挑担子的方式。扛肩,俗称"窝脖儿",是最有地方特点的一种人力运输形式,因为在大多数情况下不能伸展脖颈而得名。从事这一行业的"窝脖儿匠"主要是为人搬家或送嫁妆,其中极少数为皇室扛运贵重陈设的,专归皇宫懋勤殿绳子库管辖。"窝脖儿"是一种专门的技能,一般人根本"窝"不了那样长、高、重而且易碎的物件。他们先将要搬运的物件用软线绳捆绑在一个一尺半长、一尺七八寸宽的长方形木板上,再由二人抬起,放在"窝脖儿匠"已垫好棉布垫与木板条的肩膀上。"窝脖儿匠"一手扶着物件,一手前后甩动,两眼平视前方,迈开大步急行。到

图8—7 窝脖儿(陈志农剪纸)

157

达目的地以后，仍需二人将肩扛的物件稳稳地接下来。除了肩膀能扛东西之外，"窝脖儿匠"还有健步如飞和拆装各式家具的技能。清末北京有名的"窝脖儿匠"范茂贵，仅用四天时间就能把六十斤重的铜狮子"窝"到遵化县马兰峪的慈禧太后陵墓去，也算是民间奇人了。

二、水上交通工具

水上交通工具主要是各类船只。北京百姓冬季滑行在护城河、通惠河或某些湖泊之上的冰床，既是大众化的"冰上"娱乐玩具，也是一种季节性的辅助交通工具。冰床通常用木版制作，底部左右各嵌一根铁条，靠人力拉拽或乘坐者自己撑划，能够在冰上飞快滑行。乾隆十六年（1751），皇太后从清漪园（后称颐和园）回宫时，"自长河乘冰床至（高梁）桥，易辇进宫"[93]，大体上是偶一为之的事情。

龙舟是头部和尾部制成龙形的船只，在先秦时代已经出现。帝王水路出行乘坐的龙舟体形巨大、豪华气派，在交通功能之外更多地具有对权位的象征意义。隋炀帝大业七年二月十九日（611年4月7日），"上自江都御龙舟入通济渠，遂幸于涿郡"[94]。这里的"涿郡"即今北京，"舳舻相接，二百余里"的浩浩船队在运河上往来，显示了隋代高超的造船技术。清代皇城西苑的太液池中，"船坞旧有御舟很多，如瀛槎、仙汉乘春、太液翔鸾之类，其名不一。又有酒船、茶船、纤船、扑拉船、牛舌头船、膳船，皆所以备随扈者。中有蓬岛飞龙一船，尚是前明所遗。飞甍重楼，壮丽称甲。乾隆间尚加修饰，以其重滞不复乘用"[95]。顺治十一年（1654）端午，"召内大臣学士等，乘龙舸游西苑，至北桥登岸，幸南台，欢宴至暮。自后遇午日，宫中每以龙舟酬节"[96]。康熙、乾隆皇帝南巡，有时也乘龙舟沿运河而下。清代帝后由宫中到西郊御园时，出西直门至高梁桥换乘龙舟，沿长河逆水而上，到西郊万寿寺前广源闸再换船，过绣漪桥进入昆明湖。为便于龙舟停泊，在高梁桥西和广源闸东设置了船坞，高梁桥西北修建了作为途中歇息进膳之所的倚虹堂。清末慈禧太后在颐和园与皇宫之间往还，有时也从高梁桥坐龙舟由长河水路而行。

在清代多种类型的船只中，北京地区能够见到御用的龙舟以及粮船、水驿船、浮梁渡船等。粮船专门用于漕运，海运粮船叫做遮洋船，河运粮船称为浅船或剥船。粮船的载重计量单位每"料"重一石，明代一只四百料的浅船，底长五丈二尺，底阔九尺五寸，需用楠木七根，楠木短枋、连二枋、连三枋各一块，榆木一根，杂木五根三段，大小钉锔七百斤，艌麻二百斤，油灰二百斤，桐油三十斤[97]。清代顺治初年的粮船与明代的浅船大小相仿。康熙二十二年（1683），各省粮船式样改定为长七丈一尺、阔一丈四尺四寸，规模超过了此前的粮船。乾隆五十年（1785），又因"各省漕船过于高大沉重，行走迟滞"，将剥船的形制改为长五丈八尺、中阔一丈八寸、后阔八尺一寸、装米三百石，比康熙时要小了许多[98]。

浮梁渡船，是以船作桥渡过江河的交通方式，清代顺天府通州、古北口、三河县等地有桥船。康熙十八年（1679）覆准，"将顺天通州额设桥船五十内，拨给三河县沟河六船"。五十七年（1718）"拆造通州桥船二十二，作为定额"。这样，通州的桥船最终从五十只减少到二十二只。雍正元年（1723）奏准，"古北口滦河设渡船四，交与汛官管理"。乾隆五年（1740）提准，"直隶省古北口渡船朽坏，别设渡船二，增设桥船十四"[99]。浮梁渡船只需坚固耐用，因此样式简单、制作省力。

注释：

（1）《清会典》卷二十五《户部仓场衙门》，中华书局，1991 年版。

（2）《清会典事例》卷一百四十七《吏部·书吏·经制额缺》，中华书局，1991 年版。

（3）《清会典》卷五十一《兵部》。

（4）《清会典》卷五十八《工部》。

（5）《清会典事例》卷一百四十七《吏部·书吏·经制额缺》。

（6）《清会典》卷八十三《銮仪卫》。

（7）《清高宗实录》卷六百八十七，《清实录》，中华书局，1985 年版。

（8）《清世祖实录》卷五十六。

（9）《清世祖实录》卷五十七。

（10）《清圣祖实录》卷三十八。

（11）《清圣祖实录》卷一百七十一。

（12）《清世宗实录》卷七十七。

（13）《清世宗实录》卷一百三十二。

（14）冯溥：《佳山堂诗集》卷三《芦沟桥行》，《四库全书存目丛书》集部215 册别集类，齐鲁书社，1997 年版。

（15）《清世宗实录》卷二十九。

（16）于敏中等：《日下旧闻考》卷九十一引《世宗御制广宁门新修石道碑文》，北京古籍出版社，1985 年版。

（17）《清世宗实录》卷九十。

（18）《日下旧闻考》卷九十一引《御制重修广宁门石道碑文》。

（19）《清世祖实录》卷七。

（20）《清世祖实录》卷八。

（21）尹钧科：《北京古代交通》，北京出版社，2000 年版，第 41 页。

（22）《清高宗实录》卷四十九。

（23）《清高宗实录》卷六百四十九。

（24）《清高宗实录》卷一千一百四十九。

（25）《清宣宗实录》卷一百四十八。

（26）尹钧科：《北京古代交通》第 41 页。

（27）《嘉庆重修一统志》卷四十二《承德府一》，中华书局，1986 年版。

（28）《清圣祖实录》卷一。

（29）《清圣祖实录》卷三十九。

（30）《清高宗实录》卷二十一。

（31）《清高宗实录》卷三百二十三。

（32）《清宣宗实录》卷二十六。

（33）尹钧科：《北京古代交通》，第 43—44 页。

（34）《清世宗实录》卷七十九。

（35）《日下旧闻考》卷八十八引《世宗御制朝阳门至通州石道碑文》。

（36）《清世宗实录》卷九十九。

（37）《清高宗实录》卷七十三。

（38）《日下旧闻考》卷八十八引《御制重修朝阳门石道碑文》。

（39）《清高宗实录》卷六百七十二。

（40）周家楣等：《光绪顺天府志》京师志十五“水道”，北京古籍出版社，
1987 年版。

（41）《嘉庆重修一统志》卷二《京师二》。

（42）方苞：《方望溪全集》卷十四，中国书店，1991 年版。

（43）《光绪顺天府志》河渠志十二“津梁”。

（44）《清圣祖实录》卷二十六。

（45）《清圣祖实录》卷三十一。

（46）《光绪顺天府志》河渠志十二“津梁”。

（47）《清高宗实录》卷一千一百八十八。

（48）《光绪顺天府志》河渠志十二“津梁”。

（49）《清高宗实录》卷二百五十二。

（50）李绂：《〈畿辅驿站志〉序》。《穆堂初稿》卷三十一。《续修四库全书》
1422 册，上海古籍出版社，2002 年版。

（51）《清会典》卷五十一《兵部》。

（52）杨行中：［嘉靖］《通州志略》卷二《建置志》“邮铺”，中国书店，
2007 年版。

（53）高天凤等：［乾隆］《通州志》卷二《建置志》“铺递”，乾隆四十八年
刻本。

（54）周硕勋：［乾隆］《延庆卫志略》"驿站"，乾隆十年抄本。

（55）张惇德：［光绪］《延庆州志》卷五《经政志·邮递》，光绪六年刻本。

（56）《光绪顺天府志》卷六十四《经政志·驿传》。

（57）《光绪顺天府志》卷六十四《经政志·驿传》。

（58）《清圣祖实录》卷一百四十八。

（59）《清世祖实录》卷五十四。

（60）《清圣祖实录》卷十四。

（61）梁清标：《蕉林诗集》卷四《挽船曲》，《四库全书存目丛书》集部204册别集类，齐鲁书社，1997年版。

（62）沈惠荫：《河西驿日记》，国家图书馆藏清抄本。

（63）《清德宗实录》卷三百八十五。

（64）《清德宗实录》卷四百二十五。

（65）谈迁：《北游录》"纪程"，中华书局，1960年版。

（66）谈迁：《北游录》"后纪程"，中华书局，1960年版。

（67）《清世祖实录》卷十七。

（68）《清世祖实录》卷三十三。

（69）《清世祖实录》卷五十四。

（70）《清圣祖实录》卷十四。

（71）《清圣祖实录》卷九十三。

（72）《清圣祖实录》卷九十四。

（73）《清圣祖实录》卷九十七。

（74）《清圣祖实录》卷一百六十五。

（75）《清圣祖实录》卷一百七十四。

（76）《清圣祖实录》卷一百九十三。

（77）《清圣祖实录》卷二百六十五。

（78）《清圣祖实录》卷二百八十三。

（79）《清高宗实录》卷四十七。

（80）《清高宗实录》卷一百七十一。

（81）《清高宗实录》卷一千三百六十一。

（82）《清德宗实录》卷四百八十四。

（83）《清德宗实录》卷四百八十五。

（84）《清德宗实录》卷四百八十七。

（85）《清德宗实录》卷五百三十四。

（86）《清德宗实录》卷五百九十四。

（87）《宣统政纪》卷三十九。

（88）赵尔巽等：《清史稿》卷一百二十二《食货志三》，中华书局，1998年版。

（89）任在陞：［雍正］《平谷县志》卷一《地里志·桥梁》，雍正六年刻本。

（90）赵尔巽等：《清史稿》卷一百二《舆服志一》。

（91）赵尔巽等：《清史稿》卷一百二《舆服志一》。

（92）吴长元：《宸垣识略》卷十六《识余》，北京古籍出版社，1983 年版。

（93）吴振棫：《养吉斋丛录》卷十八，北京古籍出版社，1983 年版。

（94）魏征等：《隋书》卷三《炀帝纪上》，中华书局，1997 年版。

（95）吴振棫：《养吉斋丛录》卷十八。

（96）吴振棫：《养吉斋丛录》卷十四。

（97）申时行等：《大明会典》卷二百《工部二十·船只》，国家图书馆藏明万年刻本。

（98）《清会典事例》卷九百三十五《工部·船政·粮船》。

（99）《清会典事例》卷九百三十九《工部·船政·浮梁渡船》。

第九章　晚清民国交通的近代化变革

　　从交通方式与交通工具变革的角度衡量，晚清时期兴修铁路、建设电报邮政系统、改进城市交通等一系列活动，无疑是中国发展近代化交通事业的开端，首都北京的起伏曲折往往成为中国交通近代化进程的晴雨表。本书前面各章均以某个朝代的起讫作为分段叙述的界线，这与古代交通缓慢发展的状况相符。与此同时也应看到，尽管社会在许多方面的变化深受政治因素的制约，但工程技术性质的事业是以相应时代的科学水平为支撑，与执政者的意识形态并无多少必然联系，由此获得的成果是全社会各色人等都可能使用的设施或工具。中国的近代化交通事业虽然是在国内外时势与相关决策人物推动下发展起来的，但它的具体进程与所在历史阶段以改朝换代为主要标志的政治变动并不同步。有鉴于此，我们在这里打破以政治标准划分的时代界限，把中国近代化交通事业发端的晚清与沿着已经开辟的方向继续前进的民国时期作为一章，力求比较完整地记录北京交通在此背景下经历的巨大变革。

第一节　铁路建设曲折前进

　　在晚清饱受西方列强侵略的背景下，近代工业和科学技术陆续传入中国，铁路与火车成为交通事业发生重大变革的标志之一。鉴于修建铁路的巨大经济利益与政治意义，西方国家极力推销其技术并着手具体实施，中国方面则由起初的主观排斥进步到部分官员积极接受，进而使修筑铁路变为决策者的共识而获得较大发展，这大致成为清末铁路建设的三个阶段。

一、铁路与火车在北京城的出现

铁路与火车作为舶来品在中国登陆，首先出现于北京城。新事物在输入初期难免使国人感到怪异，接受它们需要一定时间与事实的验证。清朝总理衙门的档案记载：

> 铁道轮车一事，始议立时，朝野上下，强半有异议。其中有畏事者，有为身价计者，有谓虽造亦属无用者，有谓危险堪虞者，有谓无利可图者，……至今俨如秋叶之被风扫荡也[1]。

清末民初的李岳瑞记载：

> 同治四年（1865）七月，英人杜兰德，以小铁路一条，长可里许，敷于京师永宁门外平地，以小汽车驶其上，迅疾如飞。京师人诧所未闻，骇为妖物，举国若狂，几致大变。旋经步军统领衙门饬令拆卸，群疑始息。此事更在淞沪行车以前，可为铁路输入吾国之权舆。[2]

这里所说的"淞沪行车"，是指同治五年（1866）英国怡和洋行在上海未经中国政府同意就擅自修建的淞沪窄轨铁路。光绪二年（1876）竣工后，清政府以民怨沸腾为借口禁止其运营，经过谈判交涉后花费28.5万两白银将其购回，光绪三年（1877）将款项如数兑清后立即拆毁，铁轨和火车旋即运往台湾，一说沉入打狗港中，一说在光绪九年（1883）又载回上海，运往北方供修筑开平铁路之用。一般认为这是中国第一条真正意义上的铁路，但比杜兰德在北京铺设的小铁路还要晚些。由于国人早期对铁路的隔膜，这两条铁路都没有逃脱被迅速拆毁的命运。直隶总督李鸿章在光绪十三年六月二十六日（1887年8月15日）的信函《综论饷源并山东热河各矿》中说到，此前他将七里长的铁轨经水路运到通州，然后又运进北京，"前此铁道一里，哄动都人。惜轨短人推，未能曲尽其妙，或犹难免浮言。将来分设外火器营，试演捷速，当共讶其灵便，风气或自此开也"[3]。杜兰德的小铁路只铺设了一里多长，按照李鸿章的说法，试验性质的行车要靠人力推动，与后来以蒸汽或电力驱动的火车大不相同。但李岳瑞说"以小汽车驶其上，迅疾如飞"，实际上就是蒸汽驱动的小火车。如果只靠人力推动车辆，这既不符合英国人展现铁路的优越性以打动清朝统治者的初衷，也不至于使京师乃至全国感到惊诧和怪异。铁路与火车在中国最早出现于同治四年的北京城外，是可以确定的事实。李岳瑞所谓铺设铁路的地点"永宁门外"，通常认为就是宣武门外护城河沿线，但北京在历史上未曾有过"永宁门"，究竟为何如此称呼还需继续探究。

　　积极主张发展铁路事业的李鸿章，为了让慈禧太后亲眼见识火车的优越性以赢得其支持，建议在皇城铺设一条窄轨铁路。他在《综论饷源并山东热河各矿》中透露了修建铁路遭遇的阻力："人情蹈常习，故舍实务虚已成痼疾，诚误国计。若非圣母主持于上，殿下提倡其间，鸿章何敢破群议而勉力为之。"[4]这里的"圣母"与"殿下"，分别指慈禧太后与醇亲王奕譞。这条铁路从中海西岸比较靠北的紫光阁向北延伸，穿过中南海的北门福华门、北海西南门阳泽门，沿北海西岸北行至极乐世界转向东，又自五龙亭以北，经阐福寺、大西天至终点站镜清斋（后改静心斋），通称"西苑铁路"。铁路总长1510.4米，其中经过交通要道的三处地方约157米是可以临时拆装的活动铁轨。光绪十四年十一月初六（1888年12月8日），翁同龢在日记中提到了北京皇城内修筑铁路、试开火车这一前所未有的事件："合肥以六火轮车进呈，五进上，一送邸，今日呈皇太后御览。今紫光阁铁路已成，未知可试否也。是为权舆，记之。"[5]这里的"合肥"即以籍贯代指李鸿章，他从天津运来的6节车厢和1座车头是从法国进口的，此前分别送呈光绪皇帝和醇亲王，这一天请慈禧太后观赏，法方则意在借此推销他们的产品。慈禧太后在西苑居住时，以仪鸾殿为寝宫，在勤政殿议政，镜清斋为用膳休息之所，几乎每天都要乘坐小火车往返于仪鸾殿与镜清斋之间。由于担心蒸汽机车的轰鸣声破坏皇城的风水，每辆小火车由四名太监用绳索拉拽前进。尽管如此，此举确也增强了慈禧太后对兴修铁路的关注，有利于推进中国铁路事业的发展。光绪二十六年（1900），西苑铁路被八国联军拆毁，此后一直未能修复。

二、英国对北京周边铁路线的勘测

　　路线的踏勘与测绘，是铁路建设的基础。与修筑展览性的宣武门外小铁路同时甚至更早些，英国人已经私自开始了对北京周边铁道线路的勘测。一名勘测者 T. G. Mead 在 1868 年 10 月 14 日致函传教士 Alexander Williamson，谈到了他的勘测见闻与设想，摘录如下：

世界上没有比大沽到北京过去三十哩的 Foo-Tow-Ling 这一地区更宜于建筑铁路的了。只在天津需要架设桥梁，那儿需要两座小桥：一座架在运河上，另一座架在浑河上。这一片地很平坦，一直到北京西北七十里的羊房，都未见有石山。从羊房起有了山脉：一条向北稍稍偏西至南口，另一条向西经过外国人夏天寄居的礼拜堂。两山之间，有一条坡度不大的路通到 Foo-Tow-Ling。……从 Foo-Tow-Ling 过去一直到下马岭，除了又两座岩石拦在路上外，便没有障碍了。浑河又经过这里，绕着下马岭的脚下奔流过去。这座山可以开隧道，可以翻越过去，也可以从山脚绕过去。假令采取绕过去的办法，那就需在村落前面建起拱道，因为村落靠近山边，而山的南面是很陡峭的。沿着山边去山北面的小径约有三哩路程，路的下面就是河流，通过山尽头的几座拱道和横在浑河上的桥，便到达青白口，过此就到了斋堂，我都没有看见什么困难之处。这条路穿过一峡谷，谷内有丰富的筑路材料，唾手即得。

下马岭与 Foo-Tow-Ling 之间的山谷和从 Foo-Tow-Ling 到羊房的路上，都有丰富的材料而且近在手边，可以用来建筑无数的路。

如果斋堂及其附近各矿能向外国贸易开放——这正是矿主们所亟切盼望的，则从大沽筑一条铁路到斋堂，无疑地将是一项有利的投资。首先，火车可以承运所有从大沽到通州的漕米，并可以运载输往南口的俄商茶砖到羊房，以及现在用车、用船都要化上四天工夫的普通货物。目前在天津、北京之间的八十哩路程上，大批旅客要付六元至九元雇一辆车子走上两天，那时他们可以得到这条铁路的方便了。从斋堂及其临近矿区，至少还有十万吨煤可以承运。此外，再借助一条通过门头沟平原和房山之间而在卢沟桥会合并穿过卢沟桥的短程铁路，运输量就会差不多增加一倍。因为这条铁路线可以带来家家要用的软质无烟煤、青白石灰、建筑用石头、上等版石，也许还有目前很少想到的别的许多东西。

我不知道中国有哪一个港口能像天津，一旦兴建铁路和开采矿藏，即能获得那样大的利益。在包括富庶的山西、整个蒙古、满洲的一部分、河南的一部分和山东的一部分在内的广大地区，天津乃是一个最大的出入口。倘有一条铁路通到斋堂矿区，其利益便会如我所描述的那样大。如果进一步使铁路远伸到山西省会，通过蕴藏有最上等煤铁资源的富庶的煤铁区的中心，那么，……

还有什么不能办到的呢？有什么东西能够阻拦它兼为格拉斯哥和曼彻斯特，既制造铁舰又织造现在必须由曼彻斯特进口的棉织品？……如果能有一条铁路线通到大同，那么，就可以无阻碍地把蒙古西部产品用船载到黄河的一个靠近京城的口岸，从而运往天津。因此，我们便可以输出羊毛、兽皮、兽脂等等，这些东西现在因为运输不便，对于当地人几乎是很稀罕的[6]。

北京的铁路建设是整个北方铁路系统的组成部分，英国人设想从天津大沽口到北京门头沟的斋堂、进而通达山西大同，修建一条运输煤炭、羊毛和其他物产的铁路，从资源腹地直达海边港口。他们的勘测当然是为了使英国获得巨大利益，若从单纯的资源调查与铁路规划角度看，表现了很高的科学技术水准。从上述引文提到的方位和距离看，羊房即今昌平区的阳坊镇，Foo-Tow-Ling 可能是阳坊西北 12 公里高崖口一带的山岭，但阳坊以南约 6 公里有西埠头村，"埠头"的语音与 Foo-Tow 相近，Foo-Tow-Ling 也许就是西埠头附近的山岭，但与"北京过去三十哩"即北京西北约 48 公里的距离稍有不符。不管怎样，从天津大沽口到北京西北山前地带这一路线是可以肯定的。浑河即今永定河，南口即今昌平南口镇，下马岭、青白口、斋堂在今门头沟区永定河或它的支流清水河岸边，它们的名称一直未变。自然条件的客观存在不以人的意志为转移，英国人当年的设想在近现代基本上都实现了，关于铁路线的选择也很难说没有受到他们的影响。

三、以北京为中心的铁路网建设

我国自建铁道的开端，始于开平矿务局修建的唐山至胥各庄之间的"唐胥铁路"。光绪三年（1877），直隶总督李鸿章创设开平煤矿公司。为便于煤炭运输，准备修建这条铁路。筹办期间遭到朝中部分大臣的阻挠，直到光绪六年（1880），在矿务局声明"以驴马拖拽"而不使用蒸汽机车的前提下才得以实施。

其路线由唐山煤井起至胥各庄止，凡十八华里。七年五月十三日兴工，六月五日为首创我国标准轨距铁路敷设之期，由总工程司薄内（R. R. Burnett）氏之妻在唐山订第一枚道钉。十一月工程告竣，每英里用款约英金三千磅[7]。

光绪七年六月五日（1881 年 6 月 30 日）开始实行的"标准轨

距"，是矿务局工程师、负责督修这条铁路的英国人金达（C. W. Kinder）确定的四英尺八英寸半。八年，金达利用开矿机器中的旧废锅炉，改造了一辆能够牵引百余吨的小机车，以代替最初作为驱动力的驴马，这是我国驶行机车铁路的开端。十二年，唐胥铁路延长至芦台，十三年通车。

在天津、唐山等地铁路事业不断进展的情况下，北京地区受到大势所趋的压力，被动地迈开了修建铁路的步伐。虽然屡遭朝廷守旧者的反对，李鸿章、左宗棠、刘铭传、张之洞等名臣一向积极主张修建铁路。光绪六年（1880），台湾巡抚刘铭传上疏，从保障国家安全、富国强兵、发展经济等角度，论述了修建铁路的重要作用：

> 自古敌国外患，未有如今日之多且强也。一国有事，各国环窥，而俄地横亘东、西、北，与我壤界交错，尤为心腹之忧。俄自欧洲起造铁路，渐近浩罕，又将由海参崴开路以达珲春，此时之持满不发者，以铁路未成故也。不出十年，祸且不测。日本一弹丸国耳，师西人之长技，恃有铁路，亦遇事与我为难。舍此不图，自强恐无及矣。自强之道，练兵造器，固宜次第举行。然其机括，则在于急造铁路。铁路之利，于漕务、赈务、商务、矿务、厘捐、行旅者，不可殚述，而于用兵尤不可缓。中国幅员辽阔，北边绵亘万里，毗连俄界；通商各海口，又与各国共之。画疆而守，则防不胜防，驰逐往来，则鞭长莫及。惟铁路一开，则东西南北呼吸相通，视敌所趋，相机策应，虽万里之遥，数日可至，百万之众，一呼而集。且兵合则强，分则弱。以中国十八省计之，兵非不多，饷非不足，然此疆彼界，各具一心，遇有兵端，自顾不暇，徵饷调兵，无力承应。若铁路告成，则声势联络，血脉贯通，裁兵节饷，并成劲旅，防边防海，转运枪砲，朝发夕至，驻防之兵即可为游击之旅，十八省合为一气，一兵可抵十数兵之用。将来兵权饷权，俱在朝廷，内重外轻，不为疆臣所牵制矣。方今国计绌于边防，民生困于厘卡。各国通商，争夺利权，财赋日竭，后患方殷。如有铁路，收费足以养兵，则厘卡可以酌裁，裕国便民，无逾于此。今欲乘时立办，莫如筹借洋债。中国要路有二：南路一由清江经山东，一由汉口经河南，俱达京师；北路由京师东通盛京，西达甘肃。若未能同时并举，可先修清江至京一路，与本年拟修之电线相为表里。[8]

光绪十三年（1887），主持海军衙门的醇亲王奕譞建议：

> 请将开平至阎庄商办铁路，南接大沽北岸八十余里，先行接造，再由大沽至天津百余里，逐渐兴修。津沽铁路告成，续办开平迤北至山海关……[9]。

第二年，津沽铁路即告完成，由天津经塘沽、芦台至阎庄，长175里，与此前建成的阎庄至唐山80里长的铁路相接，共长255里，这就是今日京哈线上的天津至唐山一段。此后，广东商人陈承德请求接造天津至北京东郊通州的铁路。由于此议遭到朝廷重臣的强烈反对，两广总督张之洞提出先修从北京卢沟桥经河南到湖北汉口的卢汉铁路。这样，津通铁路暂缓，卢汉铁路先行上马。不料，由于需要应对日俄在我国东北的扩张威胁，光绪十六年（1890）采纳奕譞和李鸿章的建议，又将修筑卢汉铁路的经费挪用修筑关东铁路。关东铁路在前一年修成的唐山—胥各庄—古冶（林西，今唐山市东）铁路的北端林西开始，至光绪二十年（1894）陆续修到了山海关，天津至山海关分别建造的几段铁路已连成一体，称为"关内铁路"。光绪二十四年（1898），向英国借款、由胡燏棻督办赶修山海关以外的铁路，至二十九年（1903）修至新民府（今辽宁新民市）。光绪三十年在我国东北爆发了日俄战争，日本修筑了自奉天至新民的窄轨铁路，称新奉铁路。此后，津卢、津沽、关内、关外、新奉等铁路联为一体，称为"京奉铁路"。京奉铁路自正阳门东车站开始，出东便门，向西南奔向丰台。再转东南，至杨村渡北运河以达天津。随后东折出山海关，最后到达沈阳。全长2246里，是沟通北京与东北的重要交通干道。1929年春，奉天省改称辽宁，北京也改名北平，始称"北宁铁路"。但是，这条铁路的权利却长期被英国和俄国霸占着，成为清末帝国主义压迫的写照。光绪二十六年（1900）庚子事变以后，正阳桥东西两侧的车站成为取代马家堡的火车总站。在北京地区，北宁铁路的支线有由东便门到通州、长五十里的京通（平通）铁路，自永定门至南苑北门大红门、长三十里的南苑轻便铁路。

图9—1　京奉铁路正阳门东车站今貌（孙冬虎摄）

关内铁路完工的农历甲午年，中国在与日本的"甲午战争"中失败，西方列强瓜分中国的势头越发猛烈，促使中国政府决意抢修铁路。首先向英国借款、由胡燏棻督办天津至卢沟桥的津卢路，开创了向外国借债修路的先例，于光绪二十二年（1896）通车。二十三年（1897），津卢路自丰台延长至北京永定门外的马家堡，北京才真正有了现代意义上的铁路和火车，马家堡也成为北京最早的火车总站，这一段嗣后又成为卢保铁路自丰台向北的延伸。也就在这一年，由张之洞综揽其事、盛宣怀为督办，利用向比利时的借款，开工修建卢汉铁路。二十四年（1898），卢沟桥至保定段完工。二十六年（1900）冬，保定以南各段陆续告竣。这一年是农历庚子年，八国联军入侵北京，使这座历史文化名城遭受了惨重破坏。卢保铁路北段此时则从永定门续修至北京城内正阳门前。三十一年（1905）再次向比利时借款，在完成郑州黄河大桥工程之后，卢汉铁路全线通车，并改名京汉（平汉）铁路。京汉铁路自正阳门西站出发，从西便门向南折，经卢沟桥向南纵贯直隶、河南、湖北三省，抵达华中重镇汉口，长达1315公里，也就是今天京广铁路由北京至武汉的路段。作为北京与中原地区联系的纽带，京汉铁路构成了联通海河、黄河、淮河、长江四大流域的南北交通大动脉，至今对国家的发展仍然具有巨大的关键作用。在修筑京汉铁路期间，周围以运煤为主的铁路支线也兴建起来，包括自卢沟桥东至丰台、长 16 里的丰台支路，丰台是北宁、平绥（北平—绥远）、平汉线的交点；良乡城南三里向西至坨里、长 34 里的坨里支路；琉璃河至周口店、长 32 里的房山支路；由坨里西至三安子、长 30 余里的高线铁路（或称航空铁路），也就是今人所谓"索道"；自周口店向西至车厂村、长 20 余里的周厂铁路；由车厂村越东大岭至三安子，长 1.8 万尺、高 3500 尺的钢索铁路（亦即"索道"）。此外，自新城县高碑店至易县梁各庄、长 84 里的西陵支路，是供清室到西陵祭祀专用的[10]。

平绥铁路分为京张铁路与张绥铁路两段。光绪二十九年九月乙巳（1903 年 11 月 13 日），"御史瑞琛奏：商人合力报效，拟建造京张铁路"[11]。三十一年四月壬子（1905 年 5 月 13 日），直隶总督袁世凯等奏：

> 筹设京张铁路，工巨款繁。酌议提拨关内外铁路余利，每年提银一百万两。从速动工，四年可成。此路即作为中国筹款自造之路，不用洋工程司经理。俟将全路工程测勘完竣，绘具图说，另行核办[12]。

从这一年九月开始施工，到宣统元年八月戊子（1909 年 9 月 25 日），邮传部奏：

> 京张铁路全路告成，计长三百五十七里，连岔道计长四百四十九里。此路为我国铁路北干之起点。道员詹天佑总司工程，经营缔造。其会办以及各段工程师暨执事各员，均属异常出力。拟请优给奖叙，以昭激劝[13]。

这项奖励申请在九月戊申（1909 年 10 月 15 日）得到批准："以京张铁路全工告竣，予总办詹天佑、会办关冕钧、工程司颜德庆等奖叙有差"[14]。南起北京丰台、经八达岭隧道至张家口的京张铁路，是我国在资金、设计、施工等方面完全独立自主的伟大创举。

京张铁路的设计者詹天佑，是国人引以自豪的卓越铁路工程专家。詹天佑（1861—1919），字眷诚，祖籍安徽婺源，生于广东南海县。同治十一年（1872）考取赴美国学习的"幼童出洋预备班"，光绪七年

（1881）以优异成绩毕业于耶鲁大学土木工程系，获学士学位。同年归国后，在修筑京奉铁路的滦河大桥、主持修建高碑店至易县的支线铁路时，他已经展现了杰出的才能。光绪三十一年（1905），詹天佑担任京张铁路总工程师。他独具匠心的精妙设计，创造了中外铁路建筑史上的奇迹。以险要著称的居庸关孔道，地质地理情况复杂，平均坡度约为30‰，设计和施工的难度极大。詹天佑在亲自考察的基础上，设计了长达1091米的八达岭隧道和巧妙至极的"人"字形线路，发明了"竖井施工法"，既保证了火车顺利通过居庸关和八达岭，又大大减少了工程量，在技术上超越了当时国际铁路建设的水平。京张铁路提前两年完工，工程费用比预算节约白银28万两（一说35万两）。1919年4月24日，詹天佑在汉口仁济医院病逝。他与夫人谭菊珍的墓地原在海淀区万泉庄，1982年5月20日由铁道部迁至青龙桥车站。为了纪念这位伟大的爱国铁路工程专家，1922年中华工程师学会在青龙桥火车站竖立了第一任会长詹天佑的铜像，总统徐世昌撰文并书写了纪念碑的碑文。1987年在八达岭隧洞的山峦上，修建了占地6000平方米的詹天佑纪念馆，供后来者瞻仰缅怀。2005年10月12日为纪念京张铁路肇建一百周年，张家口南站竖立了高4.75米、人像高2.8米的詹天佑铜像。

图9—2　詹天佑（1861—1919）

　　早在京张铁路即将竣工之际，宣统元年七月戊申（1909年8月16日）"邮传部奏：展筑张绥铁路。……现京张指日竣工，便可专营此路。即饬令京张路局人员一手经理，暂时定名张绥，毋庸另行设局，以节糜费"[15]。这条由张家口至绥远（内蒙古呼和浩特新城）的"张绥铁路"，修到山西阳高县时，因武昌起义爆发而停工缓办。1912年底继续修建，经过山西大同出长城，1915年到达内蒙古丰镇后又因第一次世界大战的干扰而停工。1919年再次续修，1921年终于抵达绥远。

这段铁路与京张铁路合在一起，称"京绥铁路"，共长 609 公里。1923 年延伸到包头，称"京包铁路"，京张铁路成为它的首段。鉴于原来的京张铁路关沟段通过能力较差，1955 年建成了自北京丰台至河北怀来县沙城的"丰沙铁路"，它实际上就是当年詹天佑勘测京张铁路时认为比较理想但因造价较高而被迫放弃的那条路线。

京张铁路施工期间的光绪三十二年六月己巳（1906 年 7 月 24 日），"商部奏：京西运煤，拟请饬由京张铁路接修枝路，以便运输。依议行"[16]。这份奏折叙述了门头沟采煤的状况：

> 京城之西山产煤素富，从前周口店、石梯、门头沟三处煤厂林立，专运西山南北所产灰煤。该处商民，大都恃此以为生计。近年以来，选据门头沟商人先后禀称：自周口店接修京汉枝路，通至琉璃河，于是山南之煤，南达保定、正定，北达京城、天津，运路因以日广。而门头沟向运山北之煤，以枝路未修，但恃驼运，脚价既昂，销路又滞，厂商相继失业，良善不免流离，莠民或从而滋事。惟有由商人等招集股本，接修门头沟枝路，并设立运煤公司，专运山北灰煤，俾苏民困各等情[17]。

由此到两年以后的光绪三十四年（1908），筑成了京张铁路的京门支路，起点为西直门，向西行至三家店，渡过永定河，止于门头沟外小龙村，全长 47 里，供运输煤炭和建筑材料之用。进入民国以后，1924 年 5 月 1 日至 1927 年 7 月 1 日，建成了由门头沟至板桥、长 34 公里的"门板支线"；此后至 1931 年冬，建成了由清水涧至斋堂的"清斋支线"，二者合称"门斋铁路"，也是以运输煤炭建材为主的铁路支线。

光绪三十四年（1908），津浦铁路开工，以山东南境的韩庄运河为界，南北两段分别向英国和德国贷款，宣统三年（1911）冬两段在韩庄接轨，民国元年（1912）通车。津浦铁路贯通了海河、黄河、淮河、长江下游流域，加强了北京与东部沿海各省的联系，而元明清三代一直作为国都生命线的南北大运河，随之失去了昔日的辉煌，交通地位一落千丈。

李鸿章在覆议刘铭传所奏之事时称：

> 铁路之设，关于国计、军政、京畿、民生、转运、邮政、矿务、招商、轮船、行旅者，其利甚溥。而借用洋债，外人于铁路

把持侵占，与妨害国用诸端，亦不可不防。[18]

他对修建铁路的主张予以充分肯定，同时指出若借外债修路需防止中国权益被外人侵占的问题。当时修建铁路有外人自办、借款承办、中外合办等多种形式，修建京奉铁路时曾向英国中英公司借款，修建京汉铁路时又向英国汇丰银行、法国汇理银行借款，这些都程度不等地削弱了中国的政治、经济权益，而以路权操在外人手中为害最大，后来又出现了国有商办的模式。尽管如此，在清末修建铁路的热潮中，京奉、京汉、津浦、京张等铁路的相继建成，是处于内外交困的晚清政府在时势逼迫下争取自强自立的结果。这几条铁路干线的修筑，使北京的陆路交通发生了数千年未有的重大变革，开创了北京交通史的新纪元，奠定了现代北京作为全国最大的铁路交通枢纽的基础。

四、北京环城铁路的建设

北京的环城铁路长23里，在城墙与护城河之间的荒地上修筑。自京张铁路的西直门站起，沿城北走、东折，经德胜、安定两门外。随后南折，经东直、朝阳两门外。再西折入东便门，与京奉铁路共轨，以达正阳门东站。这是民国年间的朱启钤等具有新思想和杰出管理才能的官员，为推进包括交通在内的市政近代化而采取的步骤之一。

朱启钤（1872—1964），字桂辛，晚年号蠖公，贵州开阳人。他的岳父陈崧生是曾国藩的次婿，出任过驻英、法、比利时参赞，"留给他不少驻外时的杂记书籍，朱从这些读物中得出西人以制造致富的经验总结"[19]。进入民国后，朱启钤曾任内务总长、交通总长、京都市政督办等职，推动了拆除正阳门瓮城、改建前门箭楼、开辟中央公园（今中山公园）、拆除千步廊为天安门广场等重大工程的实施。1914年5月，朱启钤提出《修改京师前三门城垣工程呈》，总统袁世凯批复：

> 据署交通总长朱启钤呈请，展修京都环城铁路，由京张铁路局筹款承修，接通京奉东便门车站，以利交通而兴市政。计划甚是，应即照理。其路线经过地面所有勘用沿城官地，均准划归该部应用。至修改瓮城、疏浚河道及关于土地收用事宜，应由内务部会同步军统领饬各该管官厅、营汛协力辅助，俾速施工，毋误要政[20]。

图9—3　环城铁路穿过朝阳门与箭楼之间

随后，京张铁路局派工程司陈西林屡次勘测线路，从距离、成本等方面衡量，向交通部提出计划：

> 经过各门瓮城即仿京奉路穿过崇文门瓮城成案，均取直线一律通过办法，将经过各城门瓮城两边均行开通。仍将前面大箭楼留存，附加点缀，略为修葺，另开马路，较之崇文门现状更为适观，且便行人来往。

1915年4月5日，交通部呈送《京师环城铁路勘定路线并修改瓮城情形绘图呈请钧鉴文》，向总统呈报此事并获准。随后，京张铁路局完成了填筑路基土方、修改瓮城各工程的招工投标事宜，6月16日开工，到12月24日交通部即已向准备几天后成为洪宪皇帝的袁世凯奏报，拟于1916年1月1日通车，"现由西直门起，经过德胜、安定、东直、朝阳四门，至通州岔道与京奉接轨，可直达正阳门，不特与本路干支各路衔接相通，兼可与中外各路联络一气"。此后，京汉铁路局与京绥铁路局合作，前者负责修建京汉铁路的广安门车站到西便门车站的铁路联络线，由广安门车站北头引出，到西便门车站西头接轨；京绥铁路局修建西便门至西直门之间的北段联络线。两段联络线在1919年8月建成通车，北京环城铁路由此实现了全线贯通。属于环城铁路系统的车站有：京绥西直门车站（西直门外）、德胜门车站（德胜门外）、安定门车站（安定门外）、东直门车站（东直门外）、朝阳门车站（朝阳门外）、东便门车站（东便门外）、通州岔道车站（正阳门东站迤东)、北京水关东站（正阳门车站迤东）、京奉正阳门车站（正阳门迤东）、京奉正阳门车站（正阳门外）、京汉正阳门车站（正阳门迤西）、永定门车站（永定门外）、大红门小车站（南苑大红门）、西便门车站（西便门外）、广安门车站（广安门外）[21]，其中几处是环线支路的车站。

1914 年 6 月朱启钤任京都市政督办，领军京都市政公所推进城市管理和改造：

> 成立之初，市政草创，措施极简，惟于开放旧京宫苑为公园游览之区，兴建铁路，修整城垣等，不顾当时物议，毅然为之，且于规定市经费来源，测绘市区，改良卫生，提倡产业等，均有所倡导[22]。

今人追述说：

> 朱在清末任内外城巡警厅厅丞时，就经日骑马巡视京城内外，对京城的大街小巷、交通情况、建筑状况无一不了如指掌。他上任内务总长后的第一件大事，就是实现他考虑已久的正阳门改造计划[23]。

内城九门都是由城门楼和箭楼构成双重城楼，其间修筑瓮城以备屯兵之用。正阳门瓮城南北长 108 米，东西宽 88.65 米。行人出入城门，必须穿过瓮城门洞后再经正阳门门洞，而正阳门外又是京奉铁路、京汉铁路的终点，东西两侧各有一座火车站。为缓解日趋严重的交通阻塞，深通中国历史文化的朱启钤提出有限度的改造计划，主张拆去瓮城、保留箭楼、在正阳门两侧各开两个门洞。

交通建设不可避免地要遇到拆迁问题。朱启钤 1914 年 8 月 14 日的呈文说："围绕瓮城东西两面，原设有正阳商场一所，麇集贸易，阻碍交通，应即撤去。现已由警察厅协商发价迁移"[24]。此外，正阳门瓮城东西两侧月墙外，自明末清初以来形成了主营帽子与荷包的商业街，分别称为"帽巷"与"荷包巷"，并称"东西巷"。拆除瓮城，自然影响商贩的生计。在政府协调下，他们中的一部分以优惠的租金在前门外百货商店租场地营业，还有一部分转到了天桥地区继续经商。官方的支持和相对妥善的安排，减轻了社会上因产业冲突引起的矛盾，保证了正阳门改建的顺利进行。除此之外，更大的问题在于正阳门的改建初步伤及皇城的筋骨，由此招致一片反对之声。1938 年，朱启钤撰文回忆 1914 年前后的情形：

> 时方改建正阳门，撤除千步廊，取废材输供斯园（按：指"中央公园"，后改称"中山公园"）构造，故用工称事所费无多。乃时论不察，訾余为坏古制、侵官物者有之，好土木、恣娱乐者有之，谤书四出，继以弹章，甚至为风水之说，耸动道路听闻。百堵待举而阻议横生，是则在此一息间，又百感以俱来矣[25]。

不过，袁世凯赞同朱启钤的各项改造计划，特制一把银镐，上镌"内务部朱总长启钤奉大总统命令修改正阳门，朱总长爰于一千九百十五年六月十九日用此器拆去旧城第一砖，俾交通永便"字样[26]。有了这样的"尚方宝剑"，朱启钤的计划虽遭物议却仍得实行。

图 9—4 改建后的正阳门一带

改造后的正阳门，尽管有人认为"这个中央大门给人的印象，无论从哪方面看都是令人失望的"，但同时也看到，"新平面规划的宗旨，在于疏通内外城之间的交通，由于在城楼两旁修建了两条直贯南北的平行街道，并使之从城门两侧新辟的两个通道穿过，无疑使这一目的卓有成效地实现了。"前门大街上，"大车、人力车，驮东西的骡子、骆驼队，与汽车和自行车混杂在一起，旧的事物正在逐渐让位于机器时代发展中的事物"[27]。朱启钤的革新思想、处事才能、政治地位及其与最高统治者融洽信任的关系，使他成为推进北京城市近代化过程中的关键人物。改建正阳门，打通东西长安街、南北长街、南北池子，修筑环城铁路等一系列工程，都在他的鼎力倡导、周密计划之下实施，有效地改善了北京的交通状况。当年俯拍的照片显示（见图9—4，画面上方为东北方向）：在改建后的正阳门与箭楼之间，瓮城已经拆除；城门两侧城墙上，各开两孔门洞以利人与车通行；正阳门以东，是京奉铁路车站（弧形屋顶的建筑）；正阳门以北的千步廊已经撤除；火车道、有轨电车道清晰可见。

第二节　电讯邮政乘时起步

在古老的驿站制度仍然存在的同时，晚清巨大的社会变革促使北京出现了近代化的电讯邮政事业。这些内容在当代一般归入与交通并列的通讯的范畴，电报、电话已经脱离了以人员往还为载体的传统通讯方式，但信件依旧离不开逐一递送。鉴于清末正处于社会与技术的转折阶段，这里仍然将清末与民国时期电讯邮政的概貌略作说明。

一、新式邮政的建立

咸丰十一年（1861）与西方列强订约，驻京各国公使的邮件由总理各国事务衙门交驿代寄。同治五年（1866），改由总税务司的邮务办事处汇集各国驻京公使邮件，先统一递送天津，然后再寄往上海。光绪二年（1876），负责管理总税务司的英国人赫德建议中国创办邮政，但并未立即筹措，直到两年后的光绪四年，才在北京、天津、烟台以及咸丰八年（1858）根据中英《天津条约》辟为商埠的牛庄（今辽宁海城市牛庄镇）等地设立中国自己的送信局，这是中国试办邮政的开端。

光绪二十二年（1896），总理各国事务衙门奏请推广海关已实行的邮递办法，二十三年正式成立大清邮政局，但仍在海关总税务司署办公，仅有一间办公室，两名职员。随着业务的逐渐繁忙与工作人员的增多，办公地点迁到崇文门大街，三十一年又迁到小报房胡同。三十二年设立邮传部，将路政、船政、电政、邮政等一应事务，都归入邮传部大臣的管理之下。三十三年，邮政局再度迁址到东长安街。这时的北京城内，有邮政总局1处、支局10处、信柜26处、信筒123座、代售邮票所 68 处，已与国内外主要城市通邮，成为全国邮政的中枢。民国时期延续并发展了清末的新型邮政事业，在 1920 年左右，设在前门内户部街的北京邮务管理局，所辖有二等邮局 20 处，三等邮局 9 处，代办所 121 处，支局 25 处[28]。到 1928 年，北京邮区共有邮局和代办所 731 处，从业人员 2007 人，邮路里程 28734 公里，邮件总数达到 42595200 件[29]。

二、电话电报的推广

在邮政事业发展的同时，晚清北京的电话电报通讯事业也艰难地创办起来。光绪七年（1881）英国人在上海租界首先安装电话，这是中国出现电话的开端。在上海这个中国近代工商业最发达的城市，作为新型通讯工具进入中国的电话，首先引起了与西方接触频繁的官僚买办的兴趣。盛宣怀在光绪二十五年（1899）的奏疏中，形容电话是"入手而能用，著耳而得听，坐一室而可对百朋，隔颜色而可亲謦欬，此亘古未有之便宜"[30]。为了防止外来势力对中国电话通讯业的垄断，在这之后，北京、天津、上海、奉天、福州、广州、江宁、汉口、长沙、太原等地陆续设立了电话局。

光绪二十五年首先在天津成立官电局，经营电话业务。八国联军在光绪二十六年（1900）侵犯北京时，外国商人在东单船板胡同成立电话公司，德国侵略军架设了北京至保定的军用电话线。二十九年，清政府开始在帅府园安装磁石人工交换电话总机，首先向作为政务处理中心的颐和园以及各军营架设了电话线。三十年，在东单二条建立了北京第一个为社会公众服务的电话局，并在西苑挂甲屯和南苑万字镇设立了电话分局。三十三年，北京与通县、天津、塘沽等地已开通了长途电话。宣统元年（1909）四月谕军机大臣等："邮传部奏改良电话购换新机以利交通一折；又奏，请拨琉璃厂废窑余地，建立电话分局一片。均著依议。"[31]宣统二年，北京城内又安装了 10 门用户电话总机。至辛亥革命前夕，北京城区与近郊区共建立 4 处电话局，装机容量 3300 门。1928 年，北京的电话用户约 1.5 万家，电话线路长 81665 公里。国都南迁后用户渐减，七七事变前，市内电话局 8 处、装机容量 1766 门。郊区各县城一般只有一百门左右的人工电话交换机，广大农村则不通电话。

电报在中国的出现比电话还要早些。同治九年（1870），英国人首先安设了由广州经福建、浙江沿海而达上海、天津的水下电报线路，陆上的电报线路则由香港到九龙，同时又有丹麦人设立的由吴淞至上海的陆上电报线路。光绪五年（1879），直隶总督李鸿章建立了从大沽、北塘海口炮台到天津的电报线路，为国人自设电报线路开了先河。此后，李鸿章、盛宣怀等竭力主张以"招股集资"、"官督商办"的方式，尽快开设天津至上海的电报陆线，"以通南北两洋之邮，遏外线潜侵之患"，他们还建议设立电报学堂，雇用洋人教习，培养中国的专门人才，以备任用。获准后仅一年工夫，津沪电报陆线即告成功。随后的几年内，中国在开设沿海和内地的电话线路方面继续进步，但原先开设的南北洋陆线，其北端仍然只到天津而已。光绪七年（1881），李鸿章进言：

> 神京为中外所归向，发号施令，需用倍切。前于创办电报之初，顾虑士大夫见闻未熟，或滋口舌，是以暂从天津设起，渐开风气。其于军国要务，裨益实多。今总理衙门与曾纪泽皆以近畿展线为善策，拟暂设至通州，逐渐接展至京[32]。

这一建议实行后，第二年自天津延伸过来的电报线路就越过通州到达了京师。所以，光绪八年（1882）是北京电报通讯的开端，作为西方近代技术之一的电报，在与外国势力竞争、与本国保守官僚论辩中，终于跨进了首都北京的大门。

京城是地方行事的试风标，此风一开，各省认识了开办电报事业的利益而相继行动起来，"或本无而创设，或已有而引伸。其尤要之区，则陆线、水线兼营，正线、支线并设，纵横全国，经纬相维"[33]。各省竞相设置电报局，有些省多至20余所。从李鸿章开始，电报设施的建设就与军事相关，光绪三十二年（1906）六月初七日，直隶总督袁世凯奏：

> 无线电报，为西人新创之法，轻巧灵便，随处可设，尤以意国人马康尼所造机具，能达一百五十英里者为最适用。现在北洋创议举办，延聘洋员承办，购置机器，挑选学生，先就海圻、海容等船安置妥帖，继在南苑行营等处建电房、设机器，现皆次第蒇事[34]。

这些相继完成的事情，有助于提高军队的作战能力。国都北京的电报与山西、山东、江苏、河南、外蒙古等地相通，成为全国电报线路的汇总之地，而且与英、法、俄等国签约连线。光绪三十四年

（1908）邮传部成立后，北京的电报通讯就成了邮传部电政局管辖事务的一部分。1918 年北洋政府向日本借款 530 多万，在通州的双桥建设无线电台，由日本三井洋行承建。1923 年 12 月竣工、1925 年 8 月 10 日正式投入使用。

第三节　航空事业从无到有

清宣统元年（1909），法国飞行员 Vallon 在上海试航时失事遇难，这是我国上空有飞机航行的开端。第二年，军咨府参谋部仿效西方各国，留意于航空在军事上的应用。在北京南苑以东的五里堤一带，创立飞机试行工场，购买法国 Sommor 式双翼飞机一架，以供实习之用。1911 年从奥地利购买的两架 Etrch 式单翼飞机先后运抵上海、南京，1913 年转到南苑飞机试行工场。这一年，参谋部创立了南苑航空学校，添置 Condron 式双翼飞机 12 架，飞机试行工场并入航空学校，除两名中国的航空教官外，还聘请了外籍教官、机械师、驾驶员各两人。以 1913 年 9 月 1 日南苑航空学校正式开学为标志，北京开始了现代航空事业的建设。学校最初有 62 名学员，到 1918 年有近百名学员毕业。1914 年 3 月 11 日，该校三架飞机首次试航，从南苑机场飞往保定。1919 年，北洋政府设立筹办航空事宜处。1920 年 2 月成立北京航空署，5 月至次年 6 月，北京至天津、济南试航成功。1922 年开辟了北京至上海的航线。1933 年，北平至洛阳通航，以后又开辟了北平至太原、汉口、广州的航线。北平沦陷期间，1938 年 3 月 25 日至 7 月 1 日，修建了西苑机场。抗战胜利后，中美合资的中国航空公司与国民政府交通部所属的中央航空运输公司，恢复或新辟了北平至济南、南京、上海、汉口、西安、重庆等地的民用航线。北平和平解放前夕，还曾在天坛以南及东单以南修建了天坛、东单两个临时机场。

伴随着航空业的从无到有，出现了新型的航空邮政。1910 年 11 月，内阁会议预定了五大航空干线：京沪线（北京至上海），经过天津、济南、徐州、南京；京汉线（北京至汉口），经过保定、石家庄、郑州、驻马店；京哈线（北京至哈尔滨），经过北戴河、锦州、奉天、长春；京库线（北京至库伦），经过张家口、滂江、乌得、托罗海；库科线（库伦至科布多），经过沙布克台、乌里亚苏台。1911 年 4 月，邮政总局与航空署商定，自 7 月 1 日起在京沪线的北京至济南段航空寄递各种邮件包裹，但在试航之后十天即因财政困难而停办。不久又在北京与北戴河夏季避暑所之间开办航空邮班，却也是断续无常。上述计划因为经费不足而中辍，但从五大航线的设置看来，北京无疑已经具有全国航空中心的地位。

第四节　市内交通逐步改观

清末面对北京交通与卫生的困境，在注意维修通过城门的若干道路之外，也开始进行对其他街巷道路的整治。进入民国以后，作为城市近代化改造的一部分，北京的交通状况随着火车、电车、汽车的兴起大为改观，朱启钤等对于正阳门以及市内街道的整治对此具有重要的推进作用。以北京为中心的铁路网建设，强化了北京在全国的交通中心地位。环城铁路既是这个铁路网的组成部分，又是北京市内交通系统的骨干线路。在本章第一节，已经对以火车为交通工具的这两方面做了说明。进入民国以后，有轨电车、汽车对市内交通至关重要，是体现技术与时代变革的主要标志，人力三轮车的应用更为普遍，自行车等也逐渐成为部分市民的交通工具。

一、整修街巷与增辟城门

清代北京城内大部分道路极不理想，在前门大街等主要街道，中间走车的甬路比两侧的辅路高出三尺左右、宽一倍以上，辅路旁边往往随意排列货摊，车马行人拥挤不堪。绝大多数街道都是土路，多年挖掘两侧黄土添补甬道，在两侧自然形成了深沟，有的深达七八尺。刮风时道路扬尘，下雨后深沟积水，都成为影响交通的因素。大约生活在嘉庆年间的一位广东顺德人，在《燕京杂记》中记载[35]：

> 京城街道，除正阳门外绝不砌石。故天晴时则沙深埋足，尘细扑面；阴雨则污泥满道，臭气蒸天，如游没底之壑，如行积秽之沟。偶一翻车，即三薰三沐，莫蠲其臭。

大街两旁堆积的生活垃圾，严重妨碍着交通与居住环境，"人家扫除之物悉倾于门外，灶烬、炉灰、瓷碎、瓦屑堆如山积，街道高于屋者至有丈余，入门则循级而下，如落坑谷"。开春清理下水道时，一条条明沟被挖开，城市卫生状况之差暴露无遗：

> 京城二月淘沟，道路不通车马，臭气四达，人多佩大黄、苍术以辟之。正阳门外鲜鱼口，其臭尤不可向迩，触之至有病亡者。

此处为屠宰市，经年积秽，郁聚深沟，一朝泻发，故不可当也。

空气污浊使人们不得不借助中药来抵挡，鲜鱼口多年积聚的毒气更是到了令人触目惊心的境地。上述状况到清末依然如故。光绪三十年（1904），内城工巡总局设立行政处，负责道路交通和市政建设。次年，工巡总局改为巡警总厅，由警务处交通股负责道路、桥梁、沟渠及其他公共交通事宜。

清末着手将甬道铲平，修成土路或石渣路。中间是人行道与轻便车道，左右两侧是重车道，重车道外再挖排水沟，雨水由此流入护城河。街道两旁种植杨柳树，树立牌楼等作为地名标志。在排放生活污水的沟眼四周修建了"木间"即栏杆，街道两旁安装了路灯，使行人再无倾陷之患。质量最好的路面是用称为"锯子活"的方法修筑的马路，先用碎石填充路面，然后灌上石灰水，再用汽碾轧坚碾平。前门、骡马市、大栅栏、崇文门、王府井、东长安街、灯市口、朝阳门、鼓楼、宣武门、德胜门、西安门、西直门等处的主要街道，都得到了不同程度的整修。宣统元年（1909）刊行的兰陵忧患生《京华百二竹枝词》写道[36]："一自维新修马路，眼前王道始平平。""点缀两边好风景，绿杨垂柳马缨花。""更喜京师诸马路，都将锯子活修成。""改良街道名称好，各把牌楼树两头。"《京华百二竹枝词》还反映了清末北京交通管理的变化。车马行人拥挤的前门一带，道路阻塞动辄长达一两个小时，"而今出入东西判，鱼贯行来妙莫言。"东出西入的规则，使行路变得有了秩序。"小巷难行窄且斜，订章出进口无差。"经过警察局的整顿，胡同插车现象明显减少。马路修筑以后，骡马驴车随意停放的现象减少，"眼底耳根两清净，从今不见破骡车"，通行起来顺畅了许多。此外，前门原来在上灯时关闭，届时行人车马竞走飞驰，稍微延缓就有被关在城外之虞。三更时城门复开，但只许进城不许出城，凡入城者名为"倒赶城"。清末则改为出入无禁，"无复人言倒赶城"，大大方便了行人。清末的一条交通规则与今天正好相反，"靠左边行分两旁，章程订立本周详"。这样的警章订立后，车马均靠左边行走，有不遵者以违警论处，与前门"东出西入"的规则是一致的。

1913 年 1 月 7 日内务部《报明接修展修京师内外城马路工程用过银两数目等情请鉴核示遵文》称，根据清末民政部档案记载，"京师内外城马路工程，自开办以来先后迭经请领款项，计内城请拨银六十万两，外城请拨银十七万八千二百七十两六钱"，到光绪三十二年十二月，奏销已经使用的经费"四十四万八百七十二两六钱四分五厘三丝"，"共实存银三十三万七千三百九十七两九钱五分四厘九毫七丝"。
在此之后，又实施了下列道路整修工程：

> 复经按照原勘路段赓续兴修，将内城由第八段起接修宽街、
> 地安门、鼓楼迤东至交道口、安定门大街、北新桥、雍和宫、五
> 道营、东直门大街、东四牌楼东面至朝阳门大街止等处干路，并
> 添修铁狮子胡同、嘎嘎胡同、大甜水井、梯子胡同各枝路；其第
> 九段由西四牌楼迤西至阜成门大街止；第十段由西交民巷、刑部
> 街往西至西长安牌楼、西长安街西口止；第十一段由皇城内北长
> 街、西板桥、地安门内至景山、三座门、北池子、东华门至东安
> 门、望恩桥止，各处干路一并修筑整齐。共修马路六千三百零三
> 丈六尺七寸，合三十五里有奇。各项开支用银二十四万四千七百
> 一两一钱六分四厘。外城接修第三段崇文门外大街至蒜市口、东
> 珠市口至大石桥迤西一带干路，改修大栅栏、珠宝市、粮食店、
> 西河沿、廊坊头条、纸巷子、煤市街、观音寺及打磨厂等九处枝
> 路。共修马路二千二百九十七丈六尺九寸，合十二里六分有奇。
> 各项开支用银五万七千六百八十七两九钱二分三厘六毫八丝六忽。
> 又于原勘路线以外，动用撙节余款，陆续展修内城之石驸马大街、
> 徽子胡同、三转桥、鼓楼迤西至德胜门、甘水桥北口至什刹海、
> 蒋养房胡同起至德胜桥、往北至段家胡同各段马路，共一千二百
> 四十一丈五寸，合六里八分有奇，并补修富贵街石路暨补种树株。
> 各项开支用银二万七千六百七十八两一钱二厘七毫六丝九忽五微。
> 以上总计接修、展修内外城马路工程，统共用过正路、便道、明
> 暗沟、石牙工料暨汽碾、薪工局用、杂用等项银三十三万六十七
> 两一钱九分四毫五丝五忽五微。综核所修之路，视原勘则略有增
> 多；所用之银，较原估则不无省减，尚实余银七千三百三十两七
> 钱六分四厘五毫一丝四忽五微[37]。

这份呈文提到的情况，可以视为清末整修北京城内道路的总结。

进入民国以后，1914 年 6 月京都市政公所成立，北洋政府内务总
长朱启钤兼任第一届督办，借鉴各国市政先例，着手进行北京街市的
整理，以促进交通与商业的发展。从选择两个区域作为试点，逐步推
广到全市范围内，制定的各项规则颇为详细。1915 年市政公所订定房
基线办法，其中包括：

　　二、规定宽度时，该街原有之大建筑物及所值较巨之华美工程，倘于路线计划无大妨碍，能予免避者必予保全，以重物力，以恤民艰，故于测量时随时即将房屋等次记明图上。如实系无从免避，致路线不成形式者，亦不得过于迁就。

　　四、干路及冲要处虽主从宽，而仍以基线经过之处少拆房屋为要，以两边整齐为要，亦不能听各房款斜出入，有妨观瞻与来往。

　　八、若因折线过多，致该路形势不顺，有令现在及将来汽车及电车感经行之不便者，亦不能过于迁就，转致规定之后将来仍须改订，反贻市民再拆之累。

　　九、各街之转弯处，预备将来电车转弯之需要，均须抹角，其丈尺视各街之宽度及两街相交之角度之。[38]

　　这个办法既考虑了包括交通在内的都市发展需要，又根据北京旧城区的实际状况有所变通。随后，相继公布了《京都市政公所房基线测量队组织暨办事规程》、《管理测工简章》、《考核各项工程做法规程》、《招商投标规则》等。1918 年 8 月 7 日公布、1919 年 3 月 21 日修正的《京都市房基线施行细则》显示，各街巷房基线的测定分期进行。第一期：市内主要干路，市内繁要支路，市内毗连新辟市场各路。第二期：市内次要干路，市内已经建筑各支路。第三期：市内交通支路，市内计划筑造各路。第四期：其他特定各街巷[39]。自 1919 年 5 月 22 日至 1927 年 7 月 15 日，京都市政公所分批公布了市内道路等级、幅员的标准以及已定等级路幅的各条道路的名称，就是此前陆续测量与调查的结果。其中，一等路甲类宽度规定为 25 米以上，中央车马道 18 米以上，左右人行便道各 3.5 米以上，乙类及二、三、四、五等路依次递减。东华门大街（自东华门至东安门）宽 30 米，即被归入一等路的甲类之中[40]。这一时期的市政建设和管理工作，在科学性与规范性方面已经具有很高的近代化水准。1928 年国都南迁之后，北平特别市工务局继续进行了市内各街巷房基线的测定或复测，1930 年 4 月 19 日至 1936 年 12 月 3 日，相继公布了各条道路的等级、名称、起讫地点、路幅尺度[41]。抗战胜利后的 1946 年 10 月，工务局呈请市政府批准，根据城市交通发展的需要，重新厘定内外城干线系统，规定一等干线宽度为 40—60 米、二等干线宽度为 30 米以上、三等街路宽度为 20 米以上。自 1947 年 4 月起进行了一二等干线的测量，1948 年 7 月又将什刹海前后海与积水潭四周划定为三等道路干线[42]。上述两个阶段的工作与京都市政公所时期对街道的测量整修一脉相承。

从 1912 年到 1918 年 12 月，新修或展宽的道路有 34 条。1919 年至 1938 年，新开道路 18 条，大部分是石碴路或沥青路[43]。社会学者统计，从 1904 年到 1929 年，北京修筑了 106.151 公里石碴路、9.146 公里沥青路[44]。1914 年 6 月 17 日，京都市政公所公布了《公修马路简章》，支持商民捐资修建所在冲要地段道路、各官署函请代修所在地道路、偏僻地段住户官绅出资修路。市政公所派员会同警察厅及原发起人查勘，绘具线路图及估计修造工价，交由发起人集资。若所集经费不足，市政公所将酌情补助三分之一或四分之一经费。对于不受补助或捐让修路用地者，按照褒扬条例呈请大总统颁发匾额或奖章等。1914、1915、1917、1918 年，合计由社会捐资公修马路 1397.77 米石碴路或沥青路，绅商集资约 8774 元，市政公所补助约 8213 元，合计约16987 元[45]。在 1928 年首都南迁后，修路成为北平市工务局主管的政务之一。1929 年 1 月至 1932 年 5 月，共修沥青路 94840.49 平方米，石碴路 1136096.04 平方米，土路 1036775.835 平方米，焦碴路 3506.8平方米，碎砖路 9873 平方米[46]。1933 年 6 月袁良任北平市长后，工务局修筑和改建道路的进展比较迅速，本年度沥青路展修、改修、翻修、补修、罩面合计 83757.77 平方米，沥青混凝土路展修、改修、补修合计 16134.75 平方米，石碴路展修、翻修、补修、走压、平垫合计331764.1 平方米，土路修筑、平垫合计 497356.56 平方米，修筑砖路2907.84、焦碴路 1213、石板路 1611.21 平方米。1934 年沥青路展修、补修合计 53833.51 平方米，沥青混凝土路展修、改修合计 33111.21 平方米，石碴路展修、翻修、补修合计 276588.8 平方米，土路修筑、平垫合计 494546.2 平方米，修筑焦碴路 23786.5、石板路 1825.97 平方米。1935 年继续开展上述工作，沥青路展修、补修合计 65918.14 平方米，沥青混凝土路展修 5614.16 平方米，石碴路展修、翻修、补修合计 342891.26 平方米，土路修筑、平垫合计 471024.06 平方米，修筑焦碴路 1167、石板路 7977.97 平方米[47]。1935 年 10 月袁良去职，日寇逼近华北，北平的市政建设陷于停滞，其后不久即进入八年沦陷时期。

除了改造正阳门之外，拆除瓮城、增辟城门、改明沟为暗沟等，也是发展交通的必要措施。1912 年 12 月，将长安左门（今劳动人民文化宫正门前稍东）、长安右门（今中山公园正门前稍西）的汉白玉石槛拆除，1913 年 1 月东西长安街正式通行。此后又打通了皇城两侧的南池子、南长街的南口。1923 年拆掉了皇城东、北、西三面墙垣。宣武门瓮城在 1930 年拆除，北平市工务局上报市政府的呈文记载：

　　宣武门瓮城城垣外凸，适扼交通之冲，非特铁路行车因曲绕而障视线，且市内交通复因门狭道折，致车马塞途，两蒙其害，遂于十九年六月兴工拆除。利用拆下砖料修筑御河干沟，嗣后车马行人可直达宣武门外窎桥，无复有迂回绕道之苦矣。

此外，

　　本市西城南北沟沿大明濠全长五三〇〇公尺，为西城一带暗沟之总汇。年久失修，沟墙多已坍塌，行人车马时虑倾踬，且邻近居民任意倾倒秽水，致臭气日溢，于交通、卫生两有妨碍。前市政公所于民国十年起逐段改筑暗沟，陆续修至石老娘胡同西口，上铺石砟，以利交通。本局成立以来，继续修筑此项未竣之工……[48]。

　　大明濠改为暗沟后形成的街道，就是今天的赵登禹路——太平桥大街——佟麟阁路一线。

　　在内城南墙上新开"和平门"，是民国时期北京城市建设的重要事件之一。家住北京地安门内米粮库胡同的陈宗蕃（1879—1954），在《燕都丛考》中写道："民国十五年，于正阳门、宣武门之间，复辟一门曰和平门。未几，改为兴华门。十七年，仍复和平之名"。在随后的注释中，陈宗蕃详细解释了这个过程：

　　正阳门与宣武门之间，辟一门曰和平。民国二、三年间，当事者即献斯议于袁项城，以为苟辟此门，北则与总统府新华门相值，南则直达香厂，可以谋市廛之繁盛，宜名曰新华，项城题之。兴工有日，而前门外诸富商，惧斯门果辟，则行人出于他途，市廛必且南徙，乃浼有力者以风水之说进，谓斯门苟辟，将不利于国家，且亦不利于总统。项城惑之，乃寝其议。于是南新华街、北新华街之名虽定，而城垣内外，相距七八里，不能相联。民国十五年，合肥段公执政，鹿君钟麟主内外城警备政，乃毅然举工，未数日而毕。车途毕达，往来称便，乃名之曰和平。次年，张作霖入都，改名曰兴华。又次年，南北统一，国军入燕，爰又复和平之旧名。未二年，已三易门额矣[49]。

　　陈宗蕃的记载表明，大约在 1913—1914 年之间，有人向总统袁世凯提议开辟内城的新城门，通过该城门的道路向北与总统府的新华门相接，向南可以通达香厂一带的新兴商业区，以此促进沿线街市的繁荣，城门应取名为"新华门"。这个提议被袁世凯采纳，但在确定施工日期之后，引起了前门外许多富商的担忧。他们认为，一旦开辟了新华门，北京城里的许多人将不再经由前门出入，商业中心势必从传统的大栅栏一带南迁。因此，富商们请托有地位的人物，以风水之说向袁世凯进言：如果开辟了这个城门，将破坏京城的风水，对国家和总统都不利。袁世凯被这个说法迷惑，就搁置了开辟城门的提议。这样，当时虽有南新华街、北新华街之名，但二者隔着城墙不能相联。到1926年段祺瑞做执政府总理时，在负责内外城警备的鹿钟麟主持下，不多几天就凿开了新城门，称为"和平门"。1927年张作霖的军队进入北京，改为"兴华门"。1928年，国民政府的军队进驻后，又恢复了"和平门"之名。在前后不足两年的时间之内，城门的匾额已更换了三次。

1937年7月至1945年8月，北平沦陷于日本侵略者之手。为便利城市交通，1939年在北平内城的东西城墙上各开一个豁口，依次命名为"启明门"与"长安门"。抗战胜利后的1945年11月，二者分别改称"建国门"与"复兴门"，具有建设国家、复兴民族之意。"启明门"之名与城门向东对着太阳升起的方位相符，"长安门"以处在长安街上得名，语词本身并没有贬义，但它们的命名过程是在敌伪统治下进行的，北平光复后毫无疑义地必须予以清除。

二、有轨电车的发展

（1）有轨电车路线的开辟

有轨电车在19世纪80年代出现于西方国家，1902至1917年先后进入天津、上海、大连、广州等通商口岸。1913年1月5日，上海资本家沈霭苍、虞洽卿等十余人，发起筹组北京华商电车有限公司，计划承包北京内外城电车路轨铺设工程，但没有成功。1921年6月30日，北京电车股份有限公司成立，这才迈开了兴办有轨电车事业的步伐。

北京电车公司为官商合办性质，原定资本四百万圆，官商各占一半。商股另行招募，官股由中法银行五釐金币借款项下拨付。1921年议决此事，1923年开始装设路轨，1924年12月17日在前门举行了隆重的通车典礼，18日"西线"（1路）、20日"东线"（2路）先后开始售票："自前门桥经西长安街、西单、西四牌楼至西直门，全长一四〇四一里，共设十四站，是为西线"。"自前门桥经东长安街、东单、东四牌楼至北新桥，全长一一〇三二里，共设十一站，是为东线"[50]。1925 年至 1930 年，又相继开通了东四牌楼至西四牌楼的"加线"（3路）、北新桥至太平仓的"北线"（4 路）、崇文门至宣武门的"南线"（5 路）以及自永定门至和平门的第 6 路车，营业线路总长近 80 里。近代化的交通事业开始在北京站住脚跟，但 1929 年也只达到了机车 60辆、拖车 30 辆、平均每天运送乘客 10 万人次的规模[51]，与城市出行人口相比远远不够。由此奠定的有轨电车的基本格局，一直维持到1949 年和平解放，此前只有个别路段稍加调整，还有少数的车站增减与更名，电车公司的停车厂在外城法华寺街。有轨电车路线和站名如下：

第一路（红色站牌）：自天桥经珠市口、大蒋家胡同、前门、西交民巷、大四眼井、省党部街、新华门、西长安街、六部口、大栅栏、西单牌楼、西单商场、甘石桥、缸瓦市、西四牌楼、报子胡同、太平仓、护国寺街、新街口、东北大学（西直门内）、西草厂等站，到达终点站西直门。

第二路（黄色站牌）：自天桥经珠市口、大蒋家胡同、前门、公安街、天安门、南池子、御河桥、王府井大街、东单牌楼、总布胡同、米市大街、灯市口、东四牌楼、四条胡同、六条胡同、九条胡同、十二条胡同、船板胡同等站，至终点站北新桥。

第三路（蓝色站牌）：自东四牌楼经灯市口、米市大街、总布胡同、东单牌楼、王府井大街、御河桥、南池子、天安门、中山公园、新华门、西长安街、六部口、大栅栏、西单牌楼、西单商场、甘石桥、缸瓦市等站，至终点站西四牌楼。

第四路（白色站牌）：自北新桥经交道口、锣鼓巷、宝钞胡同、地安门、三座桥、厂桥等站，至终点站太平仓。

第五路（绿色站牌）：自宣武门经石驸马大街、西单、大栅栏、六部口、西长安街、新华门、省党部街、中山公园、天安门、南池子、御河桥、王府井大街、东单、苏州胡同等站，至终点站崇文门。

第六路（黑色站牌）：自崇文门经花儿市、磁器口、水道子、三里河、珠市口、煤市街、陕西巷、虎坊桥、臧家桥、琉璃厂等站，至终点站和平门。

（2）电车公司的经营状况

电车公司 1930 年度的会计报告显示：

> 资产项内共约五百零二万圆；债务项内共二百三十万零七千二百圆。又，损失项内属于一次者共十三万二千三百圆，属于每年者共二十四万一千余圆。又，支出不敷者十余万圆。[52]

从这份统计看来，尽管有轨电车在城市交通中的地位逐渐提高，但运营的情况并不理想，此后逐渐整顿才渐有起色。

根据《北京市志稿》的记录，在抗战爆发之前，电车公司所设工厂有五处：

> 为发电厂一，在通县北运河河岸，有三千启罗瓦特马力之锅炉三部，透平发电机三部；变压厂一，在崇外东城根；变流厂二，一在南池子，有三百七十五启罗瓦特之机器两架，一在三座桥，有二百二十五启罗瓦特之机器两架；存车及修造厂一，在法华寺，凡金木油漆诸工均属之。公司所属之工人，发电厂、变压变流二厂，约共二百余人，存车修造厂约一百八十人，共约四百人。车路之工作者，稽查九人，查票员四十人，签票员二十一人，排车员三十五人，售票生二百六十七人，司机生一百六十四人，旗夫三十九人，共五百七十五人。各厂与车上之员工，合计约一千人。员生工资每人每日最少者三角六分，最多者二圆八角。
>
> 电车公司有发电厂一，用工人约二百人；修理厂一，分木、铁、油漆、翻砂诸部，用工人一百八十人。此外，又有变压流厂二，及各道夫，凡工人约及千人。修理厂工作甚繁，除轮盘外，其一切机器铁件及车厢，均能自制，其工人待遇较灯厂为优。[53]

北平沦陷期间，电车公司被日本强行接管。

（3）铺设铁轨和电厂选址遇到的阻力

开辟有轨电车线路，无疑会遇到街道整修与房屋拆迁问题。京师总商会 1923 年 2 月 12 日向警察厅呈文，要求暂时停办电车：

> 电车事业必须宽阔区域方可施行，然伤人生命之事尚不能免，况京师街道狭窄处甚多，不敷用时必至令商民拆让房屋。商家以铺房为根据地，少有挫失其危害不可胜言。是以群起恐惶，有不

可终日之势，一致请求转呈吁恳[54]。

该呈文又提到，电车开行将把十余万人力车夫逼到绝地，恐激起市民的反对风潮。3 月 28 日，京师总商会又向步军统领衙门呈文，列出电车缓急失当、市捐加重、车夫失业、利权外溢等 16 条流弊。交通部、内务部催促电车公司迅速兴工，有人建议招募人力车夫为电车公司职工，以防"歇业车夫扰害公安，或演成沿街之饿殍"[55]。7 月 24 日，电车公司提出"本公司拟在京创设贫民工厂一处，收养贫民，其经费由公司在公益捐内筹拨，委托京师总商会办理"[56]。即使如此，也难以真正缓解不同产业对城市空间的竞争。

为铺设电车路轨对沿线街道、建筑的改造，包括修垫路基，展宽路面，加固桥梁，打通城墙，拆改牌楼，挪移电杆、电线、上下水管道等，不免引起相关商人、部门和市民的不满。1924 年 12 月电车公司说：

> 去岁……八月间警察厅薛总监根据商家呈文，阻止电车在城外铺轨竖杆。前门大街至磁器口一线，迭受警察干涉及阻止，无法与城内各线衔接。陈说百端，迄无效果。嗣向政府及主管部门交涉，亦不见听。转瞬冬寒已届，土木各工均须停止。直至今年六月经人调处，以设立贫民工厂及城外暂安单轨为条件，始允继续开工，然已延搁十阅月之久，直接间接所受损失不赀[57]。

商与官的联合施压，迫使电车公司改变原有设计，不得不退而求其次。

北京市民对传统风格的建筑怀有深厚感情。1923 年，电车公司计划拆卸东西单牌楼予以重修，后因经费不足，加之牌楼虽有装饰性却有碍交通而作罢。电车路线全部披露于报端之后，在市民中引起轩然大波。秦子壮等人在"公启"中呼吁改变电车路线以保护古迹：

> 昨读市政要闻，内有电车路线一则，详记将来电车由天安门至东西单牌楼，又由天安门南至天桥。这是明明白白将天安门完全之古迹及文化建筑物实行消灭，使我数百年之古迹一旦为少数人之攫取金钱主张割成七零八落而后快。……与其留万世我辈子孙之指摘及外人之讥讽，不如趁此时期群起与该公司严厉交涉，一面联合市民群起向市政警厅哭诉，竭全力反对，不达到变更路线不止[58]。

"公启"提出了联合市民反对、向市政公所请愿、停止捐款并提起行政诉讼、不承担一切后果四个逐步升级的抗议步骤。上述活动表明了市民对京城历史风貌的珍惜和眷恋，也反映出对有轨电车这一近代化交通工具的过度担忧。

1922 年 8 月，电车公司着手选定地址、调查地形和水质状况，向瑞士、英国、德国订购建设发电厂的器材，在通县运河大堤铺设作为京奉铁路支线的轻便轨道，以运输建厂材料与燃煤。1923 年 12 月，北运河河务尹上书京兆尹公署，称大堤、树木被损毁，不利于河务。电车公司复书澄清：

> 因修铺轨道取直线起见，故将弯处取直，旋将该处土堤垫好，宽度增加，较前尤为坚固。至砍伐树木、铲平土牛，实与事实不符，谅为乡人所窃，应请京兆尹署派员会同河务局员及京奉铁路监工员查勘，以明真相[59]。

公司与地方为了各自利益彼此攻讦，其间既不能排除公司施工中的不妥，也存在地方有意作梗的可能。1924 年 2 月，通县市民大会为此散发的传单指出，河堤的牢固事关全县南半境 20 万人的生命财产安全，此外，"北京电车公司的发电厂设在通县，与我们县城左近有莫大的危险。……要是将来他的锅炉一旦炸裂，在他的发电厂周围十里地以内的村庄、城池，均有覆没之虞"[60]。市民大会二次宣言表示："无论该公司势力若何伟大，吾辈决非畏权畏势之徒，誓死与其抵抗，不达目的弗止"[61]。公司与地方的矛盾使电厂建设停工数月之久，乡民的言论也显露了对近代技术的迷惘与隔膜。

（4）人力车夫捣毁电车事件

一种新型交通方式的出现，在带动相关产业发展的同时，也可能使原有的某些行业被削弱。在传统的交通方式中，颇为方便地穿梭于北京狭窄街巷的人力车，俗称"东洋车"或"洋车"，由于是清末从日本传入而得名，在南方通常叫做"黄包车"，其数量之多、从业者之众远远超过其他类型。电车公司意识到：

> 电车在京城为创举，地方人士囿于故见，一时未能明瞭，而公家设备尚欠完密。故于发轫之始，取渐进稳重主义，使人民耳目相习，感觉电车种种便利，则基础方能确立。

但是，"开车以来，迭受外界蹂躏，甚至毁车伤人。虽赖地方当局维持，一时得以无事，然无票乘车者仍未绝迹"[62]。这些局部冲突日积月累，在 1929 年爆发的人力车夫捣毁电车事件中达到顶点。

北京的人力车夫 1923 年已有 10 多万，人力车 33000 多辆，电车的兴起对他们的影响最为直接和广泛。电车公司创立时，京师总商会等团体已经提出："此数十万贫民骤然失业，生计所迫，难免铤而走险、扰及治安，又何法以善其后？"[63] 不过，北京的电车运营路程毕竟有限，相对狭窄的街道、胡同依然是人力车极感便利而电车不能到达的地方，并未从根本上动摇人力车的地位。但是，1928 年国都南迁后，北京从首都下降为行政院直辖的北平特别市，人口减少，市面萧条。人力车夫深感谋生艰难，不免对快速行驶的电车怀恨渐深。1929 年 10 月 22日，电车工会与人力车工会的冲突，终于引发了人力车夫捣毁电车事件。电车公司 10 月 23 日致电南京国民政府内政部、财政部、工商部称：

图 9—5　民国时期前门外的人力车

养晚北平总工会发生纠纷，波及电车，突被洋车夫工会乱徒捣毁机车四十三辆、拖车二十辆、道岔十处。就车辆一项之损失，估计约二十余万元。电车工人受重伤者八人。军警当局比即逮捕乱徒五百余人[64]。

由此导致电车停驶 18 天，至 11 月 10 日恢复通车。电车公司致市政府呈文中认为，此次人力车夫击毁电车，"别有主使及背景，其目的或未必仅在电车。……惟以人力车夫思想之简陋，难保不误认电车定价低廉，有妨人力车夫营业"[65]。新旧产业间的矛盾激化到以暴力形式表现出来，近代化工程技术与传统交通方式之间的冲突，使电车公司元气大伤，北京的城市近代化也遭遇了一次严重挫折。

三、长途汽车与市内汽车

1913 年 10 月的人口调查显示，北京有居民 20 多万户、130 多万人，交通工具仍以传统的骡马、马车、轿子、人力车为主。根据 1932 年的调查，北平市有自用马车 100 余辆，营业马车 200 余辆，马车行 12 家；人力车自用者 4300 余辆，营业者 38600 余辆；自行车 64100 余辆；手推车 13200 余辆；排子车 700 余辆；骡马大车 9400 余辆；旧式轿车营业者 300 余辆，自用者 90 余辆[66]。自行车在 1904 年左右从日本传入北京，稍后的《京华百二竹枝词》写道："臀高肩耸目无斜，大似鞠躬敬有加。嘎叭一声人急避，后面来了自行车"[67]。清末作为新事物的自行车，到民国年间已经普及到北京（北平）各个阶层，1949 年以后更是成为北京市民使用最广泛的代步工具。人力车夫捣毁电车的事件，也证明了人力车在民国年间的普遍性是其他各类车辆不能比拟的。但是，代表交通事业发展趋向的交通工具，是以煤炭、电力、燃油驱动的火车、电车、汽车等。1932 年，北平有自用汽车 1700 余辆，营业汽车 500 余辆，脚踏汽车 40 余辆。汽车行内城 56 家，长途汽车行 24 家，汽油、皮带、零件商行 18 家[68]。初创时期规模虽小，却显示了城市交通的新面貌。

进入民国以后，北京地区才在旧有大车路的基础上，开通了几条跑汽车的沙土公路。一条从西直门经海淀到颐和园、玉泉山、香山；一条从西直门向西经三虎桥、车道沟到香山，称仁慈路；一条从阜成门到西山八大处，称德惠路；一条从安定门到小汤山、高丽营；一条从朝阳门到通州，称博爱路，这条路原是石装路，民国间将铺路石挪到两边供行人和大车来往，中间改造为公路行驶汽车。1919 年，经营长途客运业务的燕京汽车行成立，两辆汽车的运营路线是从市区到顺义县高丽营。同年秋天，长途汽车行增加到 6 家，共有汽车 8 辆，由市区到达通县、三河、玉田、丰润等县。1931 年，北京的长途客运发展到 37 家汽车行、60 辆车、13 条运营路线、运营里程 975 公里的局面。日伪时期汽车多被征用，严重影响了长途运营。

北京城里的汽车运营，出租汽车早于公共汽车。1913 年北京创办了第一家小型出租汽车行，1929 年发展到 60 余家，拥有出租汽车约 200 辆，租乘者大多是从城里到郊区游览的客人。由于燃料供应不足等原因，这个行业一直徘徊不前，1949 年之前仅有出租汽车约 180 辆。1935 年，北平市政府组建北平公共汽车筹备委员会，后改称北平公共汽车管理处，筹集资金 30 万元，订购大客车 30 辆，先后开辟了 5 条运营路线，这是北京历史上城区公共汽车的开端。北平沦陷期间，市内公共汽车一度达到 67 辆。抗战胜利后，北平市政府重新组建北平公共汽车筹备处，接收了部分日伪汽车，1947 年与电车公司汽车处合并为北平市公共汽车股份有限公司，注册汽车 133 辆，每日出车三四十辆，6 条运营路线共长 34.3 公里，到 1948 年停运。

在民国时期的北京（北平），汽车、自行车不能生产而只能进行修理。1932 年调查的情况是：

> 车之制造，轿车、大车、手车、排子车全属本市旧式车铺自造，人力车、马车亦全由市内车厂自造，惟其轮与带须购自东西洋。近有华侨陈嘉庚公司制出之皮带，亦颇适用。至自行车与汽车，则纯系舶来品。普通自行车以来自日本为多，其较优者多来自西洋；汽车以英美两国货为多，美货尤畅销。其汽油与汽车皮带零件，概皆来自外洋，惟修理工厂甚多，自机件及车身喷漆，市内皆有此类工人。合全市各车厂制造、修理工匠，不下数千人，若脚踏自行车之修补工人，则道旁树下，摆设浮摊，随处皆是，尚不在内。[69]

交通事业与发达国家的差距，也是当时整个国家工业水准的反映。

第五节　八年沦陷时期的城市交通

1937 年 7 月 29 日，北平沦陷于日本侵略者之手。12 月 14 日，日寇扶植了汉奸伪政权"中华民国临时政府"。抗战之前北平日侨有

2000 多人，到 1941 年初，日本外务省披露已增长到 67437 人[70]，其中应当包含朝鲜侨民和少量台湾人在内，真正的日侨人数当接近 60000人。为把北平变成在华北沦陷区的统治中心，日本制定了《北京都市计划大纲》，重点在东起公主坟、西至八宝山、南至丰台、北至西苑的区域，建设日本人居住的西郊"新市区"，在通县一带建设东郊"工业区"。伪"华北政务委员会"建设总署都市局参事山崎桂一，对制定都市计划的背景有三点说明："1、应付人口增加问题。2、都市道路设施不健全时，成为经济上、军事上之障碍。3、尽量避免日本人与中国人混合居住，以避免摩擦"[71]。道路、铁路、运河、飞机场等交通设施，是该计划中的重要组成部分。

一、道路等基础设施建设

抗战胜利后的 1946 年春进行的调查显示：西郊新街市已建成道路90800 米，其中沥青混凝土路 2 条长 8700 米，沥青碎石路 3 条长 3600米，碎石路 8700 米，卵石路 1900 米，土路 67900 米，占全区计划路长度的 70%，道路系统基本形成；在东郊工业区内，有土路 22240 米，其中已铺碎石者 18000 米[72]。今天的建国门至八王坟一线（时称"东长安街"）、广渠门至北京玻璃总厂一线（时称"广渠街"）及南北向连接二者的西大望路（当时亦称"西大望路"）之所在，三条干线也初具规模。

为沟通东西郊新市区之间的联系，日本人利用城内西单广场至城墙间的既存道路，铺设路面并以混凝土固定路基，新辟"长安门"（在今复兴门）和"启明门"（在今建国门）与郊区贯通。

所辟新城门仅有缺口而未设门扇与门洞，因陋就简，迄未修饰，是其物力不济之象征[73]。

长安大路从西长安街西口经卧佛寺街穿城而出，过护城河上的木桥，直到新市区。市营公共汽车每日往来六次[74]。

日伪时期在北平旧城区和旧郊区，还进行了一些修建或改建城市道路的工程。1938 年 3 月至 7 月，位于颐和园以南的西郊飞机场建成。9 月，驱使民工修筑北平至通州、塘沽、怀柔、长辛店、南苑、西郊飞机场等处的郊区公路。1941 年春开始修建平津公路。市内交通方面，1938 年 8 月至 1939 年 1 月修沥青马路 5 段：安定门经交道口至北新桥，朝阳门经王府井大街至八面槽，阜成门至西四，广安门经菜市口至宣武门，天桥至永定门。随后又着手将市内主要道路改建为柏油路，至1942年竣工。1939年1月5日，伪市警察局开始在东单、西单、王府井大街等繁华地区设立交通指挥红绿灯[75]。

建设这些交通设施的宗旨，在于为日本人的居住、掠夺和战争服务，也就是为了消除山崎桂一所谓"经济上、军事上之障碍"。抗战前曾任北平市工务局局长的谭炳训指出：

> 其目的则重在军事运输而不在于便利市民交通，急于谋辟新路而疏于养护旧路，凡军事设施地点均改铺高级路面，有关一般交通者则少兴修，且工程草率，旋修旋毁，以致破碎坎坷，所在皆是。综计沦陷期间增筑及修补沥青路、洋灰路、石渣路，面积约三百三十四万八千余平方尺。关于城区沟渠，鲜有设施，新筑者固甚少，即旧有者亦多淤塞无用，故常日则污水满地，遇雨则积潦盈街，久已成为严重问题。他如公共建筑略有增添，……聊示点缀[76]。

1942年1月"北京都市建设工程局"撤销，标志着《北京都市计划大纲》的实施已逐渐萎缩乃至停顿。从纯粹的城市布局角度看，这个计划的实施使长安街向东西两侧延伸，穿过新辟的城门连接东西郊，拓展了北京城的横向轴线。西郊新市区的交通道路大致呈方格状布局，延续了内城道路干线的形态特征。抗战胜利后，北平市都市计划委员会依然将建设新市区作为主要任务之一，沦陷期间所修的道路和路基也大多被沿用。

二、日本对电车业的掠夺控制

1937年9月22日，日军北平特务机关委派秋山政男为电车公司"顾问"，从而控制了这项事业。北平沦陷期间，路轨铺设进展有限，1938年1月铺成天桥至永定门一段，1942年9月铺成虎坊桥至菜市口一段。1931年铺成和平门至虎坊桥一段，到1943年4月又因乘客稀少而拆除。另一方面，日本人却把自己淘汰下来的旧车和破车强行卖给电车公司，攫取中国的经济利益。1938年12月定购名古屋铁道株式会社旧电车10辆，次年运到后，因过于老朽只得改为拖车使用；1939年7月定购东京八王子厂旧八轮电车5辆；1940年12月定购小岛工业所旧八轮及小型电车各1辆；1941年北海道洞爷湖电气铁道株式会社停办，电车公司购其旧电车机车2辆、拖车1辆、电动货车3辆。由于车辆坏损率极高，到 1945 年日本投降前后，坏车率高达 80% 以上，能够行驶的仅 10 余辆，停驶的却有 100 辆左右（表 9—1）。

表 9—1　1925—1945 年有轨电车运行情况

年月	平均日出机车与拖车辆数	平均每日乘客人次	年月	平均日出机车与拖车辆数	平均每日乘客人次
1925 下半年	60	52000	1938 年	80	约 70000－80000
1926 年 2 月	83	63317	1940 年	约 100	约 100000－120000
1931 年 2 月	86	65162	1942 年 6 月	约 100	129004
1934 年 7 月	66	51016	1943 年 11 月	122	约 100000
1937 年 6 月	79	58496	1944 年 6 月	36	47034
1937 年 7 月	73.5	41021	1944 年	53	58250
1937 年 8 月	65	32135	1945 年 2 月	10	约 30000
1937 年 10 月	63	33590			

　　资料来源：北京市档案馆等编《北京电车公司档案史料》，北京燕山出版社，1988。

　　为提高运营能力，电车公司 1938 年进行了全城客流状况调查和分类统计，1939 年在西直门和天桥增建停车厂，1942 年调整行车间隔，1943 年实行大站快车制等。这些措施虽有些成效，但无法从根本上改变秩序混乱、效率低下的交通系统。表 9—1 显示，由于强制增加日本旧机车而带来的"繁荣"极为短暂。电车公司 1942 年的行车路线及长度，第一路：天桥—西直门，长 9.638 公里；第二路：天桥—北新桥，7.941 公里；第三路：西直门—北新桥，9.985 公里；第四路：太平仓—北新桥，4.52 公里；第五路：宣武门—崇文门，5.105 公里；第六路：崇文门—和平门，4.57 公里；第七路：天桥—永定门，1.415公里。各线长度总计 38.174 公里[77]。除了自 1943 年起第六路的长度缩短了 0.17 公里外，其余各项直到 1945 年日本投降也没有发生变化。

第六节　北平光复后的交通事业

一、维持与恢复中的交通

　　在抗战胜利至 1949 年初和平解放这个短暂时期，北平的交通基本上处在维持与恢复阶段。工务局重新厘定内外城干线系统、测绘干线道路，有轨电车与汽车等情形已如前述。城市道路的整修，历来都是政府工作的要点之一。市长何思源制订的 1947 年度北平市政府工作计划提到：

> 本市道路，向由工程总队运用筑路器材自办。工力不足，则雇短工协助补修水泥路面及添筑步道。召商承做市内主要干路，多已修筑优良路面，惟大部未修步道。次要街巷多为土路，因三十五年度工款短绌，多数筑路计划未能实施。近来交通日繁，路面破坏甚巨，修整旧路、添筑新路，实为当务之急。

在改善交通设施方面：

> 鼓楼、地安门、大高殿三处周边道路展宽、铺筑油路。金鳌玉蝀桥南侧筑土堤、铺筑油路。沙滩经汉花园至猪市大街打通，铺筑混凝土路。崇文门瓮城拆除，展宽道路。东单、西单开辟广场。

在改善公共汽车设备及管理方面：

> 光复后由北平行营敌伪产业清委会拨资，并由公路总局、第八区、平津物资运输处拨给车辆，设立公共汽车管理处，筹备开驶。同时。电车公司就该公司原有坏车修理后开行。1、统一管理，2、调整路线，3、增加车辆及设备。

为适应交通建设需要，加强电车运营，准备采取如下措施：

> 1、尽量购备充分材料，积极修换全城各路线破坏轨道、十字岔道、铜引道箱、道墩及其他一切附件，至安全为度。2、检修全城各线路洋灰电杆。3、翻修全城路基。4、添辟建筑菜市口至宣武门路线、菜市口至广安门路线及第四路双轨。

此外还有改进供电设备、充实修车厂设备及车辆、增强发电设备等[78]。此后的《北平市政府三十六年度政绩比较表》显示，这些年度计划已基本落实。

二、《北平市新市界草案》的交通构想

与具体的年度计划相比，《北平市新市界草案》关于发展交通的构想在此期间虽没有实现，但它拟议的行政范围却在很大程度上做了当代北京市辖境的雏形。

1914 年成立京都市政公所时，"市"只作为一个面积狭小的自治团体出现，1918 年 3 月才包括了北京内外城全部，1925 年 9 月推及四郊各区。1928 年国都南迁后，6 月 28 日成立北平特别市，以原京都市政公所及警察总监旧辖城郊区域为限，东至黄庄、西至三家店、北至立水桥、南至西红门，面积 706.93 平方公里，其中城区约占 10%，郊区约占 90%，这个界线一直维持到 1949 年初。如此狭小的腹地显然难以满足发展需求，1928 年 8 月，市政府即提出"以旧城区域为基础，西、南、北三郊酌量展拓"的设想，试图争取把属于河北省的宛平县门头沟、卢沟桥、丰台，大兴县南苑、黄村、孙河，通县马驹桥，昌平大小汤山等地划入北平市。南京政府内务部派员与北平、河北代表会商未果。抗战胜利后，1946 年 2 月 28 日，北平市政府将所拟《北平市新市界草案》函送河北省政府，其中设想：

> 新市界之范围，自正阳门为中心，以高速车辆四十分钟之行程（约卅公里）为半径，划圆周所包括之地域，但得视地形之便利，与事实之需要，酌与延长或缩短[79]。

与 1928 年的方案相比，北、西、南三面基本一致，东面则大为扩张。

根据《北平市新市界草案》的设想，北平市都市计划委员会 1947 年制定了计划纲领，主要目标是在拟拓展的新辖区内建设环北平的卫星城。通县、南苑、丰台、卢沟桥、长辛店、门头沟、石景山、孙河等城镇，是北平发展不可缺少的外围支撑。历史上作为漕运码头的通州此时虽已衰落，但毕竟有京通铁路与城区相连，并且邻近八年沦陷期间规划的东郊新市区，1946 年的规划依然把它作为未来工业区的中心。南苑在清末及民国时期迅速开垦成农业区，1913 年建立飞机场之后，极大地提高了它在北平交通网络中的地位，"草案"因此强调南苑"凡养路、警卫、市容及各种交通设施，关系极为重大，应即归市统筹管理"[80]。西南部的宛平县卢沟桥以及丰台、长辛店，都以其交通优势影响着北平。卢沟桥夙有畿辅咽喉、九省通衢之称。民国时期，"京

绥、京奉、京汉三线辐集于丰台，为京南巨站"。卢沟桥西南十二里长辛店，"系京汉铁路之要站"[81]。因此，《北平市新市界草案》主张：

> 丰台为各铁路之集中点，预定为本市之交通区。设置铁路之大调车场，所有客货运输之配备，公路、铁路及运河道之联络，均应由市综合计划，方能收统一经营之效[82]。

京西的门头沟和石景山，是北平的煤炭、电力、钢铁基地。门头沟自明朝万历年间开始即以产煤著称，清末民初又有外国资本介入，随后修建了以运煤为主的京门、门斋等支线铁路。石景山历来是永定河东岸的河防重地，1919年华商电灯公司在此修建发电厂，1922年2月向北京城供电；1919年春，北洋政府在石景山筹建炼铁厂，在中国钢铁工业相当薄弱的年代更具重要意义。位于东直门东北近15公里、孙河（即温榆河）西岸的孙河镇，是清末北京兴办自来水的水源地。交通、煤炭、电力、钢铁、水源，都是维系城市运转的必备条件。上述城镇与正阳门有10—30公里的距离，它们与城区相连的公路或铁路近似辐射状分布，从四周拱卫着北平城，具有发展成为卫星城的优越地理条件。

《北平市新市界草案》有利于北平的城市发展，却存在着招致河北省政府完全不能接受、许多民众群起反对的缺点。按照这个草案拓展北平市辖的区域后，留给河北的是缺少了中心城镇的通县、大兴二县的农业聚落区以及宛平县门头沟以西的大片山地；昌平县治虽未被划入新市界之内，但具有游览休闲价值的大小汤山及其以南地区被划走后，境内平原减少了一半以上。显然，失去政治、经济与社会发展的精华区域之后，上述四县的剩余部分势必残破不堪，草案被河北省否定也是理所当然的结果。不过，从《北平市新市界草案》自身来看，编制人员借鉴西方的相关理论与实践，将人口、工业、农业、交通、能源、水源、游览等因素综合考虑，设计了一个符合城市近代化潮流的规划方案，其中的不少思想被1949年以后的城市规划借鉴吸收。1949—1958年，国家根据北京市发展的需要，按照城区、郊区、辖县相结合的方式逐步调整其行政区域，与北京毗邻的河北省所属十多个县相继被整体划归北京市管辖。1958年以后的北京市辖境已达16800平方公里，约为1928年的24倍。在这样的行政区划系统之下，广大郊区县为北京的城市发展提供了相对充分的腹地，卫星城和农业生产基地的建设也早就超越了当年的设想。以北京为中心构建的交通网络，把这些地区越来越紧密地联系在一起，也为 20 世纪后半叶以来的北京交通史提供了更加广阔的舞台。

注释：

（1）宓汝成编：《中国近代铁路史资料》，引《清总理衙门档案》，中华书局，1963 年版，第 16 页。

（2）李岳瑞：《春冰室野乘》卷下《铁路输入中国之始》，《丛书集成续编》第 26 册，上海书店出版社，1994 年版。

（3）李鸿章：《综论饷源并山东热河各矿》，《李文忠公全书》"海军函稿"卷三，页六。清光绪间金陵刊本。

（4）李鸿章：《综论饷源并山东热河各矿》，《李文忠公全书》"海军函稿"卷三，页六。

（5）翁同龢：《翁文恭公日记》光绪戊子十一月初六，《续修四库全书》第 572 册史部传记类，上海古籍出版社，2002 年版。

（6）Alexander Williamson：*Journeys in North China，Manchuria，and Eastern Mongolia，with some account of Korea*，London：Smith，Elder&co. 1870. 依据宓汝成编《中国近代铁路史资料》13—14 页译文，更正个别字句和译名。

（7）铁道部交通史编纂委员会：《交通史路政编》第 1 册，第 11—12 页。

（8）赵尔巽等：《清史稿》卷一百四十九《交通志一》，中华书局，1998 年版。

（9）《清史稿》卷一百四十九《交通志一》。

（10）白眉初：《中国人文地理》，建设图书馆，1928 年版，第 355 页。

（11）《清德宗实录》卷五百二十一，中华书局影印《清实录》，1987 年版。

（12）《清德宗实录》卷五百四十四。

（13）《宣统政纪》卷十九。

（14）《宣统政纪》卷二十一。

（15）《宣统政纪》卷十七。

（16）《清德宗实录》卷五百六十一。

（17）《商务官报》光绪三十二年六月第 11 期，第 14 页。《中国近代铁路史资料》，第 917 页。

（18）《清史稿》卷一百四十九《交通志一》。

（19）林洙：《叩开鲁班的大门——中国营造学社史略》，中国建筑工业出版社，1995 年版，第 2 页。

（20）吴廷燮等：《北京市志稿》"建置志"卷一"道路"，北京燕山出版社，1990 年版。

（21）《北京市志稿》"建置志"卷一"道路"。

（22）北平市都市计划委员会：《北平市都市计划设计资料第一集》，北平市工务局，1947 年版，第 9 页。

（23）林洙：《叩开鲁班的大门——中国营造学社史略》，第 7 页。

（24）北京市政协、秦皇岛市委统战部编：《蠖公纪事》，中国文史出版社，1991 年版，第 18 页。

（25）朱启钤：《一息斋记》，《蠖公纪事》，第 12 页。

（26）林洙：《叩开鲁班的大门——中国营造学社史略》，第 7 页。

（27）奥斯伍尔德·喜仁龙：《北京的城墙和城门》，北京燕山出版社，1985 年版，第 149、157 页。

（28）白眉初：《中华民国省区全志》第 1 册，第 130 页。北京求知学社，1924 年版。

（29）北京市邮局史志办公室：《北京邮政史料》，北京燕山出版社，1988 年版，第 107 页。

（30）《清史稿》卷一百五十一《交通志三》。

（31）《宣统政纪》卷十二。

（32）《清史稿》卷一百五十一《交通志三》。

（33）《清史稿》卷一百五十一《交通志三》。

（34）《清德宗实录》卷五百六十一。

（35）佚名：《燕京杂记》，《小方壶斋舆地丛钞》第六秩。

（36）兰陵忧患生：《京华百二竹枝词》，雷梦水等编《中华竹枝词》第 1 册，北京古籍出版社，1997 年版。

（37）《北京市志稿》"建置志"卷一"道路"。

（38）《北京市志稿》"建置志"卷三"工程各建筑"。

（39）《北京市志稿》"建置志"卷三"工程各建筑"。

（40）《北洋时期北京市内街巷道路等级及路幅名称》，《北京档案史料》2001 年第 1、2、3 期。

（41）《1930—1936 年北平市内外城街巷道路等级及路幅名称》，《北京档案史料》2007 年 1 期。

（42）《1946—1948 年北平市重新厘定内外城干线系统、测绘干线道路史料》，《北京档案史料》2007 年 1 期。

（43）《北京市志稿》"建置志"卷一"道路"。

（44）林颂河：《数字统计下的北平》，《社会科学杂志》1931 年第 2 卷第 3 期。

（45）《北京市志稿》"建置志"卷一"道路"。

（46）《1929—1932 年北平市工务局建设成绩实况》，《北京档案史料》2004 年 4 期。

（47）北平市政府秘书处：《北平市统计览要》，1936 年版，第 56 页。

（48）《1929—1932 年北平市工务局建设成绩实况》，《北京档案史料》2004 年 4 期。

（49）陈宗蕃：《燕都丛考》，北京古籍出版社，1991 年版，第 18—19 页。

（50）《电车公司第三届董事会报告书》，北京市档案馆编《北京电车公司档案史料》，北京燕山出版社，1988 年版，第 49 页。

（51）《1929 年北平特别市公用局施政大纲》，《北京档案史料》1992 年 1 期。

（52）《北京市志稿》"货殖志"卷六"商业"。

（53）《北京市志稿》"货殖志"卷四"工业二"。

（54）《京师总商会为兴办电车危及全市生命财产请妥筹补救办法致京师警察厅呈》，《北京电车公司档案史料》，第 104 页。

（55）《刘锡廉为议设募工处招募人力车夫为职工致电车公司函》，《北京电车公司档案史料》，第 106 页。

（56）《北京市志稿》"货殖志"卷四"工业二"。

（57）《电车公司第三届董事会报告书》，《北京电车公司档案史料》，第 48 页。

（58）《市民秦子壮等呼吁保护古迹改变电车行经路线公启》，《北京电车公司档案史料》，第 119 页。

（59）《电车公司为在河堤筑路事复京兆尹公署函》，《北京电车公司档案史料》，第 122 页。

（60）《通县市民大会公启》，《北京电车公司档案史料》，第 126 页。

（61）《通县市民大会二次宣言》，《北京电车公司档案史料》，第 127 页。

（62）《电车公司第四届董事会报告书》，《北京电车公司档案史料》，第 50—51 页。

（63）《京师总商会为兴办电车危及全市生命财产请妥筹补救办法致京师警察厅呈》，《北京电车公司档案史料》，第 105 页。

（64）《电车公司致行政院内政财政工商等部电》，《北京电车公司档案史料》，第 226 页。

（65）《电车公司致市政府呈》，《北京电车公司档案史料》，第 228 页。

（66）《北京市志稿》"货殖志"卷四"工业二"。

（67）《京华百二竹枝词》，《中华竹枝词》第 1 册，北京古籍出版社，1997 年版。

（68）《北京市志稿》"货殖志"卷四"工业二"。

（69）《北京市志稿》"货殖志"卷四"工业二"。

（70）韦冈：《四面楚歌中的北平》，《新华日报》（重庆）1941 年 2 月 12 日。

（71）越泽明：《北京的都市计划》，《台湾大学建筑与城乡学报》第 3 卷第 1 期。

（72）《北平市都市计划设计资料第一集》，第 39—41 页。

（73）谭炳训：《日人侵略下之华北都市建设》，《北京档案史料》1999 年 4 期。

（74）于力：《人鬼杂居的北平市》，群众出版社，1984 年版，第 68 页。

（75）北京市政协编：《日伪统治下的北平》，北京出版社，1987 年版，第 367—391 页。

（76）《日人侵略下之华北都市建设》，《北京档案史料》1999 年 4 期。

（77）《北京电车公司档案史料》，第 337 页。

（78）《中华民国三十六年度北平市政府工作计划》，北平市政府，1948 年版，第 23—38 页。

（79）《北平市都市计划设计资料第一集》，第 73 页。

（80）《北平市都市计划设计资料第一集》，第 74 页。

（81）《中华民国省区全志》第 1 册，第 86 页。

（82）《北平市都市计划设计资料第一集》，第 74 页。

第十章 六十年来的
交通现代化进程

　　1949 年 10 月 1 日中华人民共和国宣告成立，这是中国现代史上划时代的重大事件。自那时迄今六十多年间，作为国家政治、经济、文化中心的北京，由铁路、公路、航空、市内公共交通等环节组成的交通系统，支撑着这座城市与国际、国内以及自身越来越繁忙的人与物的流动，因此它必然又是全国的交通中心。交通事业在人口增长与社会发展的压力下，依靠科技进步与国家经济投入的支撑突飞猛进。缓解人口不断增长与人口大量流动带来的城市道路拥堵，是制订交通规划布局、提高交通运输能力、促使交通工具更新的基本动因，而交通因素对社会发展的影响也越来越显著。北京的城市功能定位、经济环境、发展目标与相关政策，以往有过多次调整或变更，不同时期的交通事业也随之呈现不同的面貌。迄今已有众多行业的志书、年鉴、大事记公布了颇为详细的政策文件和统计数据，关于当代北京交通的各类信息更是通过官方网站和新闻媒体迅速传播。有鉴于此，本章将在上述资料的基础上，简要归纳北京最近六十多年来交通发展的主要过程与时代特点，对于交通工具、交通管理的细节问题一般不再讨论。

第一节　以北京为中心的铁路交通系统

　　新中国的北京铁路建设，以 1952 年 10 月动工、1955 年 11 月通车的丰沙铁路最早。这条铁路从北京丰台至河北怀来县沙城，是詹天佑修建京张铁路时曾经踏勘过的路线。1956 年 7 月，京承铁路（北京东便门至河北承德）怀柔至承德鹰手营子段开工，到 1959 年 11 月通车。1965 年 11 月，京原铁路（北京至山西原平）石景山至山西灵丘段开工，1971 年 10 月全线贯通。1972 年 10 月，北京昌平至内蒙古通辽的京通铁路开工，1980 年 5 月竣工。1973 年 1 月至 1975 年 8 月，修建了通县至河北滦县坨子头的通坨铁路。1981 年 9 月至 1983 年 12 月，建成了从北京双桥站到秦皇岛的京秦铁路。1985 年 1 月至 1992 年 12 月建成的大同至秦皇岛的大秦铁路，经过怀柔的一段与北京铁路枢纽相通，是大同煤炭运输到秦皇岛港口的主要通道。1993 年 5 月至 1995 年 11 月建成、1996 年 9 月 1 日通车的京九铁路（北京至九龙），是我国与京广铁路并行的南北运输大动脉。

北京市内和郊区的铁路，也在消除阻碍、便利交通的宗旨下除旧布新。拆除的旧铁道有：1958 年，京汉线的前门西站到西便门段；1959 年，环城铁路东便门至朝阳门段；1968 年，京包线广安门至西直门段；1971 年，环城铁路朝阳门至西直门段；1972 年，京门支线西直门至五路段；1987 年，京山铁路前门东站至东便门段。经过这些改造之后，民国时期朱启钤倡导的环城铁路全部拆除，适应了新的交通形势。与此同时建成的城市外围环线有：1958—1959 年丰台西站至双桥站的东南环线；1960—1968 年百子湾至清河的东北环线；1971—1980 年三家店至沙河的西北环线。

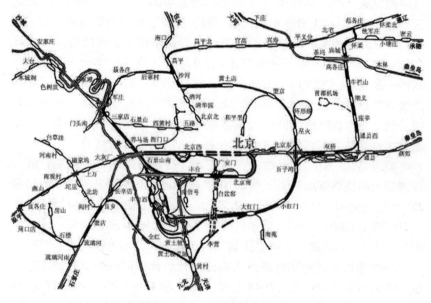

图 10—1　北京铁路枢纽示意图

北京的客运、货运、编组站建设，随着运输业务的增长而迅速发展。在 1959 年迎接建国 10 周年之际，具有现代化水准的北京站建成，北京的铁路客运面貌大为改观。此后，北京站主要担负国际列车、国内快车与特快车的到站与始发。1957 年在距离老永定门站（马家堡站）以西 1 公里左右修建了永定门站，以分担前门站（时称北京站）慢车客流为主要任务。1988 年永定门站更名为北京南站，2006 开始扩建改造工程，2008 年 8 月 1 日重新开通运行后，成为京津城际铁路以及京沪高速铁路的起点站，东端衔接京津城际轨道交通和北京站，西端衔接京沪客运专线、北京动车段与京山铁路、永丰铁路，成为集普通铁路、城市轨道交通与公交出租等市政交通设施于一体的大型综合交通枢纽站。在北京站建成后，西直门站承担京包线、京通线的客货长途列车与市郊列车的到发任务。1988 年西直门站改名为北京北站。2005 年开始改造工程，2009 年 1 月新的主站房投入使用，詹天佑设计和监造的原车站旧式主站房被定为北京市二级文物。为满足客流量迅猛增长的需求，1993 年 1 月 19 日，在丰台区莲花池一带开工修建北京西站。全部工程包括客运站房、铁路引入线、市政道路，立交桥、地铁、铁路自动化通讯系统，邮政枢纽等配套建筑。北京西站也是京九铁路的龙头工程，从这里出发的列车覆盖华南、华中、西南、西北地区。1996 年 1 月 21 日通车运营后，有效缓解了北京火车站运行的紧张状态。以北京为中心的铁路构成了环形的铁路枢纽，其核心区有内环（北京—北京南—广安门—北京西）、外环（丰台西—丰台—东南环—双桥—东北环—西北环—丰沙—丰台—丰台西）两重环线，通过环线连接京广、京山、京包、京原、京九、京承、京秦、京通、丰沙等铁路干线。北京铁路枢纽以特大型客运站北京站、北京西站和路网性编组站丰台西站为主，辅之以北京南站、北京北站等客运站，丰台、双桥等编组站，广安门、大红门、百子湾、石景山南站等货运站，成为我国最大的铁路枢纽系统。到 2010 年末，北京市铁路全年货物周转量 257.5 亿吨公里，比上年增长 12.2%，在各种运输方式货物周转量中占 50.3%；国有内资单位全年铁路旅客周转量 99.6 亿人公里，比上年增长 6.4%，占铁路、公路、民航三种运输方式旅客周转量的 7.5%[1]。

1997 年以后，中国铁路进入高速时代。此前最快列车时速 120 公里，旅客列车平均时速只有 48 公里。1997 年 4 月 1 日，包括京广、京沪、京哈三大干线在内的中国铁路第一次大面积提速，以北京、上海、广州、沈阳、武汉等大城市为中心，开行了最高时速达 140 公里、平均时速 90 公里的 40 对快速列车和 64 列夕发朝至列车，全国旅客列车平均时速提高到了 55 公里。到 2007 年 4 月 1 日，全国共进行了 6 次提速，一批时速超过 200 公里的旅客列车投入运营。货运列车时速也超过了 120 公里，比 1990 年代初提高了 3 倍[2]。京津城际铁路 2005 年 7 月开工建设，2007 年 12 月全线铺通，2008 年 6 月通车，是中国第一条拥有完全自主知识产权、具有世界一流水平的高速铁路。铁路全长 120 公里，设北京南、亦庄、永乐（预留）、武清、天津 5 座车站。最高运营时速超过 350 公里，从北京到天津也由过去的一个半小时缩短到半个小时，采用"小编组、高密度、公交化"的运输组织方式，实现了两地之间的"同城化"[3]。从北京南站到上海虹桥站的京沪高速铁路，总长度 1318 公里，2008 年 4 月 18 日开工，2010 年 11 月 15 日铺轨完成，于 2011 年 6 月通车。它的建成使北京和上海之间的往来时间缩短到 5 小时以内，全线纵贯北京、天津、上海三大直辖市和河北、山东、安徽、江苏四省，是新中国成立以来一次建设里程最长、投资最大、标准最高的高速铁路。2011 年 2 月 20 日，新一代高速动车组和时速 400 公里高速综合检测列车在京沪高铁上海段上试跑，3 月中旬，北京段将启动联调联试。2012 年，中国建成以北京为中心的 8 小时高速铁路交通圈，中国铁路运营里程将由 2010 年的 8 万公里增加到 11 万公里，其中高铁的客运专线将达到 1.8 万公里。乘高速列车从北京出发一小时内到达天津、石家庄、唐山、秦皇岛、张家口、承德，两小时可以到达沈阳、济南、郑州、太原，三小时能到达长春、大连、南京、合肥、呼和浩特，四小时能到达哈尔滨、西安、上海、杭州、武汉等城市。除乌鲁木齐、拉萨、广州、南昌、福州、台北之外，北京到全国大部分省会城市都将在 8 小时之内[4]。

　　铁路建设带动了机车制造业的发展，改变了旧中国铁路所需机车、车辆等设备完全依赖进口的局面。解放初期，北京铁路上使用的机车都是英、美、日等国遗留下来的蒸汽机车，此后开始引进苏联等国的产品，1970 年配备自行设计制造的前进型大型机车。1995 年后，蒸汽机车被内燃机车和电力机车取代。1958 年中国试制了第一代内燃机车，从匈牙利引进的内燃机车在北京铁路分局使用。1985 年，北京铁路分局在丰沙大（北京丰台—河北沙城—山西大同）电气化铁路上开始使用电力机车，此后，走上了引进与国产化并重的发展历程。2007 年 4 月，北京开行了小编组、大密度的城际铁路动车组高速列车，使用的机车全部都是世界上最先进的国产设备。

第二节　以北京为中心的公路交通网络

为改变解放初期北京地区公路里程短、质量差、速度慢的状况，北京市自 1953 年之后陆续整修了京保（保定）、京张（张家口）、京开（开封）、京山（山海关）、京承（承德）、京津（天津）等主要干线公路。1956 年 9 月新建了从卢沟桥到周口店的京周公路，1957 年 6 月和11 月，从南口到芹峪的南芹公路、从门头沟到潭柘寺的门潭公路相继建成。1958 年后，区县级公路增长较快。1960 至 1970 年代，从战备与改变山区交通落后面貌出发，修建了京原（山西原平）、京兰（兰州）、昌赤（昌平—赤城）等山区公路以及密云大关桥等公路桥。进入1980 年代以后，北京公路建设的速度和技术水平显著提高，改建了京密（密云）、京张、京开、京保、京塘（天津塘沽）等一级公路，修建了德胜门至定陵以及北京至慕田峪、上方山、妙峰山、银山等地的旅游公路，通往八达岭长城的高速公路在 1994 年 8 月开工、2001 年 9月通车。郊区公路 1986 年 9 月实现了村村通公路的目标。以国道和市道为骨架，以县乡级道路为支脉，形成了日益密集的公路交通网。

表 10—1　北京国道基本情况（长度单位 km）

代号	通称	终点	全长	北京段长
G101	京沈公路	沈阳	879	123
G107	京深公路	深圳	2426	48
G102	京哈公路	哈尔滨	1250	32
G108	京昆公路	昆明	3348	139
G103	京塘公路	塘沽	154	54
G109	京拉公路	拉萨	3325	119
G104	京福公路	福州	2420	47
G110	京银公路	银川	1178	99
G105	京珠公路	珠海	2643	47
G111	京加公路	加格达奇	1795	167
G106	京广公路	广州	2491	45

北京具有全国性政治经济意义的干线公路即"国道"有 11 条，依次编号为 G101 至 G111。它们由北京出发呈放射状分布，通往直辖市、

省会、首府及其他重要城市。由于各家统计口径的出入，下表的里程数字仅具参考意义。

公路在北京交通运输中占有重要地位。到 2010 年末，全市公路全年货物周转量 101.6 亿吨公里，比上一年度增长 15.6%。在铁路、公路、民航、管道运输四种方式中，公路承担的货物周转量 19.8%。国有内资单位全年公路旅客周转量 287.1 亿人公里，比上一年度增长 7.2%，占铁路、公路、民航三种运输方式旅客周转量 21.6%。与此同时，全市公路里程为 21201 公里，比上年末增加 446 公里[5]。

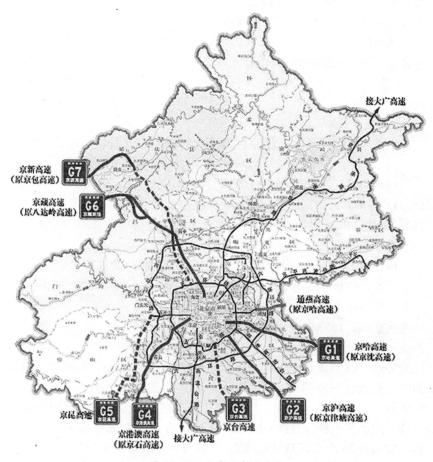

图 10—2 北京的高速公路

高速公路建设及其在北京公路交通系统中的地位日益增长。1986年 4 月开工的京石（石家庄）高速公路，是北京境内第一条、我国大陆第三条高速公路。1993 年 11 月北京段 45.9 公里建成，大约 224 公里的河北段在 1994 年 12 月全线通车。1987 年，京津塘高速公路开工。1993 年，机场高速、京石高速建成通车，北京的高速公路通车里程达到 100 公里。1994 至 1999 年期间，京哈高速公路、京通快速路、京沈高速公路竣工通车，北京高速公路通车里程由此突破 200 公里。2000 至 2004 年，六环路、京承高速开工建设，京开高速、五环路竣工通车，北京高速公路通车里程超过 500 公里。2008 年奥运会前，机场南线、机场第二高速、京平高速（北京—平谷）、京津二高速相继投入使用，北京高速公路通车里程达到 777 公里，形成了包括五环、六环两条环线高速，京石、京开、京津塘、京沈、京哈、机场、京承、八达岭八条放射线以及机场北线在内的较为完善的高速路网。到 2010 年末，北京市的高速公路里程进一步增长为 903 公里，比上年末又增加了 19 公里[6]。在铁路多次提速的同时，北京的公路交通也进入了高速时代。

第三节　北京民用航空线的持续开辟

1949 年 11 月 2 日，在中国人民革命军事委员会之下设立民用航空局。11 月 9 日，中国航空公司、中央航空运输公司在香港的员工起义，驾驶 12 架飞机回到北京西郊机场和天津张贵庄机场，为新中国民航建设提供了重要的物质基础和技术力量。

1950 年 7 月，中国与苏联在北京成立了两国合营的民用航空公司，以北京西郊机场为基地，开辟了北京至赤塔、阿拉木图、伊尔库茨克的 3 条航空运输线。中国人民航空公司 1952 年 8 月开辟了北京—汉口—重庆航线；1953 年 5 月开辟北京—开封—宜昌—重庆航线，北京—西安—重庆航线；北京—太原—西安—重庆航线。1954 年 1 月，中苏民航公司开辟了北京—乌鲁木齐航线。1955 年后增加了到缅甸、越南的国际航线。1955 年 6 月在北京顺义县天竺村附近修建首都机场，1958 年 3 月 2 日投入使用。1965 年 3 月 1 日，北京—成都—拉萨航线开通，沟通了西藏与首都的联系。到 1970 年底，由北京始发的航线 19 条，每周有 35 个航班飞往全国 22 个城市，通航里程 35284 公里。1974 年 1 月北京—莫斯科，9 月北京—上海—大阪—东京，10 月北京—卡拉奇—巴黎，11 月北京—德黑兰—布加勒斯特—地拉那；1978 年 3 月，北京—卡拉奇—亚的斯亚贝巴，5 月北京—乌鲁木齐—贝尔格莱德—苏黎世航线相继开通。到 1978 年，北京已有通往东欧、西欧、非洲、东南亚的国际航线 12 条，通航里程 55432 公里[7]。

随着中国对外交往的扩大与经营体制的变革，作为中国民用航空中心之一的北京民航事业迅速发展，在引进欧美先进飞机的基础上，相继开辟了通往国内外的多条航线。1981 年 1 月北京—上海—旧金山，1982 年北京—上海—旧金山—洛杉矶航线通航，中美之间的航空往来由此更加便捷。1984 年 9 月开辟的北京—广州—悉尼航线，沟通了中国与澳大利亚的联系。到 1984 年底，北京民航的国际和地区航线 24 条，通达欧美、亚非、大洋洲 19 个国家和地区，通航里程 17 万公里。国内航线 26 条，可飞抵台湾之外的 80 多个城市。此后，又陆续增加了北京至新加坡、科威特、罗马、福冈、东京、伊斯坦布尔、柏林、温哥华、斯德哥尔摩等城市的航线，到 1990 年底，已有 33 条国际航线通往 25 个国家的 31 个城市，每周 53 个航班。进入 1990 年代后，中外航空公司开辟了由北京始发或途径北京的多条新航线。2004 年，首都国际机场取代东京成田国际机场，成为亚洲按飞机起降架次计算最多的机场。2005 年 1 月 29 日，自 1949 年以来中国大陆和台湾之间首次不经停香港的直飞春节包机，降落在北京首都国际机场，掀开了台湾海峡两岸直航的历史新篇章。到 2005 年底，首都机场开通的国内航线 98 条、国际航线 100 条，国际国内通航城市分别为 76 个和 91 个，旅客吞吐量 4100 万人次，货邮吞吐量 78.21 万吨，飞机起降 34.17 万架次，是我国最繁忙的大型国际航空港之一。

在我国以北京、上海、广州机场为中心，以省会、旅游城市机场为枢纽，其他城市机场为支干的航空运输网络中，首都国际机场不但是北京的空中门户和对外交往窗口，而且是中国民用航空网络的辐射中心。首都机场 1958 年 3 月 2 日投入使用，仅有一座小型候机楼，即今机场南楼。随着国内外航线数量与航班密度、客货运输量的增长，机场多次大规模扩建。1980 年 1 月 1 日，建筑面积 6 万平方米的一号航站楼及停机坪、楼前停车场等配套工程建成并投入使用，按照每日起降飞机 60 架次、高峰小时旅客吞吐量 1500 人次设计，飞行区域的设施达到国际民航组织规定的 4E 标准。1995 年 10 月兴建、1999 年 11 月 1 日投入使用的二号航站楼，建筑面积 33.6 万平方米，每年可接待 2650 万人次以上的旅客，高峰小时旅客吞吐量可达 9210 人次。为了迎接北京奥运会，首都机场 3 号航站楼 2004 年 3 月破土动工，2007 年 12 月完工，2008 年 2 月 29 日和 3 月 26 日分两期投入运营。主楼建筑面积 58 万余平方米，总建筑面积 98.6 万平方米，是目前国际上最大的民用航空港、国内面积最大的单体建筑，启用后整个机场的旅客吞吐设计总量达到 8200 万人次。自此，北京首都国际机场也成为亚太地区唯一一家拥有 3 个航站楼、3 条跑道、双塔台同时运行的世界超大型机场。现在每天有 70 多家航空公司的 1400 多个航班，将北京与世界 200 多个城市连接起来。进入 1990 年代以来，首都机场的旅客吞吐量迅速增长，世界排名也在不断上升。2010 年，北京民航货物周转量为 46.4 亿吨公里，比上年增长 30.7%，在铁路、公路、民航、管道四种运输方式中的比重为 9.1%；国有内资单位全年旅客周转量为 940.3 亿人公里，比上年增长 19.8%，在铁路、公路、民航三种运输方式中的比重为 70.9%[8]。

表 10—2　北京首都国际机场旅客吞吐量及世界排名

年份	旅客吞吐量（万人次）	世界排名	年份	旅客吞吐量（万人次）	世界排名
1993	1000		2006	4865.48	9（亚洲第 2）
2000	2169		2007	5358	8
2002	2715.97	26	2008	5594	8
2004	3488.32	20	2009	6537.5	3（亚洲第 1）
2005	4100.4	15	2010	7395	2

第四节　北京城市公共交通系统的变迁

铁路、航空、公路沟通了北京与周边地区以及全国乃至其他国家的往来，与普通居民日常生活关系更加密切的是城市本身的公共交通系统。这个系统的变迁与整个国家政治、经济的起伏转折保持同步，在很多方面可以视为时代的缩影。政治因素对交通发展的决定性作用，在 1949 年之后成为国家政治中心的北京体现得最为充分。

一、城市公共交通从恢复到初步发展的历程[9]

中华人民共和国成立后的经济制度，是国家对于生产和生活的有计划按比例发展。这种制度的长处在于，在缺少外援的年代能够集中有限的财力物力，优先办好国家急需的具有全局意义的重大事情。把消费城市变为生产城市，迅速恢复秩序发展生产，是建国初期北京面临的主要任务。交通线路的开辟与交通设施的恢复，是实现这个目标的关键因素之一。

1949 年 2 月，北平市军事管制委员会接管了电车公司和公共汽车公司留守处。此时的城市公共交通已陷入瘫痪状态，能够勉强行驶的有轨电车只有 49 辆，公共汽车公司在册的 71 辆车也只有 5 辆可用。电车公司职工开展"百辆车运动"，到 4 月 21 日完成了修复旧车 100 辆的计划。国民党潜伏特务在 25 日纵火烧毁了已修及尚未修好的 59 辆车与 104 间厂房，但工人们的第二次"百辆车运动"，到 10 月 25 日提前完成。公共汽车公司开展了"死车复活运动"，工人们在国庆节前夕拼修了 56 辆车。到 1949 年底，北京的有轨电车 103 辆，平均日出车 85 辆，运营线路由解放前的 5 条增加到 7 条，长度由 33.5 公里增加到 42.4 公里；公共汽车运营车辆 61 辆，运营线路 4 条；有轨电车和公共汽车全年客运量 2885 万人次。

1949 年 11 月至 1950 年 3 月，南京 88 辆"大道奇"客车及 248 名优秀职工调来支援北京。1951 年至 1956 年，北京从捷克斯洛伐克、匈牙利进口了 180 多辆客车。在此期间，有轨电车运营车辆达到 240 辆，工人们仿制或改造的机车和拖车合计 111 辆，9 条运营线路总长 85 公里，年客运量 1.5 亿人次。1953 年以后，公共汽车开进了党政军办公区集中的西郊以及工业区所在的东郊。1956 年 1 月，首都汽车公司开始经营民用出租汽车业务。建国初期的工人阶级以强烈的主人翁精神，焕发出了无私忘我的冲天干劲，为北京交通事业的恢复和发展做出了巨大贡献。

1956 年 8 月，无轨电车制配厂试制成功"京一型"（BK540）无轨电车，第二年投入批量生产，2 月 26 日在阜成门至北池子一线试运行，8 月 13 日，由动物园经甘家口、阜成门、美术馆到朝阳门的 1 路无轨电车全线开通，全程 11 公里。1958 年 10 月研制成 BK560 型铰接式无轨电车，1959 年投入批量生产。到 1966 年，开辟了总长 168 公里的无轨电车线路 15 条，440 辆车投入运营，年客运量 3.4 亿人次。以市内繁华地区为中心，延伸到白石桥、和平里、十里堡、酒仙桥等郊区的无轨电车网络基本形成。在大力发展无轨电车的同时，民国初期落户北京的有轨电车日益显示出噪声大、速度慢、设备老化的缺点，逐渐失去了原有的主力地位。1958 年 8 月 22 日，北京市第三届人民代表大会第一次会议通过决议："为了城市改建的需要，要在 1959 年 10 月以前将内城的有轨电车轨道和外城蒜市口至菜市口一段的轨道全部拆除，改行无轨电车和公共汽车"。这年 10 月 4 日，有轨电车 1 路（西直门—永定门火车站）、8 路（西直门—北京体育馆）最先停驶。1959 年 3 月 9 日夜至 10 日凌晨，内城有轨电车 5 条线路 230 辆车全部停驶，当晚用 4 个多小时拆除有轨电车轨道，布起了无轨电车架空线。10 日清晨，取代有轨电车的 1 条无轨电车线路和 2 条公共汽车线路开通。在外城的 3 条营业线路上，还保留着 20 辆有轨电车。1966 年 5 月 6 日，由北京体育馆到永定门火车站的最后一条线路停驶，运行了 42 年的有轨电车至此退出了历史舞台。鉴于无轨电车的灵活性差、基建投资较大，1974 年两条无轨电车线路被公共汽车取代，1976 年无轨电车营业线路从 16 条减到 12 条，车辆从 440 辆减少到 407 辆，直到 1995 年末又增长到 525 辆。

1957 年，国产解放牌卡车研制成功，为北京改装为"五七型"（BK640）公共汽车提供了技术条件。自 1958 年投入批量生产到 1971 年，一直是公共汽车的经典车型。1956 至 1966 年，公共汽车营业线路由 27 条发展到 65 条，运营车 1125 辆，年客运量 5.1 亿人次。1959 年以后，由于中国与苏联关系恶化，北京的许多长途汽车因缺少进口的汽油而停驶。1960 年 9 月，以煤气代替汽油为燃料的公共汽车出现在北京的几条公共汽车线路上。直到大庆油田发现并投入生产后，1964 年 5 月 16 日，以煤气为燃料的公共汽车才逐步恢复使用汽油。1976 年，公共汽车营业路线达到 98 条，线路总长 1191.6 公里，运营车辆 1954 辆。

在北京的城市道路建设方面，修复城区旧路、新建或改建东西郊道路，是 1949 年至 1952 年的重点任务，其间共修建道路 200 多公里。为解决东西方向交通不畅的问题，自 1952 年至 1958 年，相继拆除了东西三座门（民国初年拆除长安左门、长安右门后留存下来的门洞）、东西长安牌楼、新华门前的双塔以及相关路段的民房 5500 余间。1959 年扩建天安门广场后，东西长安街拓展为宽阔的十里长街。1956 年改建朝阜路（朝阳门—阜成门），成为横贯市区的第二条交通干线。在此期间，市区开辟了北河沿大街、陶然亭路等多条干线道路，郊区改建或新建了机场路、学院路等，道路质量和结构也有明显进步。1966 年以后，道路建设进展缓慢，但是，在郊区的京密引水渠滨河路与西郊机场路、阜成路相交处，修建了两座半通式立体交叉桥，这是立交桥这种交通设施出现于北京的开端。1974 年至 1976 年，又在复兴门、阜成门、建国门等处修建了立交桥。

发展交通是北京城市规划布局的重要组成部分，也是 1949 年以后主张拆除北京城墙、牌楼及其他古老建筑者所提出的最充分的理由。为了城市发展而改造道路，出发点无可厚非，但决策者中的大多数并非"城市规划"领域的专家，惟其顺应特定时代政治潮流的能力使之成了城市命运的主宰。与此相反，把北京誉为"都市规划的无比杰作"

的建筑学家梁思成先生，提出在北京实现现代化的过程中整体保护城市风貌与历史文化精髓，从科学与历史文化素养出发的保留意见却被定性为"影响人民利益与首都建设"，他把北京城墙建为世界上独一无二的立体环城公园的设想当然也随之彻底破灭。从1952年开始，陆续拆除了外城城墙；8月，拆除天安门两侧的长安左门、长安右门门洞。1953年5月4日决定拆除朝阳门、阜成门瓮城；7月4日决定拆除交民巷与历代帝王庙的牌楼；8月20日之后数天，北京市政府决定，保留公园、坛庙之内的牌楼，大街上的牌楼除了成贤街和国子监的四座之外都要迁移或拆除。1954年12月15日，北京市政府通知要求，在1955年春节前拆除东四牌楼、西四牌楼、大高玄殿牌楼。1955年决定改建金鳌玉蝀桥，拆除"金鳌"、"玉蝀"两座牌楼，1956年10月完工。1957年，朝阳门箭楼、永定门城楼和箭楼被拆除。为了修建北京地铁，1965年拆除了宣武门、崇文门、东直门、阜成门的城楼，1969年拆除了安定门、西直门的城楼、瓮城、箭楼等，北京城墙的绝大多数地段随之在短时间内被一扫而平。进入21世纪前后，当世界范围内的历史文化遗产保护之风吹到中国时，北京的古城风貌早已支离破碎，这时期复建个别城门、维修残留的小段城墙等虽聊胜于无，但不能不令人产生早知今日何必当初之叹！

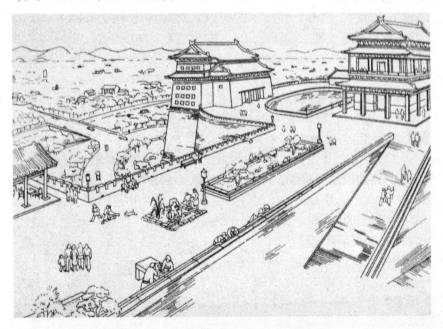

图10—3 梁思成设想中的立体环城公园

二、着眼于战备需要的早期地铁

1953 年 9 月北京市委主持制订的《关于改建与扩建北京市规划草案要点》提出："为了提供城市居民以最便利、最经济的交通工具，特别是为了适应国防的需要，必须及早筹划地下铁道的建设。"此后，北京市地下铁道筹建处、铁道部北京地下铁道工程局相继成为负责机构，先期以北京市为主的地铁建设逐渐变为由党和国家直接策划的重大工程。在苏联专家帮助下，进行了路线设计、技术方案制订与实验等工作，并派遣工程技术人员到苏联学习。1959 年开始的经济困难，迫使中央在 1961 年 11 月 3 日作出了北京地铁建设暂时下马的决定。

国际关系的变化与战争威胁的存在，催动了北京地铁建设的恢复。1959 年，中国与印度在边境地区的紧张局势日趋加剧。1960 年中苏关系恶化，苏联专家撤走，援建项目终止。逃到台湾的蒋介石集团，也在 1962 年多次派遣武装特务到大陆进行破坏活动。从准备打仗的角度看，地铁作为一条巨大的防空洞，战备功能显然重于交通运输功能。当北京地铁建设被纳入 1965 年的国民经济计划与"第三个五年计划"之后，北京军区加入了地铁建设行列。地铁建设以北京军区为主，与北京市、铁道部三方协同，按照"适应军事上的需要，同时兼顾城市交通"的方针，致力于地铁建设与战备设施的有机结合。1965 年 7 月 1 日，北京地铁一期工程开工。沿长安街与北京城墙南缘，自西向东贯穿北京市区，连接西山的卫戍部队驻地和北京火车站，采用明挖填埋法施工，全长 23.6 公里，设 17 座车站和一座车辆段（古城车辆段），1969 年 9 月 20 日建成通车。作为战备工程不对公众开放，但自 10 月 1 日开始接待群众凭介绍信购票参观乘坐。1971 年 1 月 15 日，公主坟至北京站段试运行。1971 年 8 月 5 日，延长为玉泉路至北京站。1971 年 11 月 7 日，又延长为古城路至北京站。1973 年 4 月 23 日，再次延长为苹果园至北京站，也就是全部 17 座车站和 23.6 公里长的整条线路。1978 年之前，北京地铁的主要任务是战备人防和接待参观，一期线路日均开行列车 100 多列，最小运行间隔十几分钟，直到 1981 年 9 月 15 日才开始正式运营。

1970 年 2 月 27 日，周恩来总理批准了将铁道部北京地下铁道工程局和北京市建设局参加地铁建设的职工整编为中国人民解放军铁道兵第十五师的方案。1971 年 3 月 4 日，北京地铁二期工程开工修建，其线路沿北京内城城墙自建国门至复兴门，呈倒 U 字型，线路长度为 16.1 公里，设 12 座车站及太平湖车辆段，为此填平了北京西北城墙外的太平湖。1981 年 12 月基本建成后，经过分段试运行和设备改造，1984 年 9 月 19 日在建国门车站举行通车典礼，每天开行列车 173 列，日运送乘客 3 万多人次。

三、经济发展推进公共交通面貌迅速改观

随着国际政治形势与国内经济政策的巨大变化，实行多年的计划经济模式在 1980—1990 年代逐渐被市场经济体制取代。国内外新技术的引进创新与多种经济成分的活跃增强了综合国力，也为北京的城市发展提供了更强大的经济基础和技术支撑。北京与国际国内交往的频繁，常住人口和流动人口的激增，城市建设规模的极大膨胀，既为交通事业的发展造成了空前的机遇，也由此使城市的交通压力与日俱增。随着道路等城市基础设施建设以及公共汽车、电车、地铁等性能与运输能力的提高，北京的"乘车难"问题得到了很大改观。

与此同时，由于城市机动车保有量以及人口的增长速度远远超出了规划的预期，在初步缓解了"乘车难"问题之后，又造成了新的"行车难"，首都北京也曾被人们无可奈何地以谐音称为"首堵"北京。交通建设的巨大成就与交通拥堵的加剧同时并存，给道路建设和交通方式的技术进步形成了巨大压力。北京在 1980 年代开始改造全长 33 公里的二环路、全长 49 公里的三环路，以及联络这两条环线的新街口外大街、紫竹院路、阜成路、车公庄路、百万庄路等，修建了建国门、西直门等一批立交桥。以 1990 年举办亚运会为契机，加速了二环路、三环路快速路系统的建设，先后在 1993 年和 1999 年完成。它们与北京通往沈阳、石家庄、开封、天津等地的高速公路一起，构成了环线加放射线的城市路网骨架。1999 年，对市内大批道路进行了升级改造，东四环快速路通车。此外，五环、六环也在分期逐段建设。在这个时期，北京的道路系统已由传统的棋盘式迅速变为以天安门广场为中心的蛛网式格局，全市的机动车保有量也达到了 110 万辆。在 1980 与 1990 年代，公共汽车、无轨电车、地铁、出租汽车获得持续快速的发展。《北京市"十五"时期交通行业发展规划纲要》披露[10]：在 1996—2000 年的"九五"（第九个五年计划）期间，由公共电汽车、地铁、出租汽车和小公共汽车等组成的公共交通快速发展，2000 年公共交通客运量达 46.65 亿人次，比 1991—1995 年的"八五"之末增长了 1.61 亿人次，占居民日常出行份额的 33.5%。公共电汽车由 4452 辆增加到 10077 辆，增长了 126.35%；营运线路由 260 条增加到 422 条，增长了 62.31%；线路总长度由 3938.6 公里增加到 9626.76 公里，

增长了144.42%；客运量由31.59亿人次上升到34.87亿人次，增长了10.38%。地铁复八线（复兴门至八王坟）于1992年6月24日开工建设，1999年9月28日通车试运营，2000年6月28日与一线地铁全线贯通。由此使北京地铁的运营线路由41.84公里增加到53.54公里，运营车辆达到534辆，客运量达到4.34亿人次。经过治理整顿，2000年出租汽车6.3万辆，与"八五"期末基本持平，完成客运量6.24亿人次；小公共汽车减少为2687辆，完成客运量1.2亿人次。

随着郊区城市化的发展，北京与远郊区县之间的交通往来日益增多。1986年12月10日，由公主坟至黄村（大兴区驻地）的901路公共汽车开始运营。这是北京第一条通往远郊区县、按照市郊公共汽车方式运营的公交线路，比长途汽车的行车间隔大大缩短，中途设置若干个车站，发车时刻固定且票价便宜。此后，又有27条通往郊区县的"9"字头公共汽车线路投入运营。1998年8月，由东直门开往密云、全程约80公里的"东密专线"开通，所有远郊区县由此都通行了公共汽车[11]。

四、举办奥运会加速了交通现代化进程

北京的交通事业当然要根据社会发展的实际需要与可能性进行布局与建设，但举办关乎国家声誉和形象、具有重要国际影响的大型活动，使北京在面临巨大交通压力的同时也赢得了改变交通面貌的契机。积极申办和成功举办2008年第29届夏季奥运会，就是北京在制订和落实"十五"、"十一五"规划期间（2000—2010）改善包括交通在内的城市环境的最直接动力。按照国际标准营造举办奥运会所需要的交通环境，加速了北京交通现代化的进程。在举办了一届"无与伦比的奥运会"之后，北京得以在更加开阔的国际视野、更加优越的技术条件之下，去规划和实现未来的发展目标。

在1993年第一次申办奥运会失利之后，北京在2001年7月13日终于获得了奥运会主办权。在此前后，北京的交通环境是否能够达到奥运会所需的标准，一直被外界关注乃至疑虑。实际上，在此之前北京一直在致力于城市交通的规划建设。1999年12月11日，北京第一条以地面线和高架线为主的快速轨道交通线——地铁13号线（轻轨）破土动工，2003年1月28日全线通车试运营，从西直门经回龙观至东直门，全长40.85公里，设16座车站。2000年6月28日，地铁复八线（复兴门至八王坟）与原来的地铁1号线贯通试运营。2000年12月18日，地铁八通线（八王坟至通州）开工建设，全长18.964公里，其

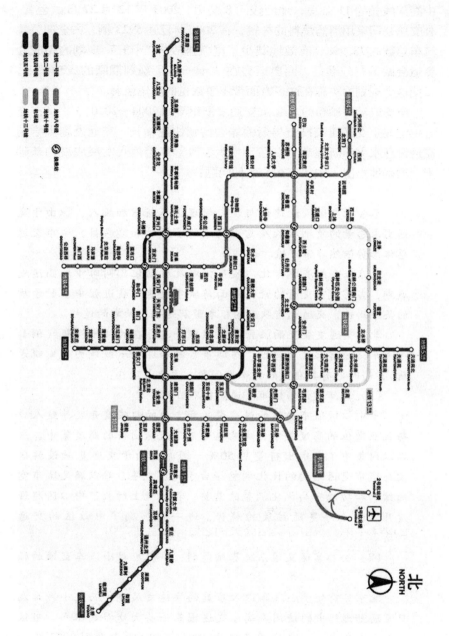

图 10—4 北京轨道交通运营线路示意图

中高架线长约 11 公里，地面线约 8 公里，2003 年 12 月 27 日试运营。公交总公司采用清洁燃料的车辆，在 2000 年已达 5923 辆，占全部公共汽车总数的 78.9%，有效地减少了尾气排放。"十五"规划的完成为奥运会做了充分准备，而奥运会在"十一五"规划期间的成功举办，又使这个规划的实施在许多方面带上了浓重的奥运色彩。

申奥成功后颁布的《北京交通发展纲要（2004—2020）》[12]，在充分肯定北京交通建设投资与运输能力持续快速增长、交通设施供给与交通管理水平不断提高、交通环境明显改善等跨越式发展成就的基础上，准确地指出了依然存在的多种问题：

> 尽管在交通设施建设与运行管理上不断增加投入，但由于交通需求总量的急剧增长及需求构成的多样性和复杂性，城市交通总体形势依然非常严峻。
>
> 北京社会经济现代化、城市化以及机动化已同时步入高速发展期，当前城市交通的紧张局面是城市快速发展进程中多种矛盾的集中反映，交通拥堵状况的根本缓解是一个长期的过程。
>
> 北京交通发展既面临世界大城市普遍存在的共性问题（例如小汽车交通需求过度膨胀，与城市资源和环境承载能力的尖锐矛盾），同时也有其自身的特殊性问题，主要表现在：
>
> （1）城市建设与城市交通发展不协调
>
> 市中心区城市功能的过度聚集和土地的超强度开发导致人口与就业岗位的高度集中，由此也带来了交通出行的高度集中，三环以内集中了全市出行量的 50%。同时，由于交通基础设施建设与城市交通结构的优化调整滞后于城市发展，难以满足城市空间结构和功能布局优化调整的需要，在客观上助长了中心区超强度开发和无序蔓延扩展的趋势，进一步加剧了中心区的交通拥堵。
>
> （2）公共客运交通系统基础薄弱，难以应对小汽车交通的强劲挑战
>
> 北京目前处于小汽车进入家庭的快速发展期，而且小汽车在日常通勤出行中的使用率高于发达国家一些大城市的水平。市区全日小汽车出行方式比重已经由 1986 年的 5% 上升到 2003 年的 26%，这种出行方式的需求与道路交通基础设施供给的矛盾日益加剧，是导致城市交通拥堵的首要因素。与国外同类城市交通发展状况相对照，北京的不利条件在于公共客运系统基础相对薄弱，

轨道交通承担日常出行量的份额不足5%，地面公交系统结构单一，难以充分满足日常出行的多样性要求。因此，在推行合理使用小汽车、改善城市交通出行结构策略计划上，北京比其他国际大城市更困难。

（3）城市布局与资源条件制约道路系统扩充和结构调整

中心城道路网的密度、面积率与国外同类城市有相当大的差距，在功能级配结构上也存在明显的先天性缺陷：环路之间快速联络通道建设滞后；主干道系统空间布局不均衡，贯通市区的城市南北向主干道不足；次干道、支路严重短缺，"微循环"系统薄弱；道路交叉口通行能力低，制约路网整体效能的正常发挥；封闭独立的"大院"分割城市路网，严重损害了路网系统的整体性，交通组织困难。

受特殊的城市历史和环境条件限制，中心城土地空间资源严重短缺，加之旧城风貌保护的严格要求，今后中心城路网难以大幅度扩充，路网结构调整难度更大。

（4）交通系统规划、建设、运营、管理及服务缺乏有效整合

交通基础设施规划、综合运输规划与交通组织管理规划不配套。附属道路交通设施与主体设施建设不配套。城市交通与城际区域交通网络，市区与市域交通网络，以及城市轨道交通与地面公交网络运力不匹配，衔接不顺畅。城市交通服务价格体系不完善，没有建立合理的比价关系。交通运营管理者与服务对象之间缺乏必要的信息沟通平台和手段，难以对各类交通服务需求进行有效的引导，交通设施资源未能充分有效利用。

（5）交通管理水平不适应现代交通发展的要求

交通需求管理薄弱，客货运输组织以及交通出行引导缺乏科学手段和有效措施。交通信号、标志、标线设置缺乏统一规划，交通秩序管理有待进一步加强。交通法规标准体系不健全，现代交通宣传教育不够深入。交通参与者缺乏现代交通观念，交通法制意识淡薄。

在筹办2008年奥运会的强力推动下，北京市"十五"期间以轨道交通为重点，交通建设全面提速，与"九五"期末的2000年相比，各项交通建设指标都有显著增长。根据2005年末的统计，轨道交通建设规模超过建国以来的总和，建设完成地铁八通线和城市快速轨道交通工程，新增轨道交通运营里程60公里，运营总里程达到114公里，增

幅 111.1%；轨道交通机场线、地铁 4 号线、5 号线、10 号线一期、奥运支线等相继开工建设，在建轨道交通新线 115 公里。市域高速路网快速推进，五环路、六环路（良乡—通州—昌平）、京承一期等工程相继建成通车，新增高速公路 280 公里，市域高速公路通车里程达到 548 公里，完成了高速公路路网规划总量的 50%。城市快速路网骨架基本形成，城八区城市道路通车里程 4073 公里，新增 449 公里，增幅为 12.4%，其中城市快速路通车里程达到 239 公里，实现规划里程的 80% 以上。郊区公路网密度由 0.81 公里/平方公里提高到 0.87 公里/平方公里。新增公路通车里程 1096 公里，全市公路总里程达 14696 公里，增幅为 8%。其中高速公路总里程为 548 公里，新增 280 公里，比"九五"末期增长一倍。2005 年，轨道交通客运量 6.8 亿人次，增长 56.6%。公共电汽车运营车辆 18503 辆，线路 593 条，年客运量 45 亿人次，分别增长 83.5%、39.5% 和 28.9%。出租车 6.66 万辆，更新老旧车辆 4 万辆，年客运量 6.5 亿人次。省际客运基本形成以北京为中心，以高速公路、高等级路为主干线的辐射全国的长途客运网络，客运线路 790 条，日均发车 2267 班次，年省际客运量 2261 万人次。但是，"十五"期间，北京市机动车保有量平均年递增 11.4%，五年内新增机动车 108 万辆，总数达到 259 万辆，其中私人小汽车为 130 万辆。居民日出行量平均年递增 4%，2005 年底为每日 2830 万人次（不含步行出行量）。中心城区道路全日交通量平均年递增 12.8%，市区机动车出行总量达到每日 415 万车次[13]。交通需求的持续高速增长，使交通发展仍然面临十分严峻的挑战。

"十一五"时期（2006—2010 年），以积极办好第 29 届夏季奥运会、启动新城和社会主义新农村建设为动力，北京的城市发展进入了战略调整和功能完善的关键阶段。《北京市"十一五"时期交通发展规划》指出：在此期间，北京将全面实现"新北京、新奥运"的战略目标，经济社会现代化、城市化和交通机动化三大发展进程依然是城市交通发展的外部条件，而交通战略模式与政策的选择将是决定交通发展走势的内在因素。城市布局调整及出行结构的改善，将是决定"十一五"期间交通发展前景的两大关键。通过总结"十五"期间交通发展的经验，这个规划强调必须坚持"城乡统筹、适度超前、标本兼治、建管并举"的方针，综合治理交通拥堵，促进交通与城市布局的协调发展；按照公交优先的原则，把改善交通出行结构作为重要战略任务；以外延增加和内涵挖潜并举的发展模式，提高既有设施的使用效率。规划确定的发展目标是：

2010 年之前，初步建成交通设施功能结构较为完善，承载能力明显提高，运营管理水平先进，基本适应日益增长的交通需求的"新北京交通体系"框架，初步形成中心城、市域和城际交通一体化新格局，市区交通拥堵状况有所缓解，为全面实现"新北京、新奥运"战略构想提供支持。

据此安排的主要任务和重点项目，涉及轨道交通、公共电汽车客运系统、城市道路、公路的建设，还包括道路养护、公路运输、停车设施、交通管理、交通科技、民航、铁路等方面。2008 年之前的市区轨道交通建设，以改善中心区交通、满足奥运交通需求为重点。在上半年奥运会开幕之前，一批重大基础设施项目已经按计划建成并投入运行。地铁 10 号线一期、奥运支线、轨道交通机场线开通运营，新增轨道交通运营里程 58 公里，总里程达到 200 公里。机场二通道、机场南线、京平高速、京津二通道、京包高速（六环路至德胜口段）等高速公路建成通车，全市高速公路通车里程累计 790 公里。首都机场 T3 航站楼投入使用，北京南站和京津城际铁路工程进入调试运行阶段，地铁 4 号线全线完成土建工程总量的 93%[14]。包括机动车单双号限行、错时上下班、设立奥运交通优先道、公交地铁延长运营时间、开通奥运公交专线在内的临时措施效果明显，保证了奥运会期间的顺利出行。奥运会举办前后的 2008 年 1—3 季度，全市路网整体运行速度提高 28.5%，市区主干道交通流量下降 23.1%，公交出行比例由上半年的 35% 提高到 45%，小汽车出行比例由上半年的 33.5% 降低到 18.3%[15]。举办奥运会，极大地加速了北京交通的现代化建设。

奥运会之后，"绿色奥运、科技奥运、人文奥运"三大理念，迅速转化为引导城市发展方向的"人文北京、绿色北京、科技北京"。在交通方面，继续加快轨道交通与道路网的建设，实行公交优先的发展策略，探索消减交通量的长效机制。根据 2010 年末"十一五"规划结束时的统计，借助筹办奥运会的契机，北京作为全国交通主枢纽的功能进一步强化。"十一五"期间，除了奥运会前已经建成的全球最大的单体航站楼—首都国际机场 T3 航站楼、亚洲最大的火车站—北京南站、全国第一条高速铁路—京津城际铁路之外，京沪高速铁路和京石客运专线也已开工建设。城市轨道交通建设全面提速，相继建成地铁 4 号线等 10 条线路。到 2010 年底，轨道交通运营线路 14 条、总里程 336 公里，远远超过 2005 年的 4 条线路、总长 114 公里；运营车辆 2463 辆、客运总量 18.4 亿人次，分别比 2005 年增长 1.5 倍与 1.7 倍。六环路高速、京承高速三期等 7 条高速先后建成通车，新增通车里程 372 公里，累计通车线路 16 条、通车里程 920 公里，占城市总体规划 1080 公里的 85%，提前两年实现了"区区通高速"的"十一五"规划目标。中心城区路网进一步完善，蒲黄榆路、阜石路等城市快速路建成通车，新增里程 36 公里，累计为 262 公里。全市主干路通车里程达到 805 公里。累计建成次干路和支路 3264 公里，路网集散能力进一步提高。安立路、朝阳路两条大容量快速公交线路建成，新增通车里程 37 公里。相继建成一亩园等 4 个客运交通枢纽，公共交通换乘条件得到进一步改善。2010 年末，全市公共电汽车运营线路 713 条、里程 18743 公里、车辆 2.2 万辆，分别比 2005 年末增加 120 条、529 公里、0.35 万辆。全年公共电汽车客运总量 50.4 亿人次，比 2005 年增长 12.1%；"村村通公交"工程全面完成，实现城乡公共交通全覆盖。新城道路交通网初步形成，实现新城至中心城联络通道 21 条 587 公里、新城之间联络通道 12 条 692 公里。新城建成区路网系统基本完善，新城拓展区路网主骨架基本形成，有力地支撑了新城的建设和发展。郊区路网系统不断完善，国道 111 一期等一批郊区骨干道路建成投入使用，新增公路里程 6059 公里，市域公路总里程 21201 万公里。提前两年实现"村村通油路"的规划目标。实施城市智能交通管理系统一、二期工程，全面启动三期工程，大幅度提高了交通管理现代化水平[16]。但是，由于北京人口高度集聚，机动车数量增长过快、使用强度过高，交通综合管理水平与此不相适应，导致中心城在不少时段和区域拥堵严重。2010 年末，全市拥有机动车 480.9 万辆，比上年末增长 19.7%，比 2005 年末增长 86.2%。民用汽车 452.9 万辆，分别比上年末和 2005 年末增长 21.7% 和 1.1 倍。民用汽车里包含私人汽车 374.4 万辆，其中轿车为 275.9 万辆，二者分别比上年末增长 24.7% 和 26.5%，比 2005 年末增长 1.4 倍和 1.8 倍[17]。早在制订《北京交通发展纲要（2004—2020）》时就已指出的那些问题，迄今并未得到根本性的解决，从而使治理拥堵成为北京交通在未来发展进程中的永久性任务。

注释：

（1）《北京市 2010 年暨"十一五"期间国民经济和社会发展统计公报》，北京市统计局 2011 年 2 月 21 日。

（2）《中国铁路 60 年建设成就斐然》，东方财富网 2009 年 8 月 31 日。

（3）《京津城际铁路通车运营》，东方财富网 2009 年 8 月 31 日。

（4）《中国将建成以北京为中心的 8 小时高速铁路交通圈》，中国物流与采购网 2010 年 10 月 25 日。

（5）《北京市 2010 年暨"十一五"期间国民经济和社会发展统计公报》。

（6）《北京市 2010 年暨"十一五"期间国民经济和社会发展统计公报》。

（7）北京市地方志编纂委员会：《北京志·市政卷·民用航空志》，北京出版社，2000 年版。

（8）《北京市 2010 年暨"十一五"期间国民经济和社会发展统计公报》。

（9）本段数据参阅刘牧《当代北京公共交通史话》（当代中国出版社，2008）、颜吾佴等《北京交通史》（清华大学出版社，2008）。

（10）《北京市"十五"时期交通行业发展规划纲要》，北京市交通委员会网站2006 年 6 月 9 日。

（11）刘牧：《当代北京公共交通史话》，第 160 页。

（12）《北京交通发展纲要（2004—2020）》，北京市交通委员会网站 2006 年 7 月 20 日。

（13）《北京市"十一五"时期基础设施发展规划》，北京市发展和改革委员会网站 2006 年 10 月 9 日；《北京市"十一五"时期交通发展规划》，北京市交通委员会网站 2006 年 11 月 23 日。

（14）《08 年上半年经济社会发展计划执行情况》，北京市发展和改革委员会网站 2008 年 7 月 28 日。

（15）《2008 年 1—3 季度北京市经济社会发展形势分析》，北京市发展和改革委员会网站 2008 年 11 月 17 日。

（16）《"十一五"时期北京市基础设施发展情况》，北京市发展和改革委员会网站 2011 年 2 月发布。

（17）《北京市 2010 年暨"十一五"期间国民经济和社会发展统计公报》。

第十一章　古今交通环境
与北京城市发展

　　鲁迅先生的小说名篇《故乡》，指出了一个朴素的真理："其实地上本没有路，走的人多了，也便成了路。"[1]在开辟陆上交通往来的早期阶段，情形大抵如此。随着人类利用和改造自然的能力逐渐提高，交通事业的发展就从"筚路蓝缕，以启山林"等维持基本生存条件的艰苦创业阶段，前进到针对某种政治、经济、军事需要而刻意打通陆上道路与水上航线的更高阶段。交通环境与人类活动关系之密切，就像人的周身血脉必须保持畅通一样。历史上北京交通环境的变迁与城市自身及其周边区域的发展之间，存在着互为支撑、互相促进的有机关联，这个特点在当代社会表现得尤其明显。

第一节　水陆交通是维系北京城市发展的生命线

　　交通环境的变迁是北京城市发展的重要内容，也是影响城市发展进程的决定性因素之一。在全国版图上的地理位置过于偏东的北京，由于近千年来得天独厚的历史机遇而成为陪都直至全国首都，交通条件则在很大程度上弥补了自然环境的这个劣势。政治中心对全国的控御无疑要依赖陆路与水路的畅通，而首都的政治优势和功能要求也提升了历代执政者对发展北京水陆交通（晚近时期还有航空交通）的极大关注，进而使发达的交通变成了定都于北京的极大优势，自然地理上的"天下之中"反而可以不予考虑了。交通条件影响着城市空间定位的优劣以及发展潜力的大小，如何尽量利用陆上通道特别是数条通道交会点的优势，如何有效保障城市具有充足的水源，决定了历史上的北京从早期聚落发展为全国首都这个漫长过程中的空间定位及其变化方向。为解决北京的粮食等物资供应问题，连接物阜民丰的江南地区与首都的京杭大运河，就成了维系城市经济生活的水上大动脉，在海运不济或完全放弃的情况下尤其是这样。

千古不易的山川形势，决定了以北京城为中心的陆上交通线大致呈现"×"形的空间格局。由北京向西北是经居庸关通往坝上和蒙古高原的大道，向东南是大运河，向东北是穿过古北口去往东北平原的大道，向西南是连通中原大地的太行山东麓大道。燕山南麓由北京至山海关一线的大道基本向着正东，是"×"形道路系统之外的另一条重要干道。与它们相比，历史上由北京向正南、正北、正西的道路都只能居于次要地位。处于"×"中心点的北京，因此具备了成为交通枢纽的自然地理条件。汉唐时期作为地区性行政中心的幽州，自辽代开始上升为陪都南京，以此为基础稍加扩展的金中都进一步成为北半个中国的政治中心。元代在金中都旧城东北修建大都新城，开启了元大都与明清北京城基本连续地作为全国首都的新时代。历史上的北京在作为国家政治中心的同时，也由地区性的交通枢纽转变为全国的交通中心。清末修筑的京张、京奉、京津、京汉铁路，其地理位置与空间形式都与此前的"×"形道路系统大体一致。

北京交通的首都优势，突出体现在国家对京城干道建设的高度重视及其严格管理方面。金代大力推行都门之外道路两侧的植树绿化，元代大都城规划水准极高、街道整齐宽阔。在清代，从朝阳门到通州的运粮道路、西直门到圆明园的御路、广安门至卢沟桥的主干道都由土路改造成了条石铺砌的大路。为了保障皇帝巡行、政令发布以及京城物资供应的需要，元、明、清三代屡次颁布诏令以修治道路桥梁、疏浚漕运河道，严禁官民人家侵占城市内的街衢道路或损害运河堤闸，这些都有助于维护北京的水陆交通和城市生活的正常运转。当清末铁路从西方传入中国后，北京的铁路建设虽然起初不如上海、天津等城市主动，但首都的示范作用以及一旦兴办之后的发展势头却非别处可比，不久即迅速成为我国的铁路交通中心。进入民国以后，北京为方便交通而拆除皇城、修建马路、改明沟为暗渠，创办公共电汽车事业以增强交通运输能力，推进了城市交通的近代化。此外，北京地区陆上的通衢大道与乡间小路，水上的海路与运河，是区域环境特征与发展水平的反映。皇家御路、漕粮运道、邮传驿路、商旅通道，显示了道路功能的多样性。玉辇龙舟、肩舆坐骑、车船驼队、马牛驴骡和人力车等，分别满足了不同人群的交通需求。西方发明的火车、汽车、飞机在清末传入中国后，北京的交通事业随之进入了主要以煤炭、石油等化石燃料为动力的时代。人力和畜力虽然仍在许多行业广泛使用，但它们已经失去了从前在交通运输方面的主导地位。这个划时代的世界性技术变革，极大地推动了社会进步，改变了北京居民的生活。

元大都与明清北京城的漕粮供应，在很大程度上依赖于大运河这条经济生命线。当江南的漕粮抵达通州后，在陆路运输之外如何通过水路再运到京城，是金中都从淮河以北运输漕粮以来就一直试图解决的问题。北京地区运河开发的历史，至少可以上溯到东汉时期。南北大运河的漕运在元代达到极盛，杰出的水利专家郭守敬主持开凿了通惠河，把运河的终点引入大都城内。他巧妙地利用西山一带的泉水，解决了通惠河的水源问题。以昌平白浮泉为起点，汇聚温榆河上源的众多泉流入瓮山泊；由此又经过长河、高梁河至和义门（今西直门）水关流进大都城，汇入积水潭；然后出万宁桥、丽正门东水关，东南至文明门外，接金代开凿的闸河，下至通州高丽庄、李二寺河口。这项巨大的水利工程，使大都城内的积水潭成为大运河的终点，出现了桅杆林立、舳舻蔽水的繁荣局面。明代在通惠河、北运河的治理方面投入了很大力量，吴仲主持下的通惠河整修工程，在较长时期内保证了漕粮顺利进京。其后，由于气候变化、赋税征收制度的变化等因素影响，通惠河对于北京的作用逐渐削弱。清代的通惠河漕运，在康熙、乾隆时期最为兴盛。到清末光绪年间，此前七百多年来一直作为京城物资供应生命线的通惠河与北运河，逐渐让位于运输速度更快的铁路。在丰台等城镇作为新兴的铁路枢纽崛起的同时，自金代以来依托大运河而名重一时的通州，则随着漕运的中止而迅速衰落。

第二节　治理拥堵是当代北京交通的永久性任务

现当代的北京人口与交通流量与日俱增，与传统社会相对缓慢的发展速度形成了鲜明对照。尽管交通工具的更新换代远远超过此前的任何时期，城市道路也在不断开辟或拓宽，北京的交通却依然显得负载过重，治理拥堵由此成为最近几十年来交通事业发展布局的基本宗旨。当代世界大城市或轻或重的这个通病，在北京表现得颇具典型性。走的人——主要是机动车——太多了，也就往往没了路。

车流拥堵是当代北京各类交通问题的焦点所在。究其原因，既有长期以来形成的城市功能分区不尽合理而引起、在很大程度上带有必然性的人口日常流动所造成的交通压力，又有城市人口自然增长与流动人口大量涌入所加剧的人口与车辆的拥挤，而机动车数量的过快增长及其过度使用影响尤其巨大。1993 年，北京的城市机动车保有量为 56.4 万辆。当时有关部门预测 2010 年将发展到 200 万辆，但仅仅在 2003 年 8 月就提前 7 年完成了这个指标，到年底则上升为 212.4 万辆。2005 年底，城市机动车 259 万辆，其中私人小汽车 130 万辆；2010 年底，城市机动车数量攀升至 480.9 万辆，在其中的 374.4 万辆私人汽车里，轿车达到 275.9 万辆。市区全日小汽车出行方式比重的快速上升，极大地加剧了与道路交通基础设施供给的矛盾，成为导致交通拥堵的首要因素。

国人对于轿车功能的看法，已经逐步偏离了作为代步工具的概念，在使用方式上与不少发达国家实行或提倡的追求绿色环保的做法相去甚远。2009 年出版的薛涌《怎样做大国》一书指出[2]：中国人开车主要是学美国，但中国的地理条件、人口密度、人口分布等情况更像日本，也应该成为自行车和公共汽车为主要交通工具的社会。该书根据《纽约时报》的报道披露：在德国沃邦富人区居住着的企业总裁和"足球妈妈"们（热衷于把孩子送到足球场接受专业训练的年轻母亲）开始带头放弃开汽车。

> 在这个小镇上，街头停车位、家庭车库、汽车道都是被禁止的，私家车被彻底驱逐出绝大部分马路，只有从镇中心通往弗莱堡的主要干线上可以开车。在镇的边界集中设有两个车库。有车的房主以大约 4 万美元的价格买个车位，出游归来时把车停在这里，保证人进镇车不进镇；远行时也要步行到这个车库启程。在沃邦，70% 的家庭没有车，57% 的家庭为住到这里而把车卖掉。

这个富裕社区的做法，代表了欧美的新趋势：

> 不仅在城市内减少用车，在以车为生存基础的郊区，也大力减少汽车的使用，这叫做"聪明的规划"。规划者首先在大城市开始，尽量增加居住密度、增加步行区的面积，然后把这样的规划概念带到郊区。高速公路边上大型的购物中心被零星分散在居住区内的步行商业街所取代，公共交通的角色越来越突出。在以步代车不便的情况下，就骑自行车。另外还有专门设计的轻型货运拖车，可以挂在自行车后，大批量购物时靠自行车也能买不少东西。
>
> 在美国，类似的运动也在兴起。

与欧美发达国家相比，中国在整体上固然与他们所处的社会发展阶段不同，北京等超大型的城市曾经遇到和依然存在的交通问题却并不比他们简单。《怎样做大国》提出：

> 中国的中高收入人群，是否也应该放弃互相攀比谁开的车最牛这种过时的时髦，互相比比谁更会享受骑自行车的乐趣呢？我们的城市规划，是否也应该遵守行人优先而非机动车优先的原则呢？

显然，这些更多是由于思想观念、环保意识、人文素养等方面的差距积累的矛盾，不是轻而易举可以化解的，但这丝毫不能成为国人依然故我的借口。《怎样做大国》提到了与北京奥运会期间机动车限行相关的诸多问题，兹摘录如下：

> 中国的生态环境要求城市向无车的方向发展。一些污染严重的大城市，机动车辆进城应该采取收费制度，并把所得款项用于公共交通。除此以外，还应该考虑对机动车辆的各种限行措施，设计遍布全城的非机动车道路网，专供自行车和步行之用。奥运会那段时间机动车限行，很多上了年纪的人一下子感觉舒服了许多。但对青壮年人来说，这种不方便所带来的健康红利一时是看不见的，也很容易被忽视。所以，中国不仅是政府缺乏抑制机动车的政策，舆论也经常在为机动车说话。特别是这几年，在媒体、大学等把持言论的机构任要职的人，多数已经买了车，成为机动车利益集团。他们为"车权"的鼓噪，严重地误导了公共舆论。
>
> 最明显的例子就是 2008 年奥运会期间北京机动车辆的限行。政府出此招也属于无奈。如果不限行，空气质量就无法短期改善，很多项目就会被取消。数据表明，北京正常时期的污染，比世界卫生组织所规定的标准高了 4 倍多，对普通人都很危险，根本无法被国际社会所接受。当然，限行也许不是最好的解决办法，可以讨论。但在这些讨论中，一些人的反应却让人匪夷所思。
>
> 比如有人说，对机动车辆限行是对私有财产权的侵犯，甚至要求国家为此对有车不能开的人进行补偿。这几乎到了指鹿为马的地步。"公路"顾名思义就是公共之路。不让你开车，是限制你使用公共设施的权利。这种限制的是非可以讨论，但怎么能把"公"路说成"私"有产权？当有人提出对在奥运会后是否继续

限行的问题要由市民投票表决决定时，有些人吓坏了，跳出来说："这是暴民政治，多数人不能剥夺少数人的权利！"那么，怎么解释沃邦那里的无车社会呢？在那里，多数不愿意开车的人并没有剥夺少数想开车的人的权利，只是不让这些人的汽车走在大家的路上。这并不存在多数人剥夺少数人的权利的问题。这是一个社会的成员走到一起讨论如何分享公共资源的问题。

中国大城市的生态环境已经相当恶化。私家车辆拥有率仍然每年都在持续、大幅度地上涨。这一趋势如果不及时刹住，后果将不堪设想。为此，我们需要做的是为老百姓提供充分的信息，让老百姓拥有更多的权利来决定自己的生活方式。中国的发展，需要这样的民主环境。

根据城市交通拥堵的现状与未来社会发展的需求，2011年初发布的《北京市国民经济和社会发展第十二个五年规划纲要》[3]，第五篇《城市服务生活》第二章《建设系统完善的基础设施》提出的第一项任务，就是"努力实现便捷出行"，突出体现了交通对这座城市的关键作用。北京通过举办奥运会推动了基础设施的跨越式发展，"十二五"规划提出了2011—2015年交通事业的指导方针、战略目标和重大任务，它的实现将进一步改善北京的交通状况和城市形象，提高居民生活质量与可持续发展水平。兹摘录"十二五"规划"努力实现便捷出行"部分如下，作为今天的前景图与将来的备忘录：

交通拥堵已成为城市运行管理中的突出矛盾之一，未来本市交通将面临越来越大的压力。"十二五"时期，要坚持公交优先发展战略，引导小客车合理使用，加快交通基础设施建设，提升交通综合管理与服务水平，积极倡导文明出行，努力缓解中心城特别是核心区的交通拥堵，确保首都交通整体安全顺畅。

大力落实公交优先战略，中心城公共交通出行比例力争达到50%。逐步构建起以轨道交通为骨干、地面公交为主体、换乘高效的立体化公共交通网络。

优先加快中心城轨道交通建设。全面完成2015年轨道交通561公里近期线网建设规划，加快实施中心城轨道交通加密工程，2015年全市轨道交通线网运行总里程达到660公里。

建设公交快速通勤网络。建成阜石路、广渠路大容量快速公交线路，在中心城快速路、主干路等主要客流走廊上施划公交专用道，总里程达到450公里以上，提高通勤高峰期公交出行效率。

　　优化立体化公交换乘条件。大力改善地面交通间、轨道交通间、轨道与地面间公交换乘条件。建成5处综合交通枢纽，5处公交中心站和25个公交首末站。严格规范标准，随轨道交通线网同步建设P+R停车设施。

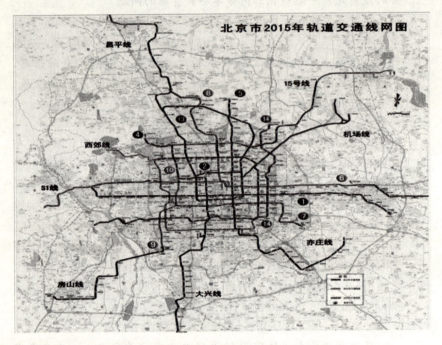

图11—1　北京市2015年轨道交通线网图

　　强化交通综合管理。采取机动车总量控制措施，遏制机动车保有量过快增长势头。加强机动车需求侧管理，通过扩大差别化停车收费区域范围等手段，引导机动车合理使用。建立停车场建设管理新机制，规范配建停车设施，鼓励社会力量参与经营性停车场建设。完善切实可行的交通应急预案，积极应对极端天气等突发事件。

　　加强交通能力建设，整体提升中心城交通供给水平。实施中心城路网加密。加快建设东西二环等地下隧道，缓解重点区域交通拥堵。大力推进中心城微循环道路建设，逐步消灭断头路，提高路网连通性和通达性。

　　完善中心城干道网。基本实现中心城城市快速路网规划，建成广渠路二期、西外大街西延二期、京包路（四环—五环）、姚家园路、京顺路（四环—五环）等快速路，新增快速路约40公里，累计达到300公里。基本建成五环内城市主干路网，重点建设南北向主干路、西南部干道网和功能区周边路网。

完善自行车行车道和行人步行网络。为步行者和骑车人的绿色安全出行提供方便，基本建成中心城无障碍交通设施网络，让老年人和残疾人出行更加安全便捷。

推行人性化智能交通管理，提高通行效率。五环路内实现智能交通全覆盖，实现交通信号的智能控制。全面实现轨道交通、地面公交和出租车的智能化调度。及时发布路况、停车等动态交通信息，引导社会车辆交通出行。扩大电子收费覆盖范围，实现高速收费路口快速通行。

建设市域快速综合交通体系，让城乡共享快速交通资源。利用市郊铁路、城际铁路，实现"区区通轨道"。加快建设中心城与新城，新城之间快速联络通道。建设高速公路联络线，实现所有重点镇、重点功能区域与高速公路互联互通。加大提级改造力度，完善干线公路和县乡村公路。加快浅山区路网建设，基本实现"一环、十一放射、多联络"的浅山区路网格局。研究增加西北方向交通通道。2015年，市域公路总里程达到21500公里。

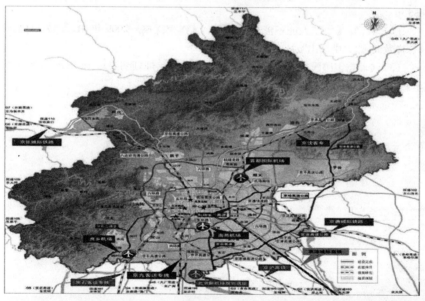

图11—2 北京对外交通示意图

提高对外交通能力，让交通往来更加便捷。打造国际航空枢纽及亚洲门户。建成北京新机场一期，新增航空旅客吞吐能力4000万人次。完善首都国际机场功能。2015年全市航空旅客吞吐能力超过1.2亿人次。加强新机场和首都国际机场、中心城间交通联系，实现新机场半小时通达中心城区。

建成京沪高铁、京石客专、京沈客专、京张城际、京唐城际等，实现北京与周边主要城市间高速通达。进一步巩固全国铁路主枢纽地位。改扩建丰台火车站，建设星火站和新北京东站，形成7个主要铁路客运枢纽格局。

形成以北京为中心的"三环、十二放射"高速公路网络。建成京台高速北京段、京昆高速、京新高速（五六环段）、密涿高速北京段、110国道二期、109国道、京密高速等高速公路。推进环首都大外环高速公路建设，削减过境交通。新增高速公路通车里程200公里，市域高速公路通车总里程达到1100公里。依托高速公路和铁路，完善北京出海快速交通通道。

注释：

（1）鲁迅：《故乡》，《鲁迅全集》第1卷，人民文学出版社，1981年版，第485页。

（2）薛涌：《中国人能不能少开车?》，《作家文摘》2009年11月17日摘自《怎样做大国》，中信出版社，2009年版。

（3）《北京市国民经济和社会发展第十二个五年规划纲要》，北京市发展和改革委员会网站2011年2月发布。

参考文献

一、群经诸史

1. 《周礼》，中华书局影印《十三经注疏》本，1980 年。

2. 《左传》，上海古籍出版社《黄侃手批白文十三经》本，1983 年。

3. 《战国策》，岳麓书社，1988 年。

4. 《孟子》，中华书局《诸子集成》焦循《孟子正义》本，1954 年。

5. （西汉）司马迁：《史记》，中华书局，1997 年。

6. （东汉）班固：《汉书》，中华书局，1997 年。

7. （南朝宋）范晔：《后汉书》，中华书局，1997 年。

8. （西晋）陈寿：《三国志》，中华书局，1997 年。

9. （唐）房玄龄等：《晋书》，中华书局，1997 年。

10. （梁）沈约：《宋书》，中华书局，1997 年。

11. （北齐）魏收：《魏书》，中华书局，1997 年。

12. （唐）李百药：《北齐书》，中华书局，1997 年。

13. （唐）魏徵等：《隋书》，中华书局，1997 年。

14. （唐）李延寿：《北史》，中华书局，1997 年。

15. （后晋）刘昫等：《旧唐书》，中华书局，1997 年。

16. （北宋）欧阳修等：《新唐书》，中华书局，1997 年。

17. （北宋）薛居正等：《旧五代史》，中华书局，1997 年。

18. （北宋）欧阳修：《新五代史》，中华书局，1997 年。

19. （元）脱脱等：《宋史》，中华书局，1997 年。

20. （元）脱脱等：《辽史》，中华书局，1997 年。

21. （元）脱脱等：《金史》，中华书局，1997 年。

22.（明）宋濂等：《元史》，中华书局，1997 年。

23.（清）张廷玉等：《明史》，中华书局，1997 年。

24.（民国）赵尔巽等：《清史稿》，中华书局，1998 年。

25.（北宋）司马光：《资治通鉴》，中华书局，1956 年。

26.（南宋）李焘：《续资治通鉴长编》，中华书局，1985 年。

27.（清）毕沅：《续资治通鉴》，中华书局，1957 年。

二、政书、类书、实录

28.（唐）长孙无忌等：《唐律疏议》，中华书局，1985 年。

29.（唐）杜佑：《通典》，中华书局，1988 年。

30.（北宋）王溥：《唐会要》，中华书局，1998 年。

31.（北宋）王钦若等：《册府元龟》，中华书局，2004 年。

32.《大元通制条格》。法律出版社，2000 年。

33.（元）马端临：《文献通考》，中华书局，2003 年。

34.（元）苏天爵编：《元文类》，商务印书馆，1958 年。

35.（明）申时行等：《大明会典》，明万历十五年内府刻本。

36.《明实录》，台北中央研究院历史语言研究所影印本，1962 年。

37.《清实录》，中华书局，1985—1987 年影印本。

38.《清会典》，中华书局，1991 年。

39.《清会典事例》，中华书局，1991 年。

三、地书、方志

40.（北魏）郦道元：《水经注》，上海古籍出版社陈桥驿点校本，1990 年。

41.（北宋）乐史：《太平寰宇记》，影印光绪八年五月金陵书局刊行本。

42.（南宋）叶隆礼：《契丹国志》，上海古籍出版社，1985 年。

43.（南宋）宇文懋昭：《大金国志》，中华书局《大金国志校证》本，1986 年。

44.（元）熊梦祥：《析津志》，北京古籍出版社《析津志辑佚》本，1983 年。

45.（明）杨行中：[嘉靖]《通州志略》，中国书店，2007 年。

46.（明）吴仲：《通惠河志》，《四库全书存目丛书》本，齐鲁书社，1996 年。

47.（清）顾炎武：《昌平山水记》，北京古籍出版社，1980 年。

48. （清）顾祖禹：《读史方舆纪要》，中华书局，1955 年。

49. （清）张茂节：［康熙］《大兴县志》，国家图书馆藏清抄本。

50. （清）任在陞：［雍正］《平谷县志》，雍正六年刻本。

51. （清）周硕勋：［乾隆］《延庆卫志略》，乾隆十年抄本。

52. （清）高天凤等：［乾隆］《通州志》，清乾隆四十八年刻本。

53. （清）于敏中等：《日下旧闻考》，北京古籍出版社，1985 年。

54. （清）穆彰阿等：《嘉庆重修一统志》，中华书局影印本，1986 年。

55. （清）张惇德：［光绪］《延庆州志》，光绪六年刻本。

56. （清）周佳楣、缪荃孙等：《光绪顺天府志》，北京古籍出版社，1987 年。

57. （民国）吴廷燮等：《北京市志稿》，北京燕山出版社，1990 年。

四、文集、杂著

58. （西汉）桓宽：《盐铁论》，上海古籍出版社，1990 年。

59. （唐）陈子昂《上军国机要事》，（清）董诰等编《全唐文》本，中华书局，2009 年。

60. （北宋）路振：《乘轺录》，上虞罗氏墨缘堂 1936 年石印本。

61. （北宋）曾公亮：《武经总要》，国家图书馆藏明刻本。

62. （北宋）沈括：《熙宁使虏图抄》，《永乐大典》影印本，中华书局，1986 年。

63. （南宋）徐梦莘：《三朝北盟会编》，清光绪三十四年刻本。

64. （元）魏初：《青崖集》，台湾商务印书馆，1983 年。

65. （元）陶宗仪：《南村辍耕录》，中华书局，1959 年。

66. （明）金幼孜：《北征录》，国家图书馆编《古籍珍本游记丛刊》，线装书局，2003 年。

67. （明）蒋一葵：《长安客话》，北京古籍出版社，1980 年。

68. （明）沈榜：《宛署杂记》，北京古籍出版社，1983 年。

69. （明）宋应星：《天工开物》，广陵书社，2005 年。

70. （清）方苞：《方望溪全集》，中国书店，1991 年。

71. （清）冯溥：《佳山堂诗集》，《四库全书存目丛书》本，齐鲁书社，1997 年。

72. （清）李绂：《穆堂初稿》，《续修四库全书》本，上海古籍出版社，2002 年。

73. （清）李鸿章：《李文忠公全书》"海军函稿"，清光绪间金陵刊本。

74.（清）李岳瑞：《春冰室野乘》，《丛书集成续编》本，上海书店出版社，1994年。

75.（清）梁清标：《蕉林诗集》，《四库全书存目丛书》本，齐鲁书社，1997年。

76.（清）罗振玉：《大元海运记》，《罗雪堂先生全集》第三编，台湾文华出版公司，1960年。

77.（清）沈惠荫：《河西驿日记》，国家图书馆藏清抄本。

78.（清）孙承泽：《春明梦馀录》，北京古籍出版社，1992年。

79.（清）谈迁：《北游录》，中华书局，1960年。

80.（清）翁同龢：《翁文恭公日记》，《续修四库全书》本，上海古籍出版社，2002年。

81.（清）吴长元：《宸垣识略》，北京古籍出版社，1983年。

82.（清）吴振棫：《养吉斋丛录》，北京古籍出版社，1983年。

83.（清）佚名：《燕京杂记》，《小方壶斋舆地丛钞》本，杭州古籍书店1985年影印。

84.（清）余寀：《塞程别纪》，《小方壶斋舆地丛钞》本，杭州古籍书店1985年影印。

85.（清）查慎行：《人海记》，北京古籍出版社，1981年。

86.（清）震钧：《天咫偶闻》，北京古籍出版社，1982年。

五、晚近著述与资料

87.《北京文物百科全书》编委会：《北京文物百科全书》，京华出版社，2007年。

88. 奥斯伍尔德·喜仁龙：《北京的城墙和城门》，北京燕山出版社，1985年。

89. 白眉初：《中国人文地理》，建设图书馆，1928年。

90. 白眉初：《中华民国省区全志》，北京求知学社，1924年。

91. 北京市档案馆编：《北京电车公司档案史料》，北京燕山出版社，1988年。

92. 北京市地方志编纂委员会：《北京志·市政卷·民用航空志》，北京出版社，2000年。

93. 北京市邮局史志办公室：《北京邮政史料》，北京燕山出版社，1988年。

94. 北京市政协、秦皇岛市委统战部编：《蠖公纪事》，中国文史出版社，1991年。

95. 北京市政协编：《日伪统治下的北平》，北京出版社，1987 年。

96. 北平市都市计划委员会：《北平市都市计划设计资料第一集》，北平市工务局，1947 年。

97. 北平市政府：《中华民国三十六年度北平市政府工作计划》，北平市政府，1948 年。

98. 北平市政府秘书处：《北平市统计览要》，北平市政府，1936 年。

99. 陈瑞芳：《十里河》，世界知识出版社，2007 年。

100. 陈宗蕃：《燕都丛考》，北京古籍出版社，1991 年。

101. 冯承钧译：《马可波罗行纪》，上海书店出版社，2001 年。

102. 侯仁之：《海淀附近的地形、水道与聚落》，《侯仁之文集》，北京大学出版社，1998 年。

103. 贾敬颜：《五代宋金元人边疆行记十三种疏证稿》，中华书局，2004 年。

104. 杰弗里·巴勒克拉夫主编：《泰晤士世界历史地图集》，三联书店，1985 年。

105. 雷梦水等编：《中华竹枝词》，北京古籍出版社，1997 年。

106. 林颂河：《数字统计下的北平》，《社会科学杂志》1931 年 2 卷 3 期。

107. 林洙：《叩开鲁班的大门——中国营造学社史略》，中国建筑工业出版社，1995 年。

108. 刘牧：《当代北京公共交通史话》，当代中国出版社，2008 年。

109. 刘之光、周桓：《北京市周口店窦店土城调查》，《文物》1959 年第 9 期

110. 鲁迅：《故乡》，《鲁迅全集》第 1 卷，人民文学出版社，1981 年。

111. 宓汝成编：《中国近代铁路史资料》，中华书局，1963 年。

112. 史念海：《祖国锦绣河山的历史变迁》，《中国历史地理论丛》第一辑，陕西人民出版社，1981 年。

113. 孙冬虎：《北京地名发展史》，北京燕山出版社，2010 年。

114. 谭炳训：《日人侵略下之华北都市建设》，《北京档案史料》1999 年 4 期。

115. 铁道部交通史编纂委员会：《交通史路政编》，铁道部交通史编纂委员会，1935 年。

116. 王北辰：《黄帝史迹涿鹿、阪泉、釜山考》，《北京大学学报》1994 年 1 期。

117. 王岗：《〈析津志辑佚〉校勘记略》，《首都博物馆国庆四十周年文集》，中国民间文艺出版社，1989 年。

118. 韦冈：《四面楚歌中的北平》，新华日报（重庆），1941 年 2 月 12 日。

119. 薛涌：《中国人能不能少开车?》，《作家文摘》2009 年 11 月 17 日。

120. 颜吾佴等：《北京交通史》，清华大学出版社，2008 年。

121. 尹钧科：《北京古代交通》，北京出版社，2000 年。

122. 于德源：《北京漕运和仓场》，同心出版社，2004 年。

123. 于力：《人鬼杂居的北平市》，群众出版社，1984 年。

124. 越泽明：《北京的都市计划》，《台湾大学建筑与城乡学报》第 3 卷第 1 期。

125. 《"十一五"时期北京市基础设施发展情况》，北京市发展和改革委员会网站 2011 年 2 月发布。

126. 《08 年上半年经济社会发展计划执行情况》，北京市发展和改革委员会网站 2008 年 7 月 28 日。

127. 《1929—1932 年北平市工务局建设成绩实况》，《北京档案史料》2004 年 4 期。

128. 《1929—1932 年北平市工务局建设成绩实况》，《北京档案史料》2004 年 4 期。

129. 《1929 年北平特别市公用局施政大纲》，《北京档案史料》1992 年 1 期。

130. 《1930—1936 年北平市内外城街巷道路等级及路幅名称》，《北京档案史料》2007 年 1 期。

131. 《1946—1948 年北平市重新厘定内外城干线系统、测绘干线道路史料》，《北京档案史料》2007 年 1 期。

132. 《2008 年 1—3 季度北京市经济社会发展形势分析》，北京市发展和改革委员会网站 2008 年 11 月 17 日。

133. 《北京交通发展纲要（2004—2020）》，北京市交通委员会网站 2006 年 7 月 20 日。

134. 《北京市"十五"时期交通行业发展规划纲要》，北京市交通委员会网站 2006 年 6 月 9 日。

135. 《北京市"十一五"时期基础设施发展规划》，北京市发展和改革委员会网站 2006 年 10 月 9 日。

136. 《北京市"十一五"时期交通发展规划》，北京市交通委员会网站 2006 年 11 月 23 日。

137.《北京市 2010 年暨"十一五"期间国民经济和社会发展统计公报》，北京市统计局 2011 年 2 月 21 日。

138.《北京市国民经济和社会发展第十二个五年规划纲要》，北京市发展和改革委员会网站 2011 年 2 月发布。

139.《北洋时期北京市内街巷道路等级及路幅名称》，《北京档案史料》2001 年第 1、2、3 期。

140.《京津城际铁路通车运营》，东方财富网 2009 年 8 月 31 日。

141.《中国将建成以北京为中心的 8 小时高速铁路交通圈》，中国物流与采购网，2010 年 10 月 25 日。

142.《中国铁路 60 年建设成就斐然》，东方财富网 2009 年 8 月 31 日。

后 记

　　《北京交通史》是北京市社会科学院历史所承担的北京市哲学社会科学"十一五"规划重点项目、北京市社会科学院重大课题《北京专史集成》的系列著作之一，旨在依据考古发掘、历史文献和当代研究成果，梳理北京地区自远古交通路线的开辟至当代交通事业迅速发展的基本过程和主要脉络，探讨区域交通环境的变迁与社会政治、经济、军事等因素的相互影响，为当代社会发展提供可资借鉴的历史经验。

　　北京地区交通的发展进程与整个国家的社会变迁基本同步。传统社会的车船等交通工具虽然也在不断改进之中，但进步的速度颇为缓慢。直至清末与民国时期，工业革命的成果才使之发生飞跃性的质变，促使中国与北京的交通迈入近代化阶段。此后，在传统形式仍在局部延续的同时，日新月异的现代交通从根本上改变了人们的生活，当今社会所面临的交通与环境问题也由此产生并逐步加剧，交通史的内容也随之变得空前丰富多彩。有鉴于此，我们把研究的时间下限选在2010年，以反映北京交通在当代尤其是举办2008年夏季奥运会之后的新成就和新面貌。

　　水陆交通线的开辟和整治，对于古代交通的发展具有决定性意义，在很大程度上也是区域历史地理的研究内容。在这方面，我院历史地理学家尹钧科先生《北京古代交通》一书给予我们很多借鉴，同时我们也吸收了当代其他研究成果，在此一并致以衷心感谢！

　　本书第二章至第七章由许辉副研究员撰写，其余部分以及统稿工作由我负责。书中的疏漏与错误在所难免，敬请读者批评指正！

孙冬虎
2012 年 12 月 11 日识于北京社会科学院历史所

图书在版编目 (CIP) 数据

北京交通史 / 孙冬虎, 许辉著.
–北京: 人民出版社, 2012
(《北京专史集成》/ 王岗 主编)
ISBN 978-7-01-011353-1

Ⅰ.①北… Ⅱ.①孙… ②许… Ⅲ.①交通运输史–北京市
Ⅳ.①F512.9

中国版本图书馆 CIP 数据核字 (2012) 第 248224 号

北京交通史

BEIJING JIAOTONGSHI

丛书主编：王　岗
本书作者：孙冬虎　许　辉
出版策划：张秀平
责任编辑：张秀平
装帧设计：曹　春

人 民 出 版 社 出版发行
地　　址：北京东城区隆福寺街 99 号
邮政编码：100706　www.peoplepress.net
经　　销：新华书店总店北京发行所经销
印 刷 厂：北京昌平百善印刷厂
出版日期：2012 年 12 月第 1 版　2012 年 12 月第 1 次印刷
开　　本：787 毫米×1092 毫米　1/16
印　　张：16.5
字　　数：300 千字
书　　号：ISBN 978-7-01-011353-1
定　　价：55.00 元